华北电力大学中央高校基本科研业务费专项资金资助（项目号 2020FR007）

外语学习者自主性发展机制与路径研究

韩立刚　王国桥 / 著

中国纺织出版社有限公司

图书在版编目 (CIP) 数据

外语学习者自主性发展机制与路径研究：汉、英 / 韩立刚，王国桥著 . -- 北京 : 中国纺织出版社有限公司，2024. 11 -- ISBN 978-7-5229-2260-7

Ⅰ. H09

中国国家版本馆 CIP 数据核字第 2024MT0940 号

责任编辑：郭　婷　　责任校对：王花妮　　责任印制：储志伟

中国纺织出版社有限公司出版发行
地址：北京市朝阳区百子湾东里 A407 号楼　邮政编码：100124
销售电话：010—67004422　传真：010—87155801
http://www.c-textilep.com
中国纺织出版社天猫旗舰店
官方微博 http://weibo.com/2119887771
天津千鹤文化传播有限公司印刷　各地新华书店经销
2024 年 11 月第 1 版第 1 次印刷
开本：710×1000　1/16　印张：14.25
字数：239 千字　定价：88.00 元

前　言

20 世纪 80 年代以来，尤其是进入 21 世纪之后，人们对于语言教学与学习中的自主性研究兴趣呈现显著的上升趋势。外语学习者自主性的培养与发展不仅是大学英语教育教学改革的目标，而且也是信息化社会发展的要求和终身学习教育理念的体现，同样也是对学习者个体差异的尊重，更是实现学习者主体性的要求。首先，现今社会信息化的程度越来越高，伴随信息化社会的发展而提出的终身学习的教育理念，需要学习者提高自主学习能力，能够在独立于教师和课堂的环境中发挥自主性，提高外语能力和水平。其次，因材施教的教育理念要求外语教师尊重个体差异，了解学习者需求，采用灵活适宜的教学手段，培养和发展语言学习者的自主性。最后，也是最重要的一点，学习者外语学习自主性的发展，会促进学习者作为人的全面发展。

关于本书中的“外语”，进行一下说明。这里主要针对的是英语教学与学习、英语学习者，而没有涉及其他外语语种的教学和学习者。一方面，在我国，英语是最主要的外语。另一方面，学习者自主性在语言教学领域的研究和应用，主要包括英语作为本族语的研究和英语作为外语的研究情景。

在语言教学与学习领域，学习者自主性的概念具有丰富的内涵。通过梳理中国教育思想中的自主学习理念、学习者自主性相关概念、学习者自主性相关定义这三个方面的文献，尝试厘清学习者自主性的概念与内涵。我们认为，学习者自主性是指外语学习者为了获得外语知识和语言技能，在外语教学课堂内、外的语言交际活动中，能够积极管理自己的语言学习行为，自觉能动地选择适合自己的学习方式、学习内容和学习途径，反思学习效果，并创造性地解决外语学习过程中所遇到的各种问题。学习者自主性既是学习者在益于其语言学习的环境下，积极选择和利用课堂内、外的学习材料和资源，愿意对自己的语言学习负责且管控自己语言学习的一种潜能，也是一种能动地进行语言交际实践的行为。

学习者自主性发展受诸多因素影响。一般认为，外语自主学习需要满足两个条件：一是学习者“想学”，具有主动学习的倾向；二是学习者“会学”，知道如何有效学习。要做到这一点，外语学习者要对自身的因素和影响其自主学习的因素有一个清楚的认识，并且能积极协调和充分调动主、客观因素中的积极影响，从而促进自主性的发展。学习者自身的因素，包括学习动机和学习态度、学习目标的设置、学习策略、自我效能感、归因、意志控制、时间管理等；客观因素包括各种外部因素，如外语教师、家庭因素、社会文化因素、手机和网络因素等。这些内部因素和外部因素交织、结合在一起，对学习者自主性的发展发挥着作用并产生影响。外语教师作为影响学习者自主性发展的重要因素，必须从多角度努力，充分了解、分析、协调、调动各方面因素，发挥各方面的优点，实现内外因素结合的最优化，培养和提高外语学习者自主学习的意识和能力，从而有效地全面促进学习者自主性的发展。

外语学习者的自主性发展并非是一个在短期内从无到有的过程，而是随着学习者的语言学习经历和体验逐渐积累、发展、反思而提高的。学习者的个体体验具有独特性、整体性、连续性和交互性的特征。学习者的外语体验学习过程，是其自主性发展的物质基础。外语学习者在直接或间接的体验学习过程中，通过反思观察、抽象建构、情景内化、实践应用等周而复始不断循环和深化的过程，实现其自主性的发展。

学习者自主性的提高，需要在使用语言的过程中学会如何学习。外语既是学习者学习的目标语言，又是学习的媒介，这凸显了外语学习者自主性的本质特征。学生的自主性发展与其语言能力有密切关系。外语学习者自主性的核心是帮助学生提高其动力与调控（想学），发挥其主观能动性（会学），通过语言学习、训练与实践，促进其自主性的发展。

学习者自主性的培养和发展有赖于外语教师自主性的提升。学习者自主性的发展与教师自主性互相依赖。教师发展学习者自主性的角色和具有的发展学习者自主性的教学知识结构，是学习者自主性发展的脚手架。教师外在的教学角色受其内隐的教学知识和理念所影响，即外语教师发展学习者自主性的课堂教学行为与决策，受其内隐、缄默的知识所影响。外语教师经过反思、实践、建构的自主性教学知识，会影响语言学习者自主性和其自身自主性专业发展。大学英语教师发展学习者自主性的教学知识，是指在语言教学中，为了发展大学生语言学习自主性，大学英语教师需具备的教学知识结构。它包括教师在入职前的自主性发展体验，和教师入职后形成的关于发展学习者自主性的观念和行为、知识结构等。

在实践探究方面，通过调查研究和个案研究相结合的方式，考察和分析了转型期大学生学习者自主性发展的现状、存在的问题以及影响因素。根据研究框架和研究问题，设计了调查研究的问卷，以及个案研究的三次访谈提纲。通过问卷星平台收集有效调查问卷 555 份。用 SPSS 25.0 软件对收集的数据进行了分析。此外，选取了各专业的 27 名同学作为个案研究参与者，分别进行了三次访谈和笔谈。通过定量与定性数据分析，了解了转型期大学生自主性发展的现状与问题。研究发现，转型期大学生学习者自主性在认知与实践方面，有一定的发展，但也存在着一些问题和缺失。学生在其自主性发展的核心方面，即语言学习自为性（学习兴趣、动机）、自觉性（积极主动）、选择性（学习方法、学习策略、学习材料和资源）和创造性（听、说、读、写、译等语言技能），需要得到教师的指导和帮助。外语教师可以有针对性地从以下几个方面，帮助和促进学生自主性发展。第一，激发学生英语学习兴趣，调动学生学习积极性，帮助克服影响学生英语学习的消极情感因素。第二，针对学生个体差异，指导学生如何进行自主学习。第三，需要加强培养学生听、说、读、写、译等方面的语言技能。第四，提高课堂教学活动的效果。

在发展学习者自主性的路径方面，通过实证研究，分析了在课堂教学中应用阅读圈和通过合作学习，促进学习者自主性发展的有效性。此外，外语教师可以积极开展基于校本和课堂的教学行动研究，进行培养和发展学习者自主性的实践探索。

授人以鱼，不如授人以渔。在新时代，外语教师需要不断加强学习者自主性的理论学习，经常性地从多方面反思其发展学习者自主性的实践，对学生进行自主性发展的个体需求分析，了解、协调影响外语学习者自主性发展的主观、客观因素，通过开展阅读圈、合作学习、教学行动研究等实践路径探索，更好地培养和促进学习者自主性的发展。

正如爱因斯坦所言："教育即是学生把学校所学的一切全都忘记后还剩下的。"（Education is what remains after one has forgotten what one has learned in school.）外语

教育的成效，就在于帮助学生学会学习，为了实现学业成功、全人教育、终身学习的目标，有效促进和发展学习者自主性。

由于水平有限，书中的疏漏和不足之处，谨请专家和广大同仁批评指正。

著者

2024 年 9 月

目　录

第一章　发展学习者自主性的意义与重要性

当今世界处在一个多极化、全球化的发展阶段，科技创新与发展日新月异。与之而来的人才竞争日趋激烈。人才培养和人才强国的战略，将对我国全面建设社会主义现代化国家提供根本保证。高等教育的重要任务就是培养具有国际视野的创新型人才。教育部于 2010 年 7 月颁布了《国家中长期教育改革和发展规划纲要（2010—2020 年）》。为了创新人才培养模式，《国家中长期教育改革和发展规划纲要（2010—2020 年）》中提出："注重学思结合。倡导启发式、探究式、讨论式、参与式教学，帮助学生学会学习；注重知行统一。"

为了深入贯彻和落实《国家中长期教育改革和发展规划纲要（2010—2020 年）》，大力提升人才培养水平，全面提高高等教育质量，教育部在 2012 年 4 月出台了《教育部关于全面提高高等教育质量的若干意见》。文件中指出："创新人才培养模式。改革教学管理，探索在教师指导下，学生自主选择专业、自主选择课程等自主学习模式。创新教育教学方法，倡导启发式、探究式、讨论式、参与式教学"。从以上文件可以看出，提升高等教育质量与培养创新型人才，需要创新人才培养模式与教育教学方法，培养和提高学生的自主性尤为重要。

第一节　发展学习者自主性：外语教育教学的重要目标

近年来，外语教育理念倡导学习者为主体、教师为主导的外语教学与学习过程，外语教育教学范式逐渐转为以"学习过程为中心"（learning-centered）（Hutchinson & Waters，1987）。随着教学主体逐步实现从教师到学生的转移，教学方法和教学模式也由以教师为中心的、忽视学生的学习积极性和自主性的传统模式，逐渐转为以"学习者为中心"（learner-centeredness）。这样的转向在一定程度上纠正了传统外语教学中的教师为中心、忽视学习者的个体差异和语言学习中发挥主观能动性的倾向。

外语教学作为一种教育实践活动，应当让学习者在教学与学习实践中发挥其学习“自主性”“能动性”和“创造性”（张天宝，2001）。社会的发展变化，很大程度上影响着世界各地的外语教育目标。在西方国家，从20世纪60年代初开始，一些教育学家就逐渐把培养“学习者自主性”（learner autonomy）视作教育的理想目标。

在我国，大学外语教育作为高等教育非常重要的一个部分，在培养和提高学生的自主性方面，发挥着至关重要的作用。事实上，促进和发展学生的自主性一直是我国外语教育研究的一个重要主题。外语教育的根本目的是帮助学生成为独立、自主的语言学习者。在当今这个知识和信息爆炸的时代，外语学习者能否学会如何学习，是否具备了自主学习能力，不仅是外语学习成功的关键，也是为适应社会变化而不断获取知识和信息而进行终身学习的要求。

我国的大学英语教学改革，始终将培养大学生的外语自主学习能力作为目标之一。为了适应时代发展要求，且随着对学习本质认识的不断深入，教育部从教学思想、教学模式和评价体系三个方面进行调整与改革，力图建立个性化、多样化、立体化的大学英语教学体系。在2004年颁发的《大学英语课程教学要求（试行）》中，明确提出了英语教学要培养学生的自主学习能力。

之后，教育部高等教育司在2007年印发的《大学英语课程教学要求》中也指出：要实现“从以教师为中心、单纯传授语言知识和技能的教学思想和实践，向以学生为中心、既传授语言知识与技能，更注重培养语言实际应用能力和自主学习能力的教学思想和实践的转变”（教育部高等教育司，2007：7）。大学外语教育教学改革的一个重要目的，就是要促进学习者“个性化学习方法的形成和自主学习能力的发展”（教育部高等教育司，2007：6）。可见，大学英语教学改革无论是在教学目标，还是教学模式和方法方面，都强调培养和发展外语学习者的自主学习能力。

2020年，教育部高等学校大学外语教学指导委员会研制、颁发了《大学英语教学指南》。在教学方法改革和教师教学任务方面，继续强调培养学生的外语自主学习能力。与之前相比，《大学英语教学指南》继续要求把“被动学习”向“主动学习”转变作为教学方法改革的基本任务。教学方法的选用不再停留于教学生如何学，而是提出了更高的目标和更多的路径。培养学生自主学习能力，是实现和完成这一任务的主要途径。在教师的教学任务方面，《大学英语教学指南》提出教师要为学生提供自主学习的路径和自主学习资源，强调了线上资源与线下资源的同等重要性。而学生除了掌握基本的学习策略，还需要学会学习、学会反思，在自主学习中了解自己的进步与短板，对自己的学习目标、学习过程、学习结果负责（俞洪亮，2020）。

在新颁发的《大学英语教学指南》中，更加明确和细化了自主学习的路径和学习资源，并且对学生自主学习能力的发展提出了更具体和详细的要求。

第二节　发展学习者自主性：终身学习教育理念的要求和体现

外语学习者自主性的培养与发展，不仅是大学英语教育教学改革的目标，还是信息化社会发展的要求和终身学习教育理念的体现，同样也是对学习者个体差异的尊重，更是实现学习者主体性的要求。

首先，现今社会信息化的程度越来越高，伴随信息化社会的发展，提出了终身学习的教育理念。在学习型社会中，自主性被视为学习者终身学习、发展的关键（Jiménez Raya & Vieira.，2015）。学习者只有通过贯穿整个生命历程中的不间断的自主学习，才能适应社会发展的需求。这就要求学习者发展自主学习能力，能够在独立于教师和课堂的社会环境中发挥自主性，实现终身学习和发展。

而且，学生自主性的提高，有助于培养自我管理能力。自主学习有助于培养学生的自我管理和自我调节能力，提高学生的学习能力和解决问题的能力，还可以帮助学生更好地适应社会发展。随着科技的进步和社会的发展变化，终身学习将成为必需。

其次，学生自主性的提高，还有助于提高学习效率。自主学习能够提高课堂教学与学习的效率，使学生的课堂学习更加系统化和更具实效性，避免机械性学习。

此外，因材施教的教育理念要求外语教师尊重个体差异，了解学习者需求，采用灵活适宜的教学方法和手段，培养和发展学生的自主性。学生自主性的发展和提高，一方面有助于培养学生的创新思维。自主学习鼓励培养批判性思维，问题解决能力，为社会的发展做出贡献。另一方面，自主性的提高，有助于学生增强意志力。通过自主学习，学生能够锻炼自己的意志力，更有毅力去克服困难和挑战。

最后，学生自主性的发展，会促进学习者作为人的全面发展。学生自主性的发展与提高，可以促进学生的全面发展。自主学习使所有学生，无论自觉性高低，都能发展潜能、增强自信。自主学习能够满足学生个体的自主需求，增强自信心和自我效能感，使学生在学习过程中感到对其学习更有掌控力，体验到学习成功带来的喜悦，从而增强自信并发展学习的潜能。

第三节　发展学习者自主性：对转型期大学生学业成就至关重要

中国有句格言："授人以鱼，不如授人以渔"（If you give a man a fish, you feed him for a day; if you teach a man to fish, you feed him for a lifetime.），这一教育哲学思想经常为中西方学术界所引用。特别是在英语语言教学的文献中，这句格言常常被引用，以强调自主学习（autonomous learning）的重要性（Hedge，2002：100–101）。

学习者自主性的发展，意味着学生要"学会学习"（learning to learn）（Harmer，2007：394）。教师面临的问题是，不是所有的东西都可以在课堂上教授，即使可以，当学生在现实生活中使用语言遇到问题时，教师也不会总在身边。由于课堂语言学习和实践的时间有限，英语教学的一个基本目标，是帮助学生在课堂外应用他们在课堂内学到的知识、方法和技能。实际上，发展学习者自主性，从而帮助学生学会学习，不仅是学生英语课程教学与学习的目标，还应被视为"所有学习的基本目标"（Cotterall，2000：109）。

发展外语学习者自主性的意义还在于，可以优化英语学习效果，是学习者学习成功的必经之路，并且是其终身学习和发展的重要基础。在基础教育阶段，外语教学受高考升学的影响，学生外语学习自主性的发展受到一定限制。进入大学以后，处于转型期的大学新生外语学习自主性的发展程度和状况，不仅影响学生的大学学习和学业发展，对其以后的专业发展，甚至终身学习都有一定的影响。

总之，随着经济全球化、科学技术的国际化、网络信息技术以及人工智能的飞速发展，信息化社会需要越来越多的具有终身自主学习能力的复合型人才。培养和发展学习者自主性有着极其重要的意义。外语教学需要以自主学习理论为依据，改革传统的教学模式，构建基于学习者自主性的培养和发展的外语教学模式。

第二章　外语学习者自主性的概念与内涵

随着对语言教学与学习中的自主性的研究更深、更广，研究者们也在不断地重塑学习者自主性（learner autonomy）概念的内涵和外延。国内外的学者们试图从不同的角度界定和描述学习者自主性的内涵。但是，迄今为止，学者们对学习者自主性的概念也没有统一的界定。本章将梳理、分析、研究三个方面的文献资料：中国教育思想中的自主学习理念、学习者自主性相关概念、学习者自主性相关定义。通过对这三方面文献的梳理、研究、反思，厘清学习者自主性的概念与内涵。

第一节　中国教育思想中的自主学习理念

自主学习（autonomous learning）其实并不是一个全新的概念，在中国教育思想中，就有关于自主学习理念的相关论述。在孔子和孟子的教育思想中，点拨式教学和自主学习就占据了重要的位置。下面简要论述在中国教育思想中，自主学习的理念表现的几个方面。

一、树立志向的原则

中国学者强调为学须先立志。如，孟子说："不专心致志，则不得也。"（《孟子·告子上》）荀子提出"路虽迩，不行不至。事虽小，不为不成"。（《荀子·修身》）关于立志，有三点要求：立志要远大；立志要专一；立志要坚定。如墨子提出"志不强者智不达"。（《墨子·修身》）志向不坚定的人，智慧不能充分发挥。志向的坚定程度，决定了一个人智力的发展水平。志向坚定的人，不容易受到外界因素的影响，能够持之以恒地追求知识，集中精力钻研学问，不断开拓自己的视野，从而获得更高的智慧。诸葛亮在《诫外生书》中写道"志当存高远"，说明立志是学业和人生的基石，也是成就学业和事业的动力。

二、学思知行结合的原则

学思知行相结合的原则，体现了知识的形成、认识的产生、实践发展三者相结合的原则。教育先哲孔子主张学、思、行结合，提出“学而不思则罔，思而不学则殆”（《论语 · 为政》），强调只学习不思考就会迷乱而不明，只思考而不学习就会空泛而不实。学思结合、学思并重一直是孔子教学实践的一条重要原则。他要求“熟读精思”，“熟读”指对学习内容反复阅读记忆，“精思”是要求对学习内容“深思”。孔子还指出，“君子耻其言而过其行”（《论语 · 宪问篇》），“敏于事而慎于言”（《论语·学而》），提出学—思—习—行的学习过程，强调行的重要，注重行知联系。

荀子则提出“不闻不若闻之，闻之不若见之；见之不若知之，知之不若行之；学至于行而止矣”（《荀子 • 儒效篇》），这是一个闻—见—知—行的学习和认识过程。这里不但论述了知行的关系，强调了行的重要作用，而且，对不同感官的作用（“闻之不若见之”）和感性认识与理性认识的关系（“闻之”和“见之”“不若知之”）以及理论与实践的关系（“知之不若行之”）都有所涉及和阐释。《礼记·中庸》进一步概括为“博学之，审问之，慎思之，明辨之，笃行之”，将学、思、行在教学过程中统一结合起来。

三、循序渐进熟读精思的原则

宋代儒学家朱熹指出：“读书之法，当循序而有常，致一而不懈。”（《文集·答陈师德》）读书既要循序渐进、有序进行，又要从不间断，持之以恒、专心于一。具体而言，读书应按照一定的顺序和方法逐步深入，应该从易到难，从浅到深，逐步深入理解和掌握知识。同时，要持之以恒，只有坚持不懈地学习，才能达到预期的效果。

《朱子语类》中记载：“若读得熟而又思得精，自然心与理一”，“读了又思，思了又读，自然有意”，如果“读而不思，又不知其意味，思而不读，纵使晓得，终是卼臲不安”。“熟读精思”的教育思想，是朱熹对孔子“学而不思则罔，思而不学则殆”思想的继承。

“循序渐进”“熟读精思”是对中国学生影响最为深远的两种学习的策略。事实上，很多外语学习者在自主学习过程中，也会应用这两种学习的策略进行外语的学习和训练。

四、知疑善问的原则

在外语自主学习的过程中，学生难免会遇到一些问题，这就要求学生会知疑善问。明朝的教育家陈献章提出："学贵知疑，大疑则大进；小疑则小进。疑而能问，已得知识之半。""学贵有疑，疑而后问"的教育思想，指的是学习态度，要善于发现问题、提出问题，有质疑，才能有所长进。而且，知疑还要善问，才能更有效地解决问题，并获得新的理解。

宋代教育家张载说："在可疑而不疑着，不曾学。学则须疑。"在他看来，学习必须知疑善问。但需要把握提问的"度"，"善问"绝非"多问"，过多的提问会有碍独立思考能力的培养。如在《经学理窟·学大原下》有这样的论述："若但多问，未尝自得，学者懒惰，教者则渎，两失之矣。"

第二节　学习者自主性相关概念

自主性的概念有政治和哲学渊源。英文"自主性"（autonomy）一词源自希腊语"autonomia"，其词源是"autonomos"，由"auto"（self）和"nomos"（rule或 law）两部分构成（Boud，1988；Broady & Kenning，1996；Zembylas & Lamb，2008）。从其词源可以看出，自主性原是一个政治法律术语，意思是"自治、自治权及自由"等（Broady & Kenning，1996：12）。自主的本义是指个体自行管理好自己的事物，而不依赖于别人，也不受制于别人。在 20 世纪，"自主、独立"是西方自由思想在哲学、心理学、政治和教育领域的重要体现（华维芬，2002）。

从 20 世纪 60 年代初开始，西方的一些教育学家就逐渐把培养"自主的学习者"（autonomous learner）视作教育的理想目标。在法国的成人教育改革中，首先对这一理念进行了实践探索。1971 年，在由欧洲委员会主持的现代语言项目（the Council of Europe's Modern Languages Project）中，首次提出了语言教学中的自主性概念。此项目的一个成果，是在法国的南希大学（Université de Nancy）成立了语言教学与研究中心（Centre de Researches et d' Applications en Langues，简称 CRAPEL）（Holec，1981）。南希大学的语言教学与研究中心（CRAPEL）在 Yves Chalon 和 Henri Holec 的先后主持下，通过该校的资料中心在成人学生中开展了自主性的教学与研究（Gremmo & Riley，1995）。学习者（主要是成人学生）根据个人的外语水平、能力、爱好、时间等选择适合自己的学习材料、学习方式、课程进度、学习时间和地点，并制订学习计划、监控学习效果等。教师在这一学习过程中，起着组织、协调、指导的作用。这种教学方式既不同于传统课堂上，由学校规定大纲、教材，由教师安排教学进度，又不同于函授课程中，学生依照既定的教材自行安排学习进度，师生较少面对面交流。

虽然学习者自主性的概念最初是在成人教育中开始普及的，但目前这种观念已广泛流行于国内外各类各级学校。20 世纪 80 年代以来，学习者自主性研究一直是一个被广泛关注的话题。尤其是进入 21 世纪之后，人们对于外语教学与学习中自主性研究的兴趣，呈显著上升趋势。Benson（2006）在其综述性文章《语言教学与学习中的自主性》（*Autonomy in Language Teaching and Learning*）中呈现了进入新世纪后有关自主性研究的专著、论文集、会议和期刊文章层出不穷、百花齐放的局面。随着语言教学与学习中的自主性的概念的研究更深、更广，研究者们在不断重塑学习者自主性的定义和概念的内涵与外延。

自从学习者自主性概念被引入外语教学与学习领域以来，由于对学习者自主性的概念没有一致的界定，研究者们使用了一些与学习者自主性相关但名称不同的术语。Gardner 与 Miller（2002）从三个方面，分析解释了难以界定自主性的原因。首先，不同的研究者从不同的视角对自主性进行界定。其次，有关自主性概念的界定，会随着越来越多的研究商榷和讨论而逐渐明晰。最后，自主性的相关概念独立发展于不同的地域，因此研究者所用术语不同但内涵却经常相近。

厘清与学习者自主性内涵相近却涵指不同的一些概念，对于培养和促进学习者自主性的发展十分重要。

一、自我指导

自我指导（self-instruction）是指学习者不依赖教师而进行的学习（Little，1991）。自我指导侧重于让学习者承担教学责任，而不是依赖教师或辅导员。因此，教学责任从教师转移到学习者身上（Hughes，1997）。此概念侧重学习者能够在不受教师直接控制的情景下进行学习（Dickinson，1987）。自我指导指的是一种情景（situation），学习者在这种情境中，其学习不直接受老师的控制。

自我指导的概念经常与独立学习相混淆。独立学习（independent learning），是指学习者在学习过程中不受教师的干预，而独立地进行学习（White，2008）。“独立学习”意味着学习者能够独立地选择自己的学习目标、学习材料、学习资源、学习方法和学习任务。

Benson(2006) 从两个层面探讨了自我指导。狭义层面，自我指导是指学习者使用印刷品或广播等自学材料进行学习。广义层面，是指学习者完全或很大程度上在没有教师帮助的情景下进行学习。

在早期的有关自主性的研究文献中，自我指导概念曾占有一席之地，但很快就被认定为“它导式学习方式”('other-directed' mode of learning) (Benson，2005 : 62)。其广义层面的内涵逐渐被自我定向学习（ self-direction ）所涵盖。

二、自我定向学习

自我定向学习（ self-direction 或 self-directed learning)，指学习者对学习任务所持的一种态度（ a particular attitude to the learning task)。自我定向学习强调学习者要对自己学习负责的学习态度（ attitude)。它与自我指导的不同之处在于，它侧重的是学习态度而不是学习技巧。

学习者或许有能力对自己的学习负责，但在做出与学习有关的决策行为时，未必会使用此种能力。Dickinson(1987) 指出，自我定向学习意味着学习者会负责任地做出与学习相关的一切决策，但不一定承担实施这些决策的任务。

三、自我调节学习

自我调节学习（ self-regulated learning)，是指学生通过使用认知和元认知策略，主动控制和调节自己学习的过程。它涉及设定学习目标、选择策略、监控进度，并在必要时进行调整。

齐莫曼(Zimmerman, 2015)将自我调节学习界定为一个目标导向的学习过程，涉及元认知、动机和行为过程，这些过程是学习者为获得知识和技能而发起的学习活动，如目标设定、计划制订、学习策略选择、自我强化、自我记录和自我指导。此外，自我调节学习还涉及学生对其学习过程进行自我评价和自我反思等。

自我调节学习要求学习者不仅要对自己的学习过程做出主动控制和调节，而且要基于外部的反馈，对学习的外在表现和学习环境做出主动监控和调节。它侧重的是学习者有意识地、有策略地调整学习活动以实现学习目标。学习者通过应用他们预测会成功的学习策略，来自我调节其学习活动和过程。齐莫曼认为，自我调节学习过程需要学习者调控自我、行为和环境三个方面（ Zimmerman，1989)。其中，个人自我调节涉及监测和调整认知和情感状态，行为自我调节涉及自我观察和运用各种策略适时调整自己的学习行为，环境自我调节涉及观察、营造和利用学习环境中的物质和社会资源（Panadero，2017）。

简而言之，自我调节（self-regulation）不是学习者的一种个人属性、心理能力或学习技能。相反，它是学习者将心理能力转化为学术技能的一种自我指导过程。

四、自导学习

自导学习（self-access learning）强调的是一种学习途径（way）（束定芳，2004；束定芳、庄智象，2008）。自导学习指学习者利用现有的外语教学资源和教育技术进行学习（徐锦芬，2007）。它鼓励学习者离开老师的控制而自主进行学习。

基于如果向学习者提供丰富的第二语言学习资源和材料，学习者便可以开展自我定向学习的理念，1972 年，法国的南希大学（Université de Nancy）（现为洛林大学）的语言教学与研究中心（CRAPEL）和英国的剑桥大学分别创建了首批语言自主学习中心（self-access language centers）。此后，中国香港、墨西哥、日本、新西兰等地的多所高校陆续创建了自主学习中心。科技的快速发展、第二语言习得和外语教学研究取得的进展，以及当地教育环境的变化，都对自主学习中心的发展产生了影响。

Gardner 和 Miller 于 2002 年出版的著作《自导学习的理论与实践》(*Establishing Self-Access: From Theory to Practice*)，被认为是一部系统研究自导学习的著作。如何利用自主学习中心，促进学习者自主性发展也逐渐成为了自主性研究的一大主题。并且研究关注点逐渐从自主学习中心的组织形式，转向了如何将自导学习同课程整合在一起（Benson，2006）。

科技的发展，赋能了自主学习中心在学习者自主性发展方面可以发挥更多的功能和作用。自主学习中心从来不是仅仅提供学习资源和技术，而应该被视为更复杂的学习空间，包括发挥认知、元认知和社会功能（Thornton，2020）。

和早期的语言自主学习中心相比，尽管条件和环境发生了变化，但如今学习者去自主学习中心的主要目的与 20 世纪 70 年代仍然相同：学习或提高目标语言，通常作为正式语言课程教学与学习的补充。但是，对于语言自主学习中心的教师和工作人员而言，面临着如何更好地向学习者提供支持的新要求和挑战。例如，指导学习者如何进行策略培训、使用自我评估工具、进行计划、反思等活动（Gardner，2011）。

新近的有关语言自主学习中心对学习者支持的研究，涉及学习者对自主学习的感知、在语言学习和学会学习方面的学习收获、学习者的自主性和能动性、学习共同体中的自主学习等方面（Tassinari & Ramos，2020）。

五、自主学习

“自主学习”（autonomous learning）是在自主性研究文献中经常出现的一个术语。事实上，自主学习不仅是教育研究，也是外语教育研究的一个重要主题。庞维国（2003）指出，培养学生的自主学习能力，在课程论领域被视为一项重要的课程目标。在教学论领域，被视为一种重要的教学方法。在学习论领域，自主学习则被看成是一种有效的学习方法。

我国的学者较普遍使用自主学习这一术语，但其内涵与学习者自主性有所差异。Benson（2005：110；2011：123）对自主性和自主学习两个术语进行了区分，他将自主性看作是学习者的“一种品质、特性”（an attribute of the learner），而自主学习是“一种学习方式、模式”（a mode of learning）。

范捷平（2005）则认为，外语自主学习是一种学习过程。外语自主学习是外语学习者根据各自的需求、学习动机和学习目标，积极主动、独立自主地决定自己的学习内容、学习方法、学习过程和学习形式。外语自主学习是学习者一种有意识地计划、监控、实行和测试反思的学习过程。

综合不同文献，我们认为，“自主学习”是学习者语言学习自主性的展示，即学习者能动地管理自己，进行语言学习和交际活动。相对比而言，“外语自主学习能力”则强调外语学习者在外语教学与学习活动中，自觉、能动地管理自己，进行外语学习与交际实践的潜能（韩立刚，2013）。

第三节　学习者自主性定义与内涵

在语言教学与学习领域，不同的研究者对学习者自主性这一概念有着不同的解释和看法，至今也没有统一的界定。Benson（2007a：736）指出，大量有关自主性的研究聚焦的一个问题，是“我们如何界定和描述自主性”。其实原因很简单，如果要促进学习者自主性发展，教师需要知道培养的是什么（Benson，2007a）。

有的学者（如庞维国，2003）认为，学习者自主性是一个学习过程。在此过程中，学习者积极训练和练习对自己的学习负责，根据自己的需求和现有的知识水平确定学习目标、制订学习计划、监控学习过程和评估学习结果。有的学者（如 Aoki，2000；Benson，1997；Holec，1981；Littlewood，1996）认为，学习者自主性是一种学习能力。它强调的是学习者的特质而不是学习过程。另外，一些学者（如程晓堂，1999；余文森等，1999）认为，学习者自主性是一种学习方式或模式。它侧重的是，学习者在教师的指导下，根据自身条件和需要制定并完成具体学习目标的学习模式。还有一些学者（如 Broady & Kenning，1996；Dickinson，1987）认为，学习者自主性是一种责任和自由。它强调学习者的学习不受教师的直接控制，能够自由地做出与学习有关的决定，以及这些决定的实施完全由学习者自己负责。

韩立刚（2013）梳理、归纳了国内外学者关于学习者自主性定义的一些代表性界定（表 2–1）。

表2–1　国内外学者对“学习者自主性”定义的代表性界定

文献来源	学习者自主性定义类别	描述
Aoki（2000：144）	能力	是学习者根据自己所感知的需要和愿望（aspirations）去控制自己学习的能力。包括三个方面：第一，关于学什么、为什么学和怎么学的决策能力；第二，实施学习计划的能力；第三，评价学习结果的能力
Benson（1997：19）	自由、能力和控制	从技术、心理和政治三个角度界定了学习者自主性。从技术的角度看，自主性是一种脱离教育机构框架及没有教师干预的语言学习行为（学习者要自我管理学习）；从心理角度看，自主性是一种让学习者更负责任地自我管理学习的能力；从政治的角度看，自主性是对学习过程、内容以及学习外部环境的控制
Broady & Kenning（1996：14）	责任、自由	学习者自主性至少包含三个方面的内容：责任、不依赖教师的学习以及自由选择。自主性既是学习过程也是学习的结果。学习者自主性的发展，需要知识、技能以及对其学习承担责任的机会
Dickinson（1987：13）	自由、责任	自主即在任何一种学习情境（课内或课外），学习者的学习不受教师的直接控制，所有与学习有关的决定以及决定的实施完全由学习者自己负责
Gathercole（1990：16）	意愿、能力	自主性即学习者愿意并有能力掌控自己的学习。学习者自主性涉及探究学习者为什么、学什么以及如何能够独立地进行学习
Holec（1981：3）；Benson（2005）	潜能（capacity）或能力（ability）	自主性就是学习者管理（控制）自己学习的一种潜能（能力）。这种能力不是天生的，而需要通过“自然”途径或（通常情况下）在专门系统的正式学习中培养和发展

续表

文献来源	学习者自主性定义类别	描述
Jiménez Raya, Lamb & Vieira（2017: 1）	competence（能力）	自主性是在将教育视为为个人赋权和社会转型的愿景下，在教育（及之外的）环境中，发展成为一个自主、有社会责任感和批判性意识的参与者的能力
Little（1991:4）	潜能（capacity）	自主性是学习者的一种超然、批判性反思、决策和独立行动的潜能
Littlewood（1996：428）	能力（ability）和意愿（willingness）	学习者自主性包括两个层面：一是学习者自主学习所需的知识和技能；二是学习者自我管理学习的意愿（具有学习动机和信心）
Sampedro (2008: 129)	心态、生活态度	自主性主要是一种心态，一种生活态度。这与相信自己的潜力、开放的心态、自尊和尊重他人等有关。同时，它与自主学习能力和一般学习能力的发展有关，也与学习特定学科的能力有关
Wenden（1991：15）	知识、技能和态度	自主的学习者已经获取了学习策略和有关学习的知识和技能，具备了自信地、灵活地、恰当地、独立于老师地运用这些知识和技能的态度
Zimmerman（1994）	选择和控制程度	如果学习者在学习参与、学习方法、学习时限、学习结果、学习的物质环境和社会环境六个方面均能由自己做出选择和控制，则其学习就是具有充分自主性的。反之，如果在以上几方面均不能由自己选择和控制，则其学习就无所谓自主性学习
程晓堂（1999：33）	能力、条件和学习模式	能力，是指由学习者的态度、能力和学习策略等因素综合而成的一种自我主导学习的内在机制。条件，是指学习者对自己的学习目标、学习内容、学习方法以及使用的学习材料的控制权。学习模式，是指学习者在教师的指导下，根据自身条件和需要制定并完成具体学习目标的学习模式
庞维国（2003：48）	学习过程和学习能力	作为一种活动过程，自主学习既需要内在的必要条件，也需要外部条件的支持。作为一种能力，自主学习是学习者与外部环境长期相互作用的结果，是个体在不同的情景中表现出来的一种相对稳定的学习特征
束定芳、庄智象（2008：20）	态度、能力和环境	学习者自愿采取积极、负责的态度对待自己的学习，具有独立完成自己学习任务的能力，有机会（环境）去锻炼自己负责自己学习的能力
余文森等（1999）	学习方式	自主性学习是与他主学习相对立，学习者自己主宰自己学习的一种学习方式

如上所述，由于不同的学者探讨、研究、阐述的视角和层面不同，很难简单地用一句话来概括“学习者自主性”的定义。虽然研究者们对于学习者自主性的定义和理解不同，但都强调了学习者自主学习的“意愿”“能力”“条件”和“行为”。

Benson（2009）指出，学者们较一致赞同的“自主性”（autonomy）定义，是由 Holec（1981）提出的“（学习者）对自己学习负责的一种能力”，但是难以具体说明这种能力包括什么内容。Dickinson（1995）认为，学习者自主性既是一种学习态度，又是一种学习能力。态度就是学习者对自己的学习做出决策的责任，能力就是对学习过程的决策和反思。Teng（2019）提出，决定自主学习的三个主要因素可以确定为能力、愿望和自由。能力是指学习者在学习和语言两大领域所具备的技能和知识。愿望是指学习者出于特定目的而学习一门语言或完成一项特定学习任务的意愿强度。自由是指学习者在学习情景中，多大程度上可以控制他们的学习。

综合以往有关对学习者自主性的界定，韩立刚（2013）认为：学习者自主性是指外语学习者为了获得外语知识和语言技能，在外语教学课堂内、外的语言交际活动中，能够积极管理自己的语言学习行为，自觉能动地选择适合自己的学习方式、学习内容和学习途径，反思学习效果，并创造性地解决外语学习过程中所遇到的各种问题。学习者自主性既是学习者在益于其语言学习的环境下，积极选择和利用课堂内、外的学习材料和资源，愿意对自己的语言学习负责且管控自己语言学习的一种潜能，也是一种能动地进行语言交际实践的行为。

韩立刚（2013）进一步指出，语言学习者自主性包含三个维度的内涵：自主的学习态度（意愿）、自主的学习能力和利用学习环境（条件）自主的学习行为。

首先，自主的学习态度（attitude）体现在，语言学习者不完全依赖教师，而应对自己的学习承担更大的责任。学习者自愿采取一种积极的态度，对自己的学习负责并积极地投身于学习。不管是在课堂内还是课堂外，发展学习者自主性既要给予学习者机会去承担责任，学习者自身也要采取积极的态势，有意愿（动机和信心）去敢于承担学习责任。

其次，自主的学习能力（capacity）体现在，学习者懂得如何学习外语，会管理自己的学习行为进行语言学习。学习者应该发展语言学习能力和掌握并运用学习策略，以便独立完成学习任务。自主学习能力的发展，需要学习者学习相关的知识和技能，即有关语言和语言学习的知识、技能以及自我管理的策略。

最后，语言学习者自主性的发展，还包括学习者可以针对自己的学习需要，利用学习环境（environment）进行外语学习的能力与行为。学习者应该被给予大量的机会去锻炼与提高对自己的学习负责的能力。在我国，因为自然外语学习环境的缺失，所以语言学习者在学习材料和学习资源的选择和使用方面，离不开外语教师的支持、指导和帮助。学习者学习外语是在一个非母语环境下的学习过程，无论是在课堂内，还是在课堂教学以外，都需要外语教师根据学习者的学习水平和个体差异，帮助和指导学习者选择学习材料和资源进行语言学习和实践。当然，微观的外语学习环境受宏观的政治、社会、文化和教育环境所影响。除此之外，语言学习者自主性的发展并不意味着学习者完全的独立，要以学习者之间相互依靠为前提，因为语言能力的发展需要学生和教师，尤其是学习者之间的相互交流（Aoki，2000）。如果没有或缺乏外部的环境与条件，很难在初学阶段培养学习者自主学习的态度与能力。

参照戴忠信教授（2007：168）对于外语学习者主体性的分析和讨论，我们认为，学习者自主性是指外语学习者为了获得外语知识和语言技能（自为性），在外语教学课堂内、课堂外的语言交际（社会性）的活动中（实践性），能够积极管理自己的语言学习行为（自控性），自觉能动地（自觉能动性）选择适合自己的学习方式、学习内容和学习途径（选择性），反思学习效果，并创造性地（创造性）解决外语学习过程中所遇到的各种问题。学习者自主性既是学习者在益于其语言学习的环境下，积极选择和利用课堂内、外的学习材料和资源，愿意对自己的语言学习负责且管控自己语言学习的一种潜能，也是一种能动地进行语言交际实践的行为。

学习者自主性作为一种在学习活动或过程中建构和发展的学习能力，不是固定不变，而是在不断发展变化。许多学者（如 Benson，2005；Littlewood，1996，1999；Nunan，1997；Smith，2003a）指出，学习者自主性有程度高低之分，要想达到完全自主是一种理想化的目标。完全意义上的自主学习和极端的不自主学习的情形，都比较少见，多数学习者是介于这两者之间。因此，分析影响语言学习者自主性发展的因素，研究外语教师在促进学习者自主性发展中的作用和影响，具有十分重要的意义。

第三章　外语学习者自主性发展的影响因素

学习者自主性的发展是学习者在学习过程中，通过调节语言学习心理机制而实施的一系列语言学习行为。此过程既涉及学习者的心理活动，又涉及语言社会实践，诸多影响因素使其变得异常复杂。国内外学者从不同角度，对影响自主性发展的因素进行了区分。较为普遍的是从影响学习者自主性发展的内部因素和外部因素进行分析。

庞维国（2003）从影响自主学习的内部因素和外部因素进行研究。他认为，影响学习者自主性发展的内部因素包括学习者的自我效能感、归因、学习目标设置、认知策略的获得、元认知发展水平、意志控制水平和性别角色。外部因素包括学校教育中的影响因素（教学模式、教材的内容和组织、教育技术、课堂管理方式）、家庭因素和文化因素。

徐锦芬（2007）从心理和社会角度分析了影响学习者自主性发展的因素。她认为，内在因素包括学习者的自我效能感、归因、学习动机、学习态度、学习风格、学习策略和学习者自尊。外在因素包括外语教师、教育技术、同辈群体、学习环境、社会文化。徐锦芬（2014）在研究中，从学习者因素和外部因素开展了自主学习能力的影响因素研究。其中，学习者因素包括学习动机、自我效能感、成就目标定向、成就归因、学习策略，外部因素包括教师、同辈群体、和其他外部因素（徐锦芬，2014）。

促进学习者自主性的发展，既需要学习者内在的必要条件，也需要外部的支持条件。学习者的内在条件包括记忆、推理等智力因素，也包括诸如学习动机、学习态度、自我效能感、学习策略等非智力因素。在教学过程中，外语教师可以通过引导，帮助学生调节非智力因素，以及创设有助于学习者自主性发展的外部条件，帮助和促进学习者自主性的发展。

本章节将在厘清相关影响因素的概念、梳理研究发展脉络的基础上，分析这些因素如何影响学习者自主性的发展。

第一节　影响学习者自主性发展的内部因素

影响自主性发展的学习者自身内部因素，主要包括学习动机和学习态度、学习目标的设置、学习策略、自我效能感、归因、意志控制、时间管理等。

一、学习动机和学习态度

（一）学习动机与学习态度的关系

心理学家们一般用动机（motive）对人们做出这样或那样的行为的原因进行描述。所谓动机，是指引发个体活动并维持该活动的倾向。此处的活动指的是行为。动机包括两个方面的内容，一是对某种活动和行为有明确的目的性，二是为实现和达到该目的而做出一定的努力。动机常用来解释行为的内动力和行为的内在心理因素。

动机与态度密切相关，两者有很多类似之处。动机和态度同作为情感因素，都是促动行为的内在倾向。态度是指个体对人、对事物和周围世界所持有的一种具有一致性与持久性的倾向（张春兴，1998）。态度的构成包括认知、情感和行为倾向三个因素。Van Els 等人（1984）指出态度包括三种成分：认知成分，即对某一目标的信念；情感成分，即对某一目标的好恶程度；意动成分，即对某一目标的行动意向和实际行动。态度对某一目标的具体实施和最终达到的成功程度是极其重要的。Stern（1983）将学习者的态度划分为三类：对目的语社区和操目的语的人群的态度、对待学习目的语的态度、对待语言以及语言学习的总体态度。

因为态度中含有认知与情感两种成分，所以在对待人和事物的态度表现上，就有积极态度（他认为是对的，他喜欢，因此他支持）和消极态度（他认为是错的，他不喜欢，因此他不支持）之分。例如，学习者如果对某个国家的文化抱有好感，渴望了解其历史、文化、习俗和社会知识，这便成为学习该文化的语言的有利因素。相反，如果对某个国家的文化抱有轻蔑或厌恶的态度，就很难去认真学习该文化的语言。学习者如果对某门外语抱有好感，就会认为学习该门外语是一个不断探索发现新事物的过程，语言学习就会成为一种乐趣。总体而言，态度影响和决定动机，态度对外语学习过程的影响主要是通过动机。

学习动机（motivation to learn）是指激励并维持学生朝向某一目的的学习行为的动力倾向（陈琦、刘儒德，2007）。学习动机是行为的内动力，是引起和维持学生学习活动，并促使该学习活动趋向所设定的目标的内在心理历程。学习动机与学习者的学习兴趣、学习态度、学习需要、个人价值观、外来鼓励和客观现实环境等诸多因素紧密相关。

学习动机与学习的关系是辩证的，两者是相辅相成的。一方面，学习动机驱动学习，具有较强学习动机的学习者会积极进行知识的学习。另一方面，学习又能产生学习动机，学习者学到的知识反过来也可以增强学习的动机（陈琦、刘儒德，2007）。对外语教师而言，在强调学习动机在外语学习中的重要作用的同时，也要意识到学习者在外语学习过程中，其知识学习也会增强下一步外语学习的动机。外语教师应适当创设学习条件，而不是刻意地“传递”或“灌输”学习动机，使外语学习本身强化学习者的学习动机。

（二）学习动机的类型

学生的学习动机是在社会生活条件和教育的影响下逐渐形成起来的。学生头脑中不同的学生动机，反映了社会和教育对学生的学习有着不同的要求（陈琦、刘儒德，2007）。为了清楚地了解学生动机，这里梳理了一些对教育教学实践有影响的学习动机分类。

1. 内部动机和外部动机

根据自我决定理论（Deci & Ryan, 1985），从学习动机的内外维度来划分，学习动机分为内部动机（intrinsic motivation）和外部动机（extrinsic motivation）。内部动机指学习者对学习本身的兴趣所引起的动机。内部动机是由学习者本身产生的，动机的满足在活动之内，不在活动之外。它不需要外界的诱因、奖惩来使行动指向目标，因为行动本身就是一种动力。

如有的学生喜欢学习外语，便会在课堂上认真听讲，课下也会刻苦学习。外语学习活动本身就是学习者所追求的目的，例如求知欲、好奇、兴趣、爱好等。学习者外语学习的目的不仅在于获得外语知识，而是对外语学习感兴趣，从外语学习活动本身就能获得满足。

外部动机源于外界的影响，指人们由外部诱因所引起的动机。外部动机的满足不在活动之内，而是在活动之外。外语学习者受到外力推动，不是主观因素在起作用，而是受到外部情景支配而学习外语。学习者不是对外语学习本身感兴趣，而是对外语学习的结果感兴趣，这种结果是由外语学习者以外的父母、教师或其他人提出的。

学习者的内部动机和外部动机决定着是否持续开展外语学习。具有内部动机的学生能在外语学习中得到满足，具有好奇心、求知欲和兴趣，会积极地开展语言学习。而具有外部动机的学习者，一旦达到了外语学习目的和目标，其学习动机便可能会下降，不再持续进行语言学习。

2. 融入型动机和工具型动机

Gardner 和 Lambert（1972）从社会语言学角度，将外语学习动机分为融入型动机（integrative motivation）和工具型动机（instrumental motivation）。融入型动机指外语学习者想融合到第二语言社团中，想和第二语言社团成员进行交际，期望参与或融入社团的社会生活并想成为这个社团的成员。工具型动机是指外语学习者为了某一特殊目的，希望能通过学习外语而获得更多的特殊收益，例如获得与工作相关的机会，通过考试获得某一职业，或为了获取目的语国家的新信息而阅读科技文献等。

有研究者提出融入型动机不太符合我国的具体情况，认为中国学习者可能具有较多的工具型动机（桂诗春，1986）。还有研究者认为，持融入型动机的学习者比持工具型动机的学习者，更容易成功地习得外语。事实上，这些论述缺乏系统的、大范围的相关实证研究材料的支持。

3. 学习动机的其他分类

Brown（1981）认为有三种不同的外语学习动机：整体动机（global motivation），即对外语习得的一种态度，如达到学习二语目标的整体方向；情景动机（situational motivation），即伴随环境变化而产生的动机，如在自然习得情况下的学习者动机不同于课堂学习者的动机；任务动机（task motivation），指对具体学习任务的动机，会随着任务的不同而发生变化。Gardner（1985）则认为，第二语言学习动机应包括学习的目标、学习中的努力程度、实现目标的愿望以及对学习的热爱程度这四个方面。

我国的研究者高一虹等人（2003）采用调查问卷的方法，考察了中国大学本科生英语学习的动机类型。通过动机类型的因子分析，将中国大学本科生英语学习的动机归纳为七种类型，分别是：内在兴趣动机、成绩动机、出国动机、学习情境动机、社会责任动机、个人发展动机和信息媒介动机。

内在兴趣动机，与 Gardner 和 Lambert（1972）经典学习动机模式中的“融入型动机”相似，都表达了对（目的）语言、文化的兴趣，但未必要融入目的语的文化，可能是单纯的欣赏、喜爱（高一虹等，2003）。

成绩动机，与华惠芳（1998）提出的“证书型动机”相类似，指的是学生为了升学或毕业，而在各类考试中努力学习以获得好成绩。学习成绩既是努力学习的目的，也是激励学生努力学习的动力。

出国动机，指的是学生为了更好的教育或就业机会，体验目的语国家的文化而努力学习英语。根据学生出国的目的不同，出国动机兼具融入型动机和工具型动机的特点。

学习情境动机，与Dörnyei（1994）提出的“学习情境层面”维度相吻合，指的是学生由于喜欢英语课程、教材、班级学习氛围和教师教学而喜欢学习英语。

社会责任动机，指的是学生学习英语是为了让世界了解中国，将国家的强盛与父母的期望结合在一起。社会责任动机体现出学生的一种社会责任感。

个人发展动机，是指学生为了更好的未来发展前途而努力学习英语来提高个人竞争力，既包括工具型动机意义上的为了实用而努力学习英语，也包括心理层面的“能获得成就感”。

信息媒介动机，指的是学生将学习英语视为一种了解、获取信息的媒介。

高一虹等人（2003）将七种学习动机按照经典动机分类模式归纳为三类：工具性动机（个人发展动机、信息媒介动机和成绩动机）、文化性动机（内在兴趣动机）、情境性动机。出国动机、社会责任动机兼具工具性动机和文化性动机的双重属性。

（三）学习动机和学习态度对学习者自主性发展的影响

学习者对待学习的态度和持有的学习动机，对于其自主性的发展，发挥着重要的影响和作用。积极的学习态度和持续的外语学习动机，对于外语学习至关重要。积极的学习态度有助于学生增强学习动机，从而促进外语学习。相反，学生如果对外语学习持有消极的态度，则会减弱学习动机，影响外语学习的成效。

Dickinson（1995）指出，自主学习者往往是有较强学习动机的学习者，学生自主性的发展往往会导致更好、更有效的学习表现。Ushioda（1996）的研究发现，自主学习者具有有效自我管理动机的能力，并且经常在学习情境中表现出一定程度的学习动机，因为没有动机就没有自主性。

学习者自主性的发展，需要教师引导和帮助学生自愿采取一种积极的态度和持久的动机对待自己的学习，即学生对自己的学习负责并积极投身于外语学习。徐锦芬（2007）指出，帮助学生提高自主学习意识，养成自主学习习惯，需要教师对学生进行学习者训练，以期改变学生的学习态度。

二、学习目标

学习者自主性的发展，是一种自我调节的学习过程，即学习者个体主动选择、调节、控制自己的学习过程。学习者在学习过程中，需要根据既定的学习目标，不断调控其学习过程和学习策略。因此，学习目标被认为是自主学习的核心构成成分（庞维国，2003）。

研究者们提出了各种各样的目标分类。Elliot 和 Church（1997）将学习目标分为两类：一类是靶目标或任务具体性的目标，另一类是意图目标或目标定向。靶目标或任务具体性的目标是指个体试图完成的具体任务的结果，而意图目标或目标定向反映的是个体从事一项任务的更为概括的理由。之后，他们将目标定向进一步分为两类：掌握定向（mastery orientation）和行为表现定向（performance orientation）。掌握定向反映了对当前形成的知识、技能、胜任能力与先前的行为表现相比较而做出的反思，具有自我参照的作用；而行为表现定向关注的是通过在学习任务上胜过他人来展示自己的能力（庞维国，2003）。Elliot 和 Church（1997）又进一步将行为表现目标划分为表现—趋向目标（performance-approach goal）和表现—回避目标（performance-avoidance goal）。

20 世纪 80 年代初，美国心理学家卡罗尔•德韦克（Carol Dweck）等学者在社会认知框架研究成果的基础上，综合成就动机的研究成果，提出了较为完善的成就目标理论。成就目标，通俗来说就是个体从事与成就有关的行为的理由和目的，它既包含了目的性，又包含了动机性。成就目标定向理论是以内隐能力理论为基础发展而来的一种学习动机理论。

Dweck 和 Leggett（1988）把学习目标分为掌握目标（learning goals or mastery goals）和表现目标（performance goals）。掌握目标占优势的个体把注意力集中在对任务的把握和理解上，注重发展自己的能力；而表现目标占优势的个体有向他人展示自己才智和能力的意愿，但会极力回避那些可能失败的情景，而选择中等难度的任务。

陈琦和刘儒德（2007：229）比较了两种目标定向的区别（表 3-1）。他们指出，对掌握目标和表现目标的研究具有重要的意义，教师应该强调学习内容的价值和意义，淡化分数，使学生相信学习不是为了分数。

表3-1 掌握目标和表现目标的区别（陈琦、刘儒德，2007：229）

维度	掌握目标	表现目标
成功的含义	改善，进步	高分，高水平的表现
看重的方面	努力学习	高于他人的能力
满足的原因	努力学习，挑战性	比别人做得好
教师的取向	学生如何学习	学生如何展示成绩
对错误的看法	学习的一部分	产生焦虑
关注的焦点	学习过程	学习结果
努力的原因	学习新东西	高分，优于他人
评价标准	自身的进步	与常模比较
任务选择	有挑战性的	非常容易或者非常难的（防御性策略）
学习策略	理解，有意义学习，元认知	机械性的，应付式的学习
认为老师的作用	帮助学习的资源和向导	给予奖惩的法官
控制感	强	弱

当然，掌握目标和表现目标也并非互不兼容、非此即彼的关系，它们共同构成了目标定向的结构。例如个体有可能试图一边提升自己的技能，一边又希望在他人面前表现良好。

由于存在着多种目标分类或目标定向名称，为了避免理解上的混乱，Pintrich（2000）根据已有目标定向的研究文献，把目标定向分为了两个维度、四种形式（庞维国，2003：54）（表 3-2）。

表3-2 四种不同的学习目标定向（庞维国，2003：54）

	追求倾向	回避倾向
掌握定向	关注的是掌握任务、学习和理解，以自我提高、进步、对任务的深度理解为标准	避免误解、学不会或者不能掌握任务，以不犯错、不错误地完成任务为标准
表现定向	关注的是胜过他人，显示自己的卓越，以同伴参照为标准	关注的是避免产生自卑感，避免使自己看上去比别人笨

梳理和了解学习目标的分类和不同的目标定向，对于发展学习者自主性具有重要的意义。学生形成什么样的目标定向以及设定怎样的外语学习目标，对其自主性的发展都会产生影响。Pintrich（2000）的研究表明，采用趋向—掌握目标定向的学生，与其他目标定向的学生比较，更多地使用自主学习策略。

对于外语教师而言，应当通过交流关注学生的外语学习目标定向和设置情况，及时指导学生明晰和调整自己的目标定向，帮助学生自我设置具体的、远期与近期的、能够完成并且又具有挑战性的外语学习目标。设置的外语学习目标要切合学生的实际情况，能够激发学生的高自我效能感和较强的学习动机。可见，如何指导和帮助学生设置难度适宜的、具体的、远期与近期的、能够完成并且又具有挑战性的外语学习目标，是促进学习者自主性发展的一个重要因素。

三、学习策略

（一）学习策略的定义

在有关学习策略的研究中，对于什么是学习策略以及如何界定，研究者们从不同的研究角度或者使用不同的研究方法，提出了各自不同的看法，对其界定仍然没有达成一个统一的认识。有的研究者用学习策略指具体的学习技能，诸如复述、想象和列提纲等；有的用来指较为一般的自我管理活动，诸如计划、领会、监控等；有的用来指组合几种具体技术的复杂计划。

陈琦和刘儒德（2007）概括、归纳了研究者们对学习策略的界定，认为大致可以分为三种。第一种是把学习策略视作学习活动或步骤。它不是简单的事件，而是用于提高学习效率，对信息进行编码、分析和提取的智力活动，是选择、整合应用学习技巧的一套操作过程。第二种是把学习策略视作学习的规则、能力或技能。第三种是把学习策略视作学习计划，是学习者为了完成学习目标而制定的复杂计划。他们认为，学习策略（learning strategies），就是学习者为了提高学习的效果和效率，有目的、有意识地制定的有关学习过程的复杂方案。

陈琦和刘儒德（2007：363–364）对于学习策略的界定，明确了学习策略具有主动性、有效性、过程性和程序性四个方面的特征（表 3–3）。

表3–3　学习策略的特征（陈琦、刘儒德，2007：363–364）

特征	解释
主动性	一般学习者采用学习策略都是有意识的心理过程。学习时，学习者先要分析学习任务和自己的特点，然后，根据这些条件，制订适当的学习计划。对于较新的学习任务，学习者总是在有意识、有目的地思考着学习过程的计划。只有对于反复使用的策略才能达到自动化的水平
有效性	所谓策略，实际上是相对效果和效率而言的。一个人在做某件事时，使用最原始的方法，最终也可能达到目的，但效果不好，效率也不会高。比如，记忆一列英语单词表，如果一遍又一遍地朗读，只要有足够的时间，最终也会记住。但是，保持时间不会长，记得也不是很牢固；如果采用分散复习或尝试背诵的方法，记忆的效果和效率一下子会有很大的提高
过程性	学习策略是有关学习过程的策略。它规定学习时做什么不做什么、先做什么后做什么、用什么方式做、做到什么程度等诸多方面的问题
程序性	学习策略是学习者制订的学习计划，由规则和技能构成。每一次学习都有相应的计划，每一次学习的学习策略也不同。但是，相对同一种类型的学习，存在着基本相同的计划，这些基本相同的计划就是我们常见的一些学习策略

学习策略是伴随着学习者的学习过程而发生的一种心理活动，这种心理活动是一种对学习过程的安排，这种安排不是一成不变的程序，而是根据影响学习过程的各种因素即时生成的一种不稳定的认知图式，这种图式可以被学习者接受而成为经验，也可以因学习者的忽略而消失。因此，学习策略是指学习者在完成特定学习任务时选择、使用和调控学习程序、规则、方法、技巧、资源等的思维模式，这种模式是影响学习进程的各种因素间相对稳定的联系，其与学习者的特质、学习任务的性质以及学习发生的时空均密切相关。

（二）学习策略的分类

Dansereau（1985）把学习策略分为基本策略（primary strategies）和支持策略（support strategies）两类。基本策略是指直接操作材料的各种学习策略，主要包括信息的获得和存储的策略（领会和保持策略）以及信息的提取和应用的策略（提取和利用策略）。领会和保持策略又包括五个子策略，分别是理解（understanding）回想（recall）、消化（digest）、扩展（expand）和复查（review）。提取和利用策略又包括理解、回想、详述（detail）、扩展和复查五个子策略。支持策略主要指帮助学习者维持适当的学习心理状态，以保证基础策略有效操作的策略，如集中注意策略。支持策略包括三种策略：计划和时间安排（planning and scheduling）、专心管理（concentration management）、监控与诊断（monitoring and diagnosing）。支持策略帮助学生产生和维持某种内在状态，以便有效地完成基本策略（陈琦、刘儒德，2007）。

McKeachie 等人（1990）将学习策略分为认知策略（cognitive strategies）、元认知策略（metacognitive strategies）和资源管理策略（resource management strategies）三种，并对它们的层次关系进行了分析（表 3–4）。

表3–4　学习策略的分类（McKeachie et al.，1990）

学习策略	认知策略	复述策略 如重复、抄写、作记录、划线等
		精细加工策略 如想象、口述、总结、做笔记、类比、答疑等
		组织策略 如组块、选择要点、列提纲、画地图等
	元认知策略	计划策略 如设置目标、浏览、设疑等
		监控策略 如自我检查、集中注意、监控领会等
		调节策略 如调整阅读速度、重新阅读、复查、使用应试策略等
	资源管理策略	时间管理策略 如建立时间表、设置目标等
		学习环境管理策略 如寻找固定地方、安静地方、有组织的地方
		努力管理策略 如归因与努力、调整心境、自我谈话、坚持不懈、自我强化等
		学业求助策略 如寻求教师帮助、伙伴帮助、使用伙伴/小组学习、获得个别指导等

认知策略是学习者信息加工的方法和技术，有助于有效地从记忆中提取信息。元认知策略是学生对自己认知过程的策略，包括对自己认知过程的了解和控制策略，有助于学生有效地安排和调节学习过程。计划策略、监控策略和调节策略都属于元认知策略。资源管理策略是辅助学生管理可用环境和资源的策略，有助于学生适应环境并调节环境以适应自己的需要，对学生的动机有重要的作用。它包括时间管理策略、学习环境管理策略、努力管理策略和学业求助策略。

在教育教学中，分析学习过程中所应用的学习策略，不仅需要考虑学习活动的类型，还要考虑所获信息或知识的种类。学习策略因所学知识的类型而有所不同，复述策略、精细加工策略和组织策略主要是针对陈述性知识，针对程序性知识则有模式再认策略和动作系列学习策略，其中涉及的策略有所不同。

（三）语言 / 外语学习策略的类型

对于学习策略的研究，不仅是教育心理学中的一个热门课题，从 20 世纪 70 年代初开始，对于外语学习策略的研究成为了外语教学研究的热点之一。1975 年，John Rubin 提出语言学习策略的概念，标志着语言学习策略研究真正开始。Rubin（1975）认为学习策略是学习者用来获取知识的具体技巧和手段。Wenden（1991）将学习策略定义为学习行为、策略知识或关于如何学习和规范二语学习的知识。O' Malley 和 Chamot（1990）认为学习策略是帮助学习者理解、学习或保持新信息的特殊思想或行为，学习者为了有效地获取、贮存、检索和使用信息所采取的计划、行为、步骤等。Oxford（1990）将学习策略定义为学习者为了促进新语言知识和信息的内化、储存、检索或使用，而经常有意识采取的各种计划、行为、步骤和技巧。

Rubin（1987）根据对外语学习者发挥作用的直接程度，把学习策略分成两个大类：直接影响外语学习的过程的一般性策略，包括解释和证实、监控、记忆、演绎、概括和实践；间接影响外语学习过程的策略，如创造实践和使用交际技巧的机会等。

Oxford（1990）出版了著作《语言学习策略：教师必读》（*Language Learning Strategies: What Every Teacher Should Know*），将学习策略分为两大类：直接策略和间接策略。前者是语言学习者可以直接运用到语言中的策略，后者是指学习者对于自己学习过程的管理和控制。直接策略包括记忆策略、认知策略和补偿策略，主要涉及直接参与语言信息处理的认知过程；间接策略则包含元认知策略、情感策略、社交策略，是指通过计划、评价、寻找机会、控制焦虑、增强合作和移情等手段为语言学习提供间接的支持。其中，认知策略是学习者在对语言材料进行分析、归纳和转换时所用的策略，它们对语言学习产生直接影响。社交和情感策略是学习者与他人之间进行言语互动行为和对自身情感、态度、动机等进行调控时所使用的策略。

O' Malley 和 Chamot（1990）出版了《第二语言习得中的学习策略》（*Learning Strategies in Second Language Acquisition*），以认知学习理论（cognitive learning theory）为框架，将学习策略分为元认知策略（metacognitive strategies）、认知策略（cognitive strategies）和社会情感策略（social and affective strategies）三大类。元认知策略包括计划、监控、调节等具体方面，主要回答了语言学习中遇到的"何时做，如何做"等问题。元认知策略用于监督、调节和自我调整语言学习行为，其主要作用是对整个语言学习过程或学习任务完成的过程进行评价、管理和监控。认知策略具体可以分为复述、精加工和组织策略等。认知策略贯穿于语言学习活动始终，针对不同的学习材料，学习者要根据自己的学习能力和学习特点选择适当的学习方法。语言教育工作者则要根据学习目的积极地引导，通过设置恰当、有效的练习提高学生的学习效率。社会情感策略包括降低焦虑程度、求助、商讨等在语言学习中的运用。恰当充分地利用社会情感策略，可以使语言学习者获得更多更接近目的语的可能。

虽然研究者们对于语言/外语学习策略有着不同的界定和分类，但有着以下共识：学习策略既包括学习者的外部行为，也包括学习者内在的心理活动（徐锦芬，2007）。

（四）语言学习策略与学习者自主性的关系

使学生成为独立、自主、有效的学习者是教育的根本目标，学习策略研究除了帮助学生提高在校期间的学习效果，更重要的是使他们获得独立、自主学习的能力，为终身学习创造条件。将外语学习策略与学习者自主性研究结合起来，使学习策略研究的目标更有意义。

许多研究者把如何通过学习策略训练提高学习者的自主性水平作为研究的重点。如 Oxford（1990）对自我定向学习者的认知策略、元认知策略、情感策略、社会策略和补偿策略进行了描述，并提供了培训方法。Oxford（2011：12）提出，自我定向学习策略是学习者"有意识、有目标地尝试管理和调控学习而做出的努力”。Oxford（2017）详细、全面地梳理了学习策略的有关定义，最后归纳为19个主题方面，对于理解和把握不同学习策略的定义和内涵以及差异和侧重，有很大的帮助。

Brown（1991）的指导手册介绍了学习者在二语学习和特定语言技能学习取得成功的过程中，是如何发展自主性、如何使用策略的。Wenden（1991）从理论和实践两个方面研究了与语言自主学习相关的学习者策略、学习者态度和学习者信念，着重探讨了外语学习策略与自主学习能力的关系，并就如何培养二语学习者自主性提供了循序渐进的方法。

总之，学习策略是影响外语学习者自主性发展的重要因素。学习策略是个体习得的，用于改善和提高自己在实现某一学习目标上所展开的活动和应用的技术。它强调的是个体在学习过程中如何处理、加工信息。学习策略的选择和运用，直接关系到学习效率。

外语教师和学习者深入学习和了解学习策略，对发展学习者自主性和提高学习者的终身学习能力，具有重要的意义。通过学习者训练或课堂教学中的学习策略培训，使学习者了解和掌握学习策略，并根据不同的外语学习活动，选择、调整、运用适当的学习策略，可以有助于学习者理解学习过程，减少困惑和焦虑，保持和提高学习的动力。学习策略的有效运用不仅可以帮助外语学习者增强学习责任感，提高学习的自主能力、独立能力和自我指导能力，对其终身学习能力也十分有益（徐锦芬，2007）。此外，外语教师可以通过对学生进行元认知策略的训练，使学生养成制定学习计划、选择学习方法和方式、安排学习任务、监控学习过程、评估学习结果的习惯，从而逐渐提高其语言学习自主性。

四、自我效能感

（一）自我效能感的定义

自我效能感（self-efficacy）是由美国著名心理学家班杜拉（Bandura，1977）提出的一个概念。根据班杜拉（Bandura，1977，1986，1997）的界定，自我效能感是指个体相信自己有能力实现或完成某种特定目标或任务，是个体的能力自信心在某些活动中的具体体现。可以看出，自我效能感是个体对自己实现特别领域行动目标所需能力的信念，是对自身能否利用所拥有的技能去完成某项工作行为的自信程度。

由于不同活动领域或特定任务之间的差异性，所需要的能力、技能也存在差别。一个人在不同的领域或完成各种特定任务时，其自我效能感是不同的。因此，自我效能感不是一种个体特征，并不存在一般的自我效能感。讨论自我效能感，都需要与特定领域或完成特定具体任务联系在一起。

班杜拉（Bandura，1997）提出了自我效能感的四个来源：成功经验（mastery experiences）、替代经验（vicarious experiences）、言语劝说（verbal persuasion）以及生理和情感状态（physiological and affective states）。

据此，影响自我效能的四种因素包括：个体自身成败经验、替代经验、言语劝说和生理因素。个人自身的成败经验是影响自我效能感的最重要的因素。成功的经验提高自我效能感，失败的经验降低自我效能感。一般来说，成功经验会提高效能期望，反复的失败会降低效能期望。但成功经验对效能期望的影响还受个体归因方式的左右，如果归因于外部机遇等不可控的因素就不会增强效能感。如果把失败归因于自我能力等内部的可控的因素，就不一定会降低效能感。因此，归因方式直接影响自我效能感的形成。

替代经验指的是个体的许多效能期望，来源于观察他人的替代性经验。一个关键在于个体观察者与他人榜样的一致性，即榜样的情况与个体观察者非常相似。如果他人能做，个体会认为自己也能做。当个体看到一些人成功，其自我效能也会增强；当个体看到一些人失败，其自我效能便会降低。替代经验不像个体直接经验那么有作用，当个体认为其与榜样示范者相似时这个过程最为有效。

言语劝说通常表现为他人的直接鼓励或劝阻。劝阻在降低个人自我效能方面比鼓励增加自我效能作用更大。言语劝说的价值取决于它是否切合实际，缺乏事实基础的言语劝说对自我效能感的影响不大，在直接经验或替代性经验基础上进行劝说的效果会更好。

生理因素对自我效能的影响表现为在紧张的情况下，个体因紧张产生的反应、认知和看法可以显著改变自我效能。如在公开演讲之前心里发慌被自我效能低的个体解释为无能的表现，因而进一步降低了其自我效能，而自我效能高的个体认为这是正常生理反应，与能力无关。是对生理反应的意义的信念与看法，而不是生理反应本身影响了自我效能。

学习者自我效能感不同，表现出不同的学习特征。Eggen 和 Kauchak（1999）系统分析有关自我效能的研究后，总结出不同自我效能感的学习者表现出明显差异的学习特征（表 3-5）。

表3-5　不同自我效能学习者的学习特征（Eggen & Kauchak，1999）

	高自我效能的学习者	低自我效能的学习者
任务定向	接受挑战性的任务	避免挑战性的任务
努力	面对挑战性的任务付出更大的努力	面对挑战性的任务付出的努力较少
意志力	不达目标不罢休	达不到目标时会放弃
信念	相信自己会取得成功；没有达到目标时能控制自己的焦虑和紧张；相信自己能控制环境	总是考虑自己缺乏能力；不能实现目标时紧张、焦虑；认为自己对环境无能为力
策略运用	放弃无效的策略	坚持使用无效的策略
成绩	与同样能力的低自我效能感的同学相比，成绩更好	与同样能力的高自我效能感的同学相比，成绩更差

（二）自我效能感与学习者自主性的关系

自我效能感是影响学习者自主性发展的一个重要的动机性因素。庞维国（2003）指出自我效能感从三个方面影响学生的学业表现。

第一，自我效能感影响学生对学习任务的选择。在自由选择的学习情景中，学生会分析任务的难易程度，倾向于选择自认为能够完成的学习任务。自我效能感高的学生，对自己的学习能力充满信心，与自我效能感低的学生相比，他们确定的学习目标往往更高、更有挑战性。而自我效能感低的学生，更倾向于选择容易完成的学习任务作为学习目标，表现为对其学习能力信心不足。

第二，自我效能感通过对学生的努力程度、意志控制等因素的影响，进而影响自主性的发展过程。自我效能感影响学生在某项学习任务上付出的努力程度，遇到学习困难时坚持的时间长短，和面临复杂学习情景时表现出多强的适应能力。自我效能感越强，学生的学习越努力，坚持的时间越长，适应能力也越强。Wenden（1991）认为，如果学生对自己的学习能力没有信心，他们就不会努力提高自主学习的能力。自我效能感强的学生在学习过程中，会更多地运用认知和元认知策略，并且对学习策略的应用也充满信心，能够不断尝试新的策略，根据实际情况采用适宜的策略。所以应用的策略往往会更加有效，能够促进自主性的发展。

第三，自我效能感影响学生从事某项学习任务时的紧张和焦虑体验。自我效能感高的学生会沉着、冷静地关注学习中的问题，不会表现出焦虑和紧张情绪。

相类似，徐锦芬（2007）分析了自我效能感对自主学习能力发展的影响，主要体现在以下几个方面。第一，影响学生学习任务的选择。自我效能高的学生会选择适合自己能力水平并且具有一定挑战性的学习任务，因为他们确信只要自己坚持不懈地努力，就一定能完成学习任务。而自我效能较低的学生往往倾向于选择自己能够完成的任务，而回避那些自己认为难以完成的学习任务。第二，影响学生学习目标的设定。自我效能高的学生倾向于为自己设置更高的学习目标，通过对自己的学习过程分析、判断、自我调节等，实现预定的学习目标，证实自己的学习能力。第三，影响学生面临学习困难情景时的适应能力。自我效能高的学生对学习的自我调节能力较强，面对学习困难情景时，能够冷静、沉着应对紧张和焦虑情绪，相信自己并持续付出加倍的努力，从而完成学习任务，实现预期的学习目标。第四，影响学生自主学习策略的应用。提高自我效能感能够增加学生对认知策略和元认知策略的应用，进而提高学业表现和成绩。自我效能高的学生在学习过程中，运用更多的认知策略和元认知策略，并且能够有效地监控、调节和评价自己的学习。

Schunk 和 Ertmer（2000）指出，自我效能感在自主学习的计划、行为表现和自我反思阶段都会对学习者产生积极的影响。Zimmerman（1990）发现自我效能感与学生的组织、评价、计划、目标设置的能力有显著的正相关关系。

综上所述，自我效能感影响学习者的目标选择、付出的努力和自主学习策略的选择和应用。为促进和发展学习者自主性，外语教师需要把改善和提高学习者的自我效能感作为一项重要的举措和目标。

五、归因

（一）归因的定义和种类

归因是个体对自己的成功或失败所做出的因果解释或推论。广义上，归因是人们对自己或他人的行为进行分析，推论出这些行为的原因的过程。

归因理论（attribution theory）最初是由社会心理学家海德（Heider）于 1958 年提出。海德（Heider，1958）提出的归因论中有两个要点：其一，将行为的发生解释为情景（环境）引发的，称为情景归因（situational attribution）；将行为的发生解释为当事人性格因素引发的，称为性格归因（dispositional attribution）。其二，按归因论所解释的行为对象，除对他人的行为归因外，也对自己的行为加以归因。一般人在解释别人的行为时，倾向于性格归因；在解释自己的行为时，倾向于情景归因。

美国心理学家韦纳（Weiner，1972）提出的归因论，只集中解释个人在行为之后，自己对行为结果或失败的认知解释。因此，有的心理学家称韦纳的理论为自我归因论（self-attribution theory）或者成败归因论（attribution of success or failure）（张春兴，1998）。

韦纳（Weiner，1979）提出，学生一般多将自己学习的成功或失败归因于四个因素：能力、努力、任务难度和运气。Weiner（1982）按照各因素的性质，提出了归因的三向度模式：稳定性、因素来源、能控制性（表 3-6）。

表3-6　Weiner（1982）归因理论的三向度分析

归因类别	成败归因向度					
	稳定性		因素来源		能控制性	
	稳定	不稳定	内在	外在	能控制	不能控制
能力	√		√			√
努力		√	√		√	
任务难度	√			√		√
运气		√		√		√
身心状况		√	√			√
其他		√		√		√

其中，因素来源指个体自己认为影响其成败因素的来源，是个人条件（内控）抑或外在环境（外控）。在此一向度上，能力、努力及身心状况三项属于内控，其他各项则属于外控。稳定性指个体自认影响其成败的因素，在性质上是否稳定，是否在类似情境下具有一致性。在此一向度上，六因素中能力与任务难度两项是不随情境改变、比较稳定的，其他各项则均为不稳定因素。可控性是指个体自认影响其成败的因素，在性质上是否能由个人意愿所决定。在此一向度上，六因素中只有努力一项是可以凭个人意愿控制的，其他各项均非个人所能为力（张春兴，1998）。

（二）归因对学习者自主性发展的影响

韦纳的归因论，对学习者自主性的发展具有重要的影响。一些研究表明，学生如果将学习的成功归因于能力，而把失败归因于自己努力不够，就更容易激发自主学习。如果学生把自己学习的成功归因于外部不可控的因素，把失败归因于自身的能力不足，就会影响其自主学习的主动性（庞维国，2003）。

对于外语教师而言，一方面，可以通过了解学生对自己外语学习成败的归因倾向，帮助其建立起积极的归因信念。教师可以通过归因训练，鼓励、引导学生形成积极的自我意识和归因模式。另一方面，教师要在外语教学过程中，通过师生互动以语言、行为和非语言的形式（如面部表情），及时对学生的学习表现予以反馈。这有助于学生维持学习动机，积极影响学生对自己学习成败的归因。

六、意志控制

意志是个体调节支配自身的行动，克服困难，实现自愿确定的或自认有价值的目的或目标的心理历程。意志具有促进和维持行为的动机作用，但意志相比动机更具有坚持性。

意志对学习者自主性的影响体现在，学生在学习过程中，遇到一些问题、困难和干扰时，需要学生用自己的意志控制来调整自己，坚持进行学习、完成学习任务并实现学习目标。“意志”一词的通俗说法是志气，所以俗语有言“有志者事竟成”。

庞维国（2003）指出，在学习者自主性发展过程中，意志控制与学习动机所起的作用不同。学生在学习开始阶段具有的学习动机，可能随着学习的进行，尤其是遇到学习困难时，学习动机产生的学习驱动力会逐渐减弱，而学生的意志控制力会使其得以坚持学习、完成学习任务、实现学习目标。对于学习者自主性发展而言，学习动机发挥启动作用，意志控制具有维持功能。

七、时间管理

时间管理（time management）是指学习者通过事先规划，运用一定的技巧、方法与工具，实现对时间的灵活以及有效运用，从而实现既定目标的过程。

学习者在制订学习目标和学习计划之后，需要付诸每一个学期、每一个月、每一周和每一天的具体时间安排，有效利用时间。因此，学习者是否能够高效地进行时间管理，有效地运用时间，对于其自主性发展有着重要的影响。

外语教师在日常教学过程中，需要关注学习者时间管理的情况，通过交流，指导、帮助学生了解一些时间管理的方法和策略。尤其对于大学生而言，有许多空余时间可以自由支配，能否高效地进行时间管理，对于学习者自主性发展，会产生重要影响。

第二节　影响学习者自主性发展的外部因素

影响学习者自主性发展的客观、外部因素，包括外语教师、家庭因素、社会文化因素、手机和网络因素等。

一、外语教师

从早期学习者自主性研究开始，外语教师所扮演的角色和起的作用就一直受到重视。外语教师是影响学习者语言学习自主性发展的重要因素之一。在培养外语学习者自主性的初始阶段，尤其离不开外语教师的指导和帮助（束定芳、庄智象，2008）。对于外语教师而言，不能仅限于向学生传授语言知识和培养学生语言技能，尤为重要的是，还要发展语言学习者自主性。对于英语学习者来说，要积极参与学习过程，教师的责任不是耐心地等待他们成为积极的学习者，而是向他们展示如何成为自主学习者，并鼓励他们做好自主学习的准备（Teng，2019）。

Wright（1987）指出，在任何学习情境中，教师所扮演的角色是一项复杂的因素。Cotterall（1995）通过梳理文献，发现关于教师在学生语言学习中所扮演的角色，主要有两大类认识：权威者（authority）和促进者（facilitator）。Gao（2018）也指出，除了传统的英语教学角色外，语言教师还应承担多种角色，如学习促进者（learning facilitator）和顾问（counsellor）。

在发展学习者自主性的过程中，Benson（2005，2011）指出教师承担着以下角色："促进者"（facilitator）、"帮助者"（helper）、"协调者"（coordinator）、"咨询者"（counsellor）、"顾问"（consultant）、"指导者"（advisor）、"理解者"（knower）和"资源者"（resource）。

Aoki（2002）认为，教师在学习者自主性发展中的作用，是在学生需要时提供脚手架（scaffolding）般的帮助。在教育领域，"脚手架"（scaffolding）和"褪去"（fading）是一对隐喻，"脚手架"是一种工程中使用的"结构"（structure）（Jim é nez Raya & Vieira，2015），用于帮助学习者实现目标，并在不再需要时逐渐拆除。犹如一个实际的脚手架被放置在正在建设的建筑物周围，并在建筑物接近完工时拆除。外语教师在学习者自主性发展的过程中，要提供脚手架般的指导。并且，教师还需要知道何时拆除脚手架。随着学习者自主性的逐渐提高，不再需要教师的支持来完成学习任务时，教师脚手架般的作用就会逐渐消失。

Voller（1997）在分析了影响教师角色因素的基础上，将教师在发展学习者自主性中的角色归纳为三类。

（1）促进者（facilitator）或帮助者（helper）。教师被看作是为学习者学习提供支持和帮助的人。主要体现在从社会心理和技术层面给予学习者以支持。

社会心理层面上的支持包括：（教师）作为（学习者自主性发展）促进者的个人素质（关心、支持、耐心、容忍、移情、开放、客观）；能激发学习者学习兴趣（鼓励学习者参与、驱散学习者的疑虑、帮助学习者克服困难、随时愿与学习者对话交流、避免控制他们）；提高学习者的语言意识和学习意识（消除学习者对于教师和学习者有关角色方面的偏见、帮助他们认识到自主学习的必要性）。（Voller，1997：102）

技术层面上的支持体现在：帮助学习者计划和实施独立的语言学习，具体是通过需求分析（学习和语言两个方面），制定可实现的短期和长期学习目标，制订学习计划，选择学习材料以及组织交流互动；帮助学习者自我评价，主要是通过评测初始语言水平，监控进步过程，自评和同伴互评相结合；帮助学习者获得自主学习的知识和技能，比如提高他们的语言和学习意识、帮助学习者识别他们的学习风格和选择适合自己的学习策略等。（Voller，1997：102）

徐锦芬（2007）提出，外语教师作为学习者自主性发展的促进者，应努力为学习者创设一个适宜的学习环境，激发学习者的主动性和创造性，增强他们的语言自主学习意识，促使学习者能积极主动地建构他们自己的语言知识和能力。此外，教师还应根据学习者的个体差异和语言学习需求，帮助学习者制定长短期学习目标，选择合适的学习材料并组织语言学习和实践活动，以便学习者获得必要的语言和语言学习知识及技能，能够做到自主学习和自我评估（徐锦芬，2007）。

（2）咨询者（counsellor）。在外语学习过程中，学习者的感情、情绪、兴趣、动机、态度、焦虑等情感状态会直接影响他们的学习行为和学习结果（Arnold，2000）。外语教师作为咨询者，当学习者遇到困难求助时，教师应及时给予建议。重点强调教师对学习者一对一的交流与指导。

外语教师应注重提高自己的教育学、心理学理论水平，在日常的外语教育教学过程中，注意观察、发现学习者在语言学习自主性发展过程中的一些消极影响因素，帮助学习者最大限度地减少或消除情感障碍，有意识地培养学习者的积极情感，发现问题后及时与他们对话交流，使学习者在一个积极的环境中发展自主性。

（3）资源提供者（resource）。教师是知识和技能的源泉。外语教师需要通晓学习者所学语言及语言学习的相关知识，成为学习者的信息咨询库，并且还要培养学习者有效地使用教学资源的能力。教师要思考如何维持和平衡作为一个资源提供者和引导者的角色（Breen & Mann，1997）。但是，大多数外语教师不希望自己在学习者自主性发展过程中仅仅充当“会说话的百科全书”的角色（徐锦芬，2007）。因此，简单地将教师角色看作是资源提供者是不够的。

黄景与Benson（2007：34–35）从六个方面归纳了外语教师在发展学习者自主性过程中的作用。它们是：①桥梁作用（bridge）。教师致力于减少公共课堂活动和个别学习活动之间、课内学习和课外学习之间或者总体上教与学之间的目的、过程和结果上的不一致和不吻合。②促进作用（facilitation）。强调教师给学习者提供心理、社会、技术和情感方面的支持。③支架作用（scaffolding）。强调在目的语学习和使用过程中教师给予学生适度的支持和挑战；支架作用不但来自教师，也来自同伴。④协商和对话（negotiation and dialogue）。协商和对话的对象包括学生以及外部权力机构，而内容则包括课程大纲、课程计划、课堂教学目的和方法、师生角色和关系、学业评估方式等。⑤中介作用（mediation）。自主是学生和教师的一种权利，但自主权的行使受制于各种社会文化因素，因而教师必须充当限制因素和理想条件之间的中介，起调解作用。⑥教学的批判立场（critical stance towards teaching）。要培养学习者的批判精神，教师就必须以批判的视角看待教育问题和亲身经历批判政治学上的独立自主。

Scharle和Szabo（2000）提出，当教师适应新角色并培养学习者的责任感和自主性时，他们需要关注促进学习者自主性发展的以下几个方面：动机和自信心、监控和评估、自我评价、学习策略、合作和团队凝聚力、与学习者分担责任以及任务和决策的转移。

总之，外语教师需要转变教育理念，体现在如设定教学目标时，既要考虑如何根据学习者的个体水平差异帮助其培养语言和交际能力，又要在教学过程中有意识地帮助学习者发展其自主性，即学会学习（Holec，1981）。这两项教学目标互相融合在一起，并不能把发展自主性视为语言学习的前提条件，反之亦然。在外语学习的过程中，教师给予学习者适时的指导、监督和启发越多，学习者不仅能积累更多的学习经验，而且会逐渐更明确地意识、指导和调节自己的学习过程（徐锦芬，2007）。作为一种建构过程，学生的语言学习自主性发展也不可能完全独立于教师的指导之外。尤其是在现行的教育教学条件下，外语学习者还需要教师指导来确定学习内容、获取掌握学习策略、提供学习反馈，遇到自己不能解决的学习困难时需要教师的指导和帮助。

顾明远先生（Gu，2018）概括了在不断变化的全球化背景下，教师应同时发挥六个方面的角色作用：教师应该是学习环境的设计者；教师是学习过程的组织者；教师是学生学习体验的帮助者；教师是学生学习的伙伴；教师是学生的智慧启蒙者；教师是学生品德发展的关键影响者。刘润清（2004：273）先生则指出，外语教师要转变传统角色，成为“需求分析者、课程制定者、教材编写者、课件制作者、顾问、辅导者、教学组织者、教学研究者”，并且外语教师要善于在不同的外语教育教学活动中及时调整自己的多重角色。外语教师应当意识到其在发展学习者自主性过程中的重要角色和作用。

二、家庭因素

家庭因素，尤其是父母的教育方式，对学生自主性的发展具有一定的影响。学生自主性的发展，需要做到自我调控，对其学习负责。这需要家长采用适当的教育方式，逐渐放松对学生的控制，并培养学生自律、自我负责的意识和能力。

家长的教育方式受一定的价值取向和期望影响。Ormrod（1995）指出四种典型的教育方式即溺爱型、放任型、专制型和民主型，不同的父母采用不同的教育方式，会导致学生出现不同的特征。民主型的教育方式，家长以一种信任尊重、民主平等、启发开导的态度和方式教育其子女，鼓励子女积极主动学习。在家长民主型教育方式的影响下，学生一般会形成自尊、自立、自我负责的精神，具有更强的求知欲，并且会积极主动对其学习负责，有利于培养学生的自主学习能力（庞维国，2003）。

除了教育方式，家长对学生的期望，也会影响学生自主性的发展。学生会将努力学习、实现家长的期望作为学习的动力。学生通过学习目标定向，进行自我调控和时间管理，积极完成各学业阶段的学习目标，以实现家长对学生学业发展和成就的期望。

总之，家庭是人生的第二课堂，在外语学习者自主性发展的过程中，起着不可或缺的作用。家庭的教育方式以及家长对学生的期望，对学习者的自主学习能力、性格形成、情感培养的作用是不言而喻的。

三、社会文化因素

不同社会文化背景下的学生，其自主性发展具有不同的特征。西方的学习者更多地采用主动学习的方式，表现得更为果断、独立、自信，课堂上愿意提问和积极表达观点、看法。他们喜欢采用与他人不同的思维和行为方式，倾向于接受多元的结论。相比较而言，东方的学习者更多地采用机械学习的方式，更注重把所学内容进行复现，在学习中表现出更多的被动、顺从（庞维国，2003）。但是，东方学习者在追求学业成绩方面表现出更强的自我控制力。

徐锦芬（2007）分析了中国传统的社会文化因素对自主性发展产生的影响，主要体现在两个方面：其一，中国传统教育体制中，学生的学习目标往往受教师、学校或教育机构既定的学习目标影响，很少真正意义上考虑自己的学习需求，关心自己的学习目标。其二，中国集体主义（collectivism）的价值观，影响学生锻炼和发展自我抉择能力，在面临抉择时，会更多地考虑或参考大家的意见。集体主义的观念，会促使学生在学习群体中追求和谐、相信权威的学习观，很少对老师的观点提出不同意见，缺乏独立思考的能力。

Littlewood（1999）曾对东亚国家学生的文化观念和学习态度做过调查，提出东亚国家的学生有以下十个方面的倾向：①倾向于有组织地完成共同的目标；②倾向于参加小组内讨论的活动；③在意自己在集体中的人际关系，倾向于与他人和谐相处；④不愿意单独“站出来”表达观点、提出问题，尤其是表达不同意见；⑤倾向于认为教师是绝对的权威，不应质疑；⑥倾向于认为知识是通过教师教授的而不是被自己发现的；⑦倾向于依靠权威的教师来评估自己的学习结果；⑧强烈希望做有实用价值的学习任务；⑨倾向于做成功几率大的学习任务，或加入具有威望的集体；⑩高水平的成就动机和强烈的集体意识，会使学生在意自己在课堂上是否表现出众、得体。Littlewood（1999）的分析，在一定程度上反映了大多数中国学生在学习上的态度和倾向。学生对教师和集体的依赖，不利于其独立地开展自主学习。

我国的研究者和外语教师们，在发展学习者自主性的过程中，需要分析和考虑社会文化因素对学生自主性发展的影响，积极利用有利因素并帮助学生克服不利因素的影响，从而促进学生自主性的发展。在借鉴和应用西方的自主性理论时，需要考虑中国的学生在文化取向、价值观念、思维方式、行为方式、社会规范等方面存在着差异，不能简单地照搬西方的自主性培养方法和模式。

四、手机和网络因素

随着科技和信息技术的发展，手机和网络的普及给外语学习和教学带来了新的机遇和挑战。一方面，外语学习者可以利用手机应用随时随地开展英语学习。例如，学生们可以利用 BBC、VOA 等听力应用，收听或观看英语新闻，练习并提高英语听力。学生们还可以在手机上浏览国内外的英文网站，进行英语阅读。丰富的英文网络资源和诸多练习听力、阅读的应用，有助于学生进行语言的输入训练，从而提高英语交际能力。此外，学生不仅可以利用英文词典应用或者在线英文词典来查阅生词的含义、用法，还可以利用背单词的应用，提高和扩大词汇量。另一方面，"互联网 +" 概念的引入，使得高校外语教学要不断更新教学理念和模式，积极探索利用网络开展混合式教学，从而提高英语课堂的教学与学习效率。

任何事物都有正反两个方面，学习者能否积极、合理利用手机和网络开展外语学习，也面临着一定的挑战。如果学生学习目标不明确，缺乏有效时间管理的观念和策略，不够自律，就不能够很好地利用手机和网络开展英语学习。相反，这些学生可能会把宝贵的时间，浪费在玩手机和网络游戏等上面。这就需要教师积极引导，帮助学生明确英语学习的目标、制订学习计划、掌握时间管理的策略，提高其自律性，从而帮助学生有效利用手机和网络进行英语的学习，培养和发展学习者自主性。

综上所述，有诸多内部因素和外部因素影响着学习者自主性的发展。Benson（2013：840）指出，自主性是"复杂的、多维的、表现形式多样的"（complex, multidimensional, and variably manifested）。为了便于理解，对这些因素进行了单独的解释和说明。事实上，研究者们逐渐形成一致性共识，即影响外语学习者自主性发展的各种因素不是孤立存在的，而是相互影响、相互作用、相互联系的一个多维因素结构或矩阵。这些内部和外部因素相互交织、交互影响，一起影响外语学习者自主性的发展。

第四章　外语学习者自主性发展的机制与模式

外语学习者的自主性发展是随着学习者的语言学习经历和体验，逐渐积累、发展、反思而提高的。学习者的外语体验学习过程，是其自主性发展的物质基础。有关自主性发展的理论模式和机制模型，现成的研究文献并不多。本章在梳理自主性发展的一些理论模式和研究框架的基础上，探讨外语教师自主性与语言学习者自主性发展之间的关系，分析如何通过语言输入和语言输出来提高学习者的语言能力以促进自主性的发展。最后，从外语教师自主性教学知识的角度，分析、建构出外语学习者自主性发展的机制模型。

第一节　外语学习者自主性发展的运行机制

外语学习者自主性的发展，是学习者作为主体，在社会文化环境和教育情境下，积极协调与控制“学习管理”“认知过程”和“学习内容”的交互过程。学习者个体的体验学习，是其自主性运行与发展的物质基础。

一、外语学习者自主性发展的个体体验

学习者的自主性并非是一个在短期内从无到有的过程，而是随着学习者的语言学习经历（经验）和体验逐渐积累、发展、反思而提高。学习者的个体学习体验，对学习者自主性发展有着重要的影响。

（一）体验在学习中的作用

体验学习（experiential learning）的基本原则是个体体验在学习中起着重要作用。在详细讨论体验学习之前，有必要澄清什么是体验，“体验”和“经验”（experience）有什么区别。

“经验”一词由于具有多义性和多学科性，其意义在不同的上下文或语境中

有所不同。经验一般意义上指从已发生的事件中所获取的知识或技能。英文单词“experience”中文可以翻译为“经验”或“体验”。根据现代汉语词典（第五版）的解释，“经验”作名词时，意思为“由实践得来的知识或技能”。“经验”作动词使用时，意思为“经历、体验”。

然而，西方的一些研究者对“经验”（experience）有着不同的理解和界定。Kohonen 等（2001）研究者指出，经验是指某人或某事所经历的事件的性质。只要我们存在，经验就是一直发生在我们身上的事情。一方面，“经验”用于现在时时，指的是个体当前存在的主观性质。人们有无数的表情、行为、语言、情感等，这些都是我们每时每刻经历的特征和传达方式。

另一方面，“经验”用在过去时（experienced）时，指的是个体从过去经历中所积累的产物（知识或技能）。从另一个意义上讲，它指的是由于体验而拥有知识或技能的状态（Hornby & Li, 2002）。例如，经过数小时的培训和实践，我们认为他现在是一位经验丰富的木匠或工匠。经验作为一个整体，包括所经历的一切，以及体验者（experiencer）和其体验的方式。

关于经验的一个问题是，一个人过去的经历在多大程度上影响了其现在和未来的经历？美国实用主义哲学家、教育家杜威（Dewey，1938）提出经验具有连续性（continuity）和交互性（interaction），以解释过去的经验将对未来的经验产生影响。杜威认为，所有的经验，无论好坏，都会影响一个人的未来。可以看出，尽管杜威没有使用“体验”而使用“经验”这一概念，但他所说的经验与一般的经验意义不同。杜威从经验主义的哲学观出发，提出教育的本质之一是经验的不断改造或改组，是有机体与环境、人与自然相互作用的结果（杜威，2005）。

虽然“体验”像“经验”一样会引起歧义和不同的理解，但是“体验”一词兼具动词和名词于一身，可以对应英文的“experience”。在汉语中，“经验”多用作名词，是“经历”等动词的结果。英文“experience”既可以指名词的“经验”，又可以兼作动词，指“体验”。兼动词与名词于一身的“体验”概念，可以很好地阐明个体所获得的一切知识、能力、个性特征等，都是个体在与外在世界交互活动过程中（体验）而获得或形成的，是个体通过身心体验、价值判断、前后经验的交互联结并相互作用而产生的结果（经验）。此外，“体验”强调身心的感受与个体意义，可以集个体的经历、感受、经验、价值等于一身（戴忠信，2007）。

（二）个体体验的特征

1. 独特性

由于体验是个体在独特的社会文化环境下，在其独特的前知识和体验的影响下，所获得的独特的体验积淀结果，所以，个体体验具有不可替代、不可重复、举世无双的性质。每个个体的生命都是独特的，个体体验与个体的人生经历、价值取向、情感和认知结构密切联系。不同境况下的个体由于其价值取向不同，从而影响个体对外在世界的感知、认识、情感、态度等，这些交织在一起形成个体的独特体验。因此，即使两个人面对同样一件事情，不同的人也会获得不同的个体体验。

戴忠信（2007）分析了个体体验的独特性如何影响外语学习过程中的语形获得过程、语义建构过程、社会交往过程。譬如，一个在中国城市长大的儿童与一个在偏远山区长大的儿童都可以形成“农民”的抽象概念和认知。但是，对于具体的“农民”情况进行描述时，由于各自的不同的个体体验存在差异，所以对于“农民”形象的描述就不同了。同样，外语学习者学习和使用“farmer”表达“农民”的时候，由于中国人和外国人对于“农民”和“farmer”的个体体验不同，因此可能造成“误解”（misunderstanding）。

2. 整体性

体验是个体基于已有的认知、情感、前体验，在特定的时空中，投入个体的全部身心，对特定时间与空间中的事件（对象）总体把握的过程。体验的连续性使得个体体验中的所有因素具有时空整体性。即个体对体验对象和内容的认知、把握，不是单独、分裂式地进行分析、比较，而是将个体体验有机地统一在特定的时空过程之中。由此而形成的认知、情感、意志等与此特定的时空体验有机整合在一起。

个体体验的整体性还体现在体验的过程中，并非只有认知起作用，而是包括个体认知在内的多种心理因素、情感、意志、语言等整体发挥作用。所以，体验的结果是一个有机整体，其中包括认知体验、情感体验、意志体验、观念体验、态度体验、语言体验、思维体验、行为体验、知识体验、人文体验、精神体验等。

学习者自主性体验作为个体体验的一部分，与个体在语言学习活动体验过程中的思维方式、知识水平、情感特征、意志品质、行为习惯、性格特征等有机融为一个整体。理解学习者自主性的发展过程和机制，需要有机结合个体在特定的语言学习活动过程中的时空整体和诸多影响因素。

3. 连续性与交互性

杜威（2005）把个体经验视为交互作用的连续体。将经验的连续性比喻为“经”，而将经验的交互性比喻为“纬”。连续性指的是每种经验既从过去经验中吸收了某些东西，同时又以某种方式改变未来经验的性质。交互性指的是任何经验都是经验的客观条件和经验的内部条件的交互作用。任何的个体体验都是在经验的交互作用的影响下，客观条件和内部条件这两种因素相互作用的结果。体验的连续性和交互性是个体建构体验的方式。

经验的连续性和经验的交互作用是密不可分的，任何的个体体验都是主体基于前体验，与客体环境交互作用的结果。杜威提出的关于经验的两条原则，对于衡量教育的意义和价值具有重要的影响。教育者的责任就是提供和创设有利于学习者主体全面发展的客体教育环境，使主体在与客体的交互作用的过程中，获得正确的心理体验，实现发展与成长。

学习者自主性的发展方式，也遵循体验的连续性与交互性原则，并且具有连续性、交互性特征。连续性体现在个体的自主性发展是其自身阶段性积累、持续性增长的体验过程。交互性体现在个体的自主性发展，是个体通过与外在环境的接触、交互、反思而获得的自主性体验的方式。

（三）体验学习理论

体验学习有多种形式。杜威（Dewey，1938）认为体验学习就是在做中学习（learning by doing）。然而，一些研究者将体验学习称为“实验室科学”，而另有一些研究者则更喜欢用“临床经验（clinical experiences）”“合作教育（cooperative education）”“实地研究（field studies）”等来解释体验学习的涵指。不管是怎样的标签，大多数研究者都同意体验学习指的是学生与所研究的现实直接接触式的学习。

Kohonen 等（2001）研究者将体验学习界定为一系列教育方式与方法，学习者在教育机构接受的正式学习与在许多实际工作环境（如工业、商业、政府或服务组织、各种公共服务实习、海外项目等）中的非正式学习相结合。

无论人们如何定义体验学习，它都涉及一个周期性的体验过程，包括采取一项行动，观察该行动的结果，反思该行动的结果，并审视此结果，以便在未来再次重复该过程。该体验学习过程的核心是行动和反思。

Boud 等（1993）总结了体验学习的几条原则。第一，个体的经验（体验）是学习的基础，也是学习的动力。第二，学习者积极构建自己的体验。第三，学习者的学习受其所处的社会和文化环境影响。

根据体验的连续性和交互性原则，我们可以用下面的图示来解释说明学习者体验学习的过程（图 4-1）。

其一，语言学习者在一定的教育、社会文化环境中发展。体验学习要求教育者根据学生的心理发展特点，创设适宜的教育情景开展教学活动。这些教育情景可以是真实的，也可以是基于互联网构建的虚拟仿真情景。学习者在教育实践环境中，通过实践获得具体的、融情境为一体的体验，并且可以在将来的社会情景中应用、检验所获得的情境性知识。

其二，语言学习者的前知识（prior knowledge）是其未来进一步发展的基础。教育者在教学实践中，应当了解学习者的思维和认知发展水平、前知识结构和体验，通过设计教学活动，激发学习者的最近发展区（zone of proximal development），从而实现教学的有效性。

其三，学习者体验学习的过程，是一个“全人”发展的过程。语言学习者在体验学习过程中，不仅增长了知识，而且在认知、情感、意志、态度等方面也发生了变化。

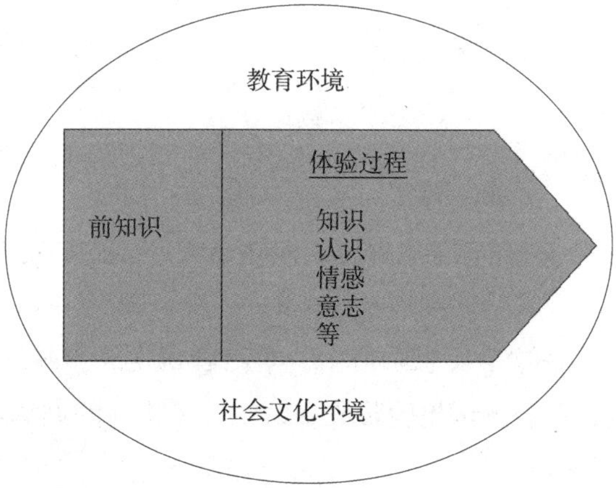

图4-1　体验学习过程

（四）体验学习模式

体验学习的根源可以追溯到约翰·杜威（John Dewey）的进步教育学（progressive pedagogy）、库尔特·勒温（Kurt Lewin）的社会心理学、让·皮亚杰

（Jean Piaget）的发展认知心理学、乔治·凯利（George Kelly）的人格认知理论以及人本主义心理学，尤其是亚伯拉罕·马斯洛（Abraham Maslow）和卡尔·罗杰斯（Carl Rogers）的著作。新近的理论还包括霍华德·加德纳（Howard Gardner）提出的多元智力理论和丹尼尔·戈尔曼（Daniel Goleman）提出的情商（emotional intelligence）概念（Kohonen et al.，2001）。从体验学习理论的发展历史，可以看出体验学习理论可以被认为是一个更全面的理论，因为基于行动的行为、认知或社会学习可以同时发生。

体验学习可以定义为一种学习模式，它始于学习者的经验，然后是对经验的反思、讨论、分析和评估。学习者需要根据其学习的目的和目标、志向和愿景对经验进行评估和意义解析，否则很少能够从经验中获得学习效果。

为了更好地解释和说明体验学习过程是如何进行的，研究者们提出了各种基于经验的体验学习模式（experiential learning circles）和模型（experiential learning models）。这些不同的体验学习模式或模型，遵循的基本原理都是杜威提出的经验的连续性和交互性原则。体验学习模式可以有机地把个人发展、教育和工作三者有机地联系、结合起来（图 4–2）。

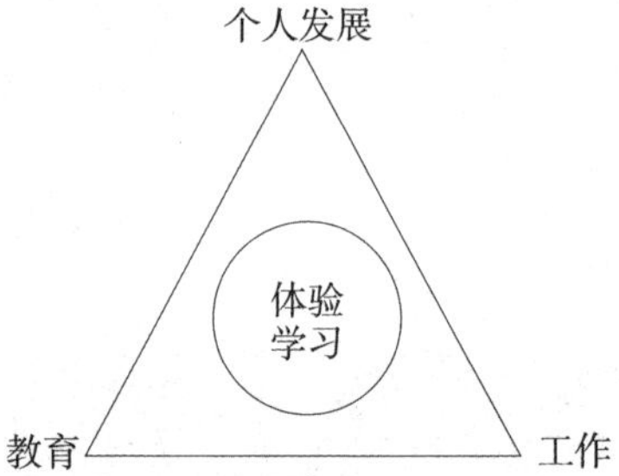

图4–2　体验学习将教育、工作和个人发展有机联系过程图

大多数体验学习模式是周期性循环式的，包括三个基本阶段：经验或问题情况；一个反思阶段，在这个反思阶段中，学习者审视经验并从反思中汲取知识；以及测试检验阶段，在该测试检验阶段中，学习者将新的见解或知识应用于新的问题情况或体验。

在诸多体验学习模式和模型中，库博（Kolb，1984）建立了一个较为成熟、经常被引用的体验学习循环模型（图 4–3）。该体验学习模型包括四个阶段，分别是：具体的体验（concrete experience），反思性观察（reflective observation），形成抽象的概念（abstract conceptualization），在新情景中积极实践（active experimentation）。如图 4–3 所示，学习活动开始于具体的实践，然后是针对问题进行反思性观察，通过反思升华产生抽象的理论、概念，然后把新的理论应用于新的情景，产生新的体验。该模型是一个周而复始、不断循环和深化的过程，故此体验学习模型也被称作体验学习循环圈。

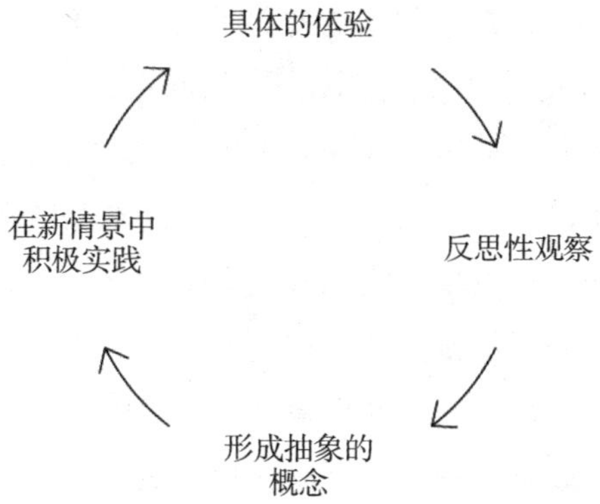

图4–3　库博（Kolb，1984）的体验学习模型

库博的体验学习模型的核心是学习者在一个学习周期中，对其具体的体验进行观察和反思，然后形成抽象的概念或理论。

实际上，可以对库博提出的体验学习循环圈的四个阶段的内容进行拓展和补充。语言学习者的学习体验，除了具体的体验外，还包括间接体验，例如观察、视频、文字记录等。甚至可以通过创设虚拟的情景体验，让学习者进行语言学习、训练和提高。学习者可以反思性观察自己的语言学习和训练体验，也可以观察其他学习者的学习体验，进行反思、借鉴。在形成抽象概念的阶段，学习者可以整合或结合已有的专业理论和知识，形成更为系统、全面的概念或原理。在新情境中积极实践的阶段，学习者可以利用、借鉴、反思他人的实践尝试的情况或结果，这样可以更好地在新情境中检验概念或意义。

（五）体验式自主性发展教学模式

根据体验学习模型，可以在外语课堂教学的不同阶段，进行体验式自主性发展的教学设计。教学设计的流程大致包括了以下几个部分和步骤：创设问题情景；激发学习者的学习兴趣和解决问题的学习动机；组织学习者进行探究发现；提供学习资源，学习者进行实践、检验；反思、总结、评价学习结果（图 4–4）。

图4-4　体验式自主性发展教学设计流程图

在课前准备阶段，外语教师可以根据课程教学目标、单元教学内容和重点，结合学生的认知和语言发展水平，创设真实的问题情景。创设的真实问题情景，是学生将来会遇到或经历的语言交际和应用的情景。教师还需要思考所创设的问题情景，可以激发学生的兴趣、情感，引发学生的求知欲和解决问题的动机。接下来，外语教师要组织和提供学习资源，为学生的自主探究、探索营造一个良好的环境。学生可以针对问题情景，查找相关资料、分析和理解资料，提出假设和解决问题的方案。最后，外语教师要思考并设计检验和实践的情景，学生可以在有意义的情景实践中检验所学的理论、概念和知识。

在课堂教学阶段，外语教师需要精心设计导入环节，激起学生的学习兴趣并激发学生解决问题的动机，引导学生进入创设的语言交际情景或问题中。学生在强烈的兴趣和解决问题的动机推动下，通过思考、讨论、交流，利用学习资源，搜集并分析有关信息和资料，探究发现解决问题的方案，提出假设。在此过程中，教师不再是单向的知识灌输和传递者，而成为学生自主学习的促进者。学生在教师的支持和帮助下，不仅学到了知识，还培养了创造力、合作学习的能力以及自主学习的能力（严明，2009）。接下来，学生可以在教师创设的检验情景中，对所学的知识和解决问题的技能，进行实践检验。在实践检验的过程中，学生可以检视所提出的假设、形成的概念是否合理，修正错误的假设。最终，学生将经检验的假设内化为其认知结构，实现所学内容的意义建构。

最后，经过前面几个阶段的体验和实践后，学生需要对体验活动的认识和体会进行反思、总结、评价。教师可以引导学生进行自评和互评，有助于学生更好地审视自己的不足，学习他人的优点和长处，起到相互促进的作用。

教师在体验式自主性发展教学模式中，需要改变其角色和作用。教师在整个过程中，要成为学生学习的支持者、帮助者、引导者，激励学生建构个体经验，主动参与、实践、思考、探索、创造（严明，2009）。

二、外语学习者自主性发展的调节与控制

Benson（2011：61）用图例（图 4–5）解释了语言学习自主性发展需要调控“学习管理（learning management）”“认知过程（cognitive process）”和“学习内容（learning content）”三个维度。

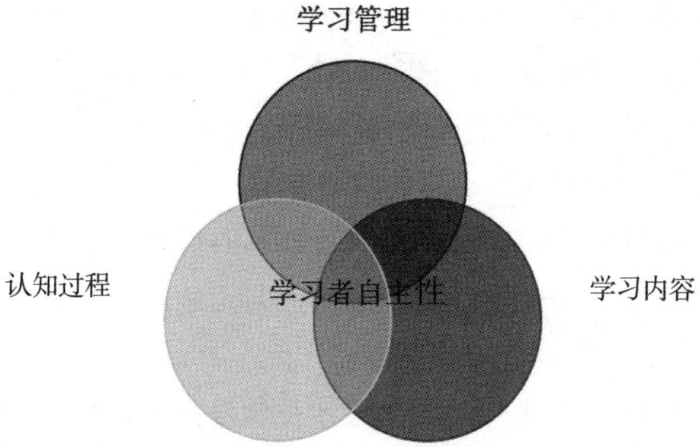

图4–5　学习者自主性发展控制图（Benson，2011）

其中，学习管理调控表现为学习者要有效管理其学习行为。学习管理包括学习者调控他们学习语言的时间、地点和方式。一个相对简单的学习管理调控的例子，就是学习者需要制订适当的学习计划。

学习内容调控体现在学习者要选择学习资源、控制学习情景（环境）。由于外语不是一个限定或固定的知识体系，学习者需要决定学习的内容，并根据其自身学习的程度选择适合的学习材料和资源。对学习内容的调控，体现了学习者所学内容与其学习目的、学习水平和程度之间的联系。

在某种程度上，认知过程可能是语言学习自主性中最不为人所知的一个维度。认知过程的调控，涉及学习者要调控其学习心理至最佳的状态。认知加工过程指的是学习者在认知意义上，而不是行为意义上对如何学习语言的调控。

这三个维度的调节和控制，是相互关联、相互依存的。有效的学习管理依赖于学习者对学习中所涉及的认知过程的调控，而认知过程的控制必然对学习的自我管理产生影响。自主性发展还意味着对认知过程的自我管理，和对所涉及的学习内容的选择和决定。然而，研究人员往往更侧重研究某一方面或维度的调控。在研究学习者自主性发展的模式和机制时，既需要单独考虑每个方面或维度，又需要综合考虑三个方面，从而有效促进学习者自主性的发展。

三、外语学习者自主性发展的机制模型

（一）自主性发展模式的理论探索

关于学习者自主性的发展模式，研究者们开展了一些理论探讨。Nunan（1996）提出的自主性发展模式仍然是一个里程碑式的尝试，涉及五个层次的“学习者行动”模式。这些层次包括“意识”（awareness）、“参与”（involvement）、“干预”（intervention）、“创造”（creation）和“超越”（transcendence）。它们表明了语言教学与学习中，学习者自主性发展的活动顺序以及“内容”和“过程”的维度。需要在整体、渐进的过程中理解这样的活动排序。Nunan的模型被视为一个谱系，表明学习者在意识（谱系的左侧）和超越（谱系的右侧）之间，实现自主性的发展。学习者从获得概念知识开始，然后逐渐走向超越，将课堂学习内容与外界联系起来。

从语言习得语境的角度来看，自主性涉及学习者在真实和未知的情境中自主运用语言的能力。在课堂教学语境中，自主性意味着学习者有能力对自己的学习负责。将自主性的视角延展到任何更广泛的背景，自主性的概念似乎表明了一个更高层次的目标，将自主性视为一个更广泛的个人属性。Macaro（1997：70-172）提出了一个包括“语言能力自主”（autonomy of language competence）、“语言学习能力自主”（autonomy of language learning competence）和“选择和行动自主”（autonomy of choice and action）的三阶段自主性模式。

Scharle和Szabo（2000：1）提出了另一个包括“提高认识”（raising awareness）、“改变态度”（changing attitudes）和“转变角色”（transferring roles）的三阶段自主性发展模式。他们出版了一本具有里程碑意义的自主性发展资源手册。这种学习者自主性发展模式，涉及与语言学习和教学过程控制相关的几个维度。这些维度分别是学习管理、认知加工和学习内容（Benson，2011）。

Littlewood（1999：81）提出的三阶段自主性模式，包括“语言习得”、“学习方法”和“个人发展”三个维度。在对三阶段自主性模式的进一步理论发展后，Littlewood（1999）区分了主动式自主性（proactive autonomy）和反应式自主性（reactive autonomy）。主动式自主性是一种肯定学习者的个性、学习者自己创建学习方向和目标的自主。在反应式自主性中，尽管学习者自己不创建学习方向和目标，但一旦明确学习方向、制订学习目标，他们就能够自主地利用学习资源以实现学习目标。

通过梳理以上自主性发展模式，可以看出，学习者从较低的自主性水平发展到较高的自主性水平，是一个灵活的、渐进的过程。自主性发展模式的选择，取决于教学和学习的环境和具体情景（Nunan，1996）。

（二）齐莫曼的自主学习研究框架和自主学习过程模型

美国学者齐莫曼（Zimmerman，1994：8）在研究自我调节（self-regulation）所涉及维度的基础上，提出了一个自主学习的概念框架。庞维国（2003：3）依据 Zimmerman(1994：8）提出的自主学习概念框架，将学习者自主性发展的研究框架进行了归纳（表 4–1）。

表4–1　自主学习的研究框架（庞维国，2003：3）

科学的问题	心理维度	任务条件	自主的实质	自主过程
1. 为什么学	动机	选择参与	内在的或自我激发的	自我目标、自我效能、价值观、归因等
2. 如何学	方法	选择方法	有计划的或自动化的	策略使用、放松等
3. 何时学	时间	控制时限	定时而有效	时间计划和管理
4. 学什么	学习结果	控制学习结果	对学习结果的自我意识	自我监控、自我判断、行为控制、意志等
5. 在哪里学	环境	控制物质环境	对物质环境的敏感和随机应变	选择、组织学习环境
6. 与谁一起学	社会性	控制社会环境	对社会环境的敏感和随机应变	选择榜样、寻求帮助

如表 4–1 所示，自主学习表现为与学习者学习相关的几个问题与维度方面：为什么学（学习动机）;如何学（学习方法）;何时学（学习时间管理）;学什么（学习结果）；在哪里学（学习物质环境）；与谁一起学（学习社会环境）。

如果学习者在与其学习相关的各个方面都能自由地做出选择、调节和控制，则其自主性发展程度处于一个理想的状态。相反，如果学习者在这六个方面的选择和控制，完全依赖于他人的指导和控制，其自主性发展程度就处于较低的水平。

齐莫曼（Zimmerman，2002：67）在综合了个人、行为、环境决定论思想以及自我调节学习理论的基础上，提出了一个自主学习过程模型(图 4–6)。如图 4–6 所示，自主学习过程模型包括三个阶段：计划阶段（forethought phase）、行为表现阶段（performance phase）、自我反思阶段（self–reflection phase）。

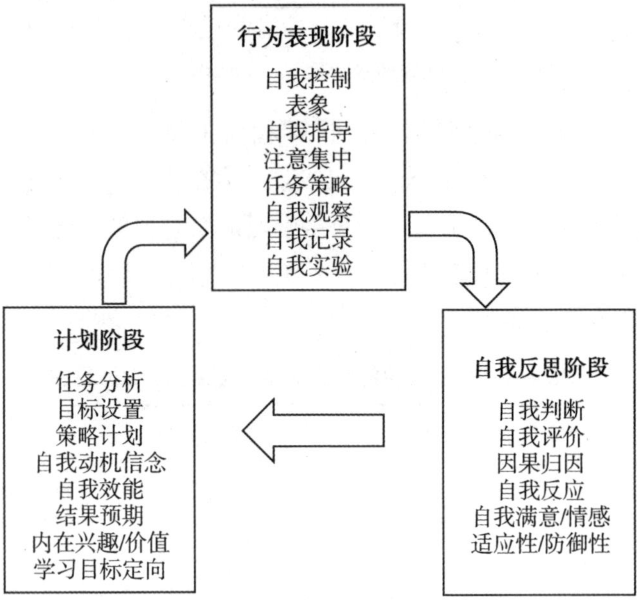

图4-6　齐莫曼（Zimmerman，2002：67）的自主学习过程模型图

在计划阶段，主要涉及任务分析（task analysis）和自我动机信念（self-motivation beliefs）两种过程。任务分析又包括目标设置和策略计划两个子过程。目标设置指的是学习者要为自己的学习确定具体的、预期性的目标，策略计划指的是为完成学习目标而选择合适的学习策略。自我动机信念来源于学生对学习的信念，例如对个人学习能力的自我效能感和对个人学习结果的预期等。学习的自我动机信念还来自内在的学习兴趣和学习目标定向。内在兴趣是指学生看重完成任务所需技能的价值，学习目标定向是指根据学习过程本身的价值去评价学习过程。自我动机信念是个体内在的动机性力量，对学习过程具有起动作用。

在行为表现阶段，主要包含自我控制（self-control）和自我观察（self-observation）两种过程。自我控制指的是学习者采用具体的方法和策略来完成学习任务，它又包括使用心理表象、自我指导、集中注意力、运用任务策略等过程。自我观察指的是对学习行为的某些具体方面、条件和进展的自我记录和跟踪。

在自我反思阶段，主要包括自我判断（self-judgment）和自我反应（self-reaction）两种过程。自我判断又包括自我评价和因果归因两种过程。自我评价是指将自我观察到的学习表现和结果与某些标准进行比较，例如个体之前的学习表现，或者是否与预期的目标一致。因果归因指的是对学习结果成功与否的原因进行分析。自我反应主要有两种形式：一是自我满意；二是适应性或防御性反应。自我满意是基于对自己的学习表现和结果而做出的积极反应。适应性反应是个体在学习失败后，调整学习方法和策略以期提高学习的有效性。防御性反应是个体为了保护自己的形象而消极对待或应付后续的学习任务。

在齐莫曼（Zimmerman，2002）看来，虽然学习者自主性的发展包含着复杂的结构和过程，但是自我效能、目标设置、学习策略的选择和使用、自我观察和反思、自我评价等成分和过程似乎更为重要。“专家型”学生和“新手型”学生在自主性发展程度上的差异，主要体现在以上几个过程和方面。

（三）外语学习者自主性发展的机制模型

在分析以往自主学习的研究框架、自主学习过程模型的基础上，根据前面对外语学习者自主性概念的界定，参照戴忠信（2007）教授提出的外语学习者主体性发展层次结构图，韩立刚（2013）建构、绘制出外语学习者自主性发展的机制模型图（图 4–7）。

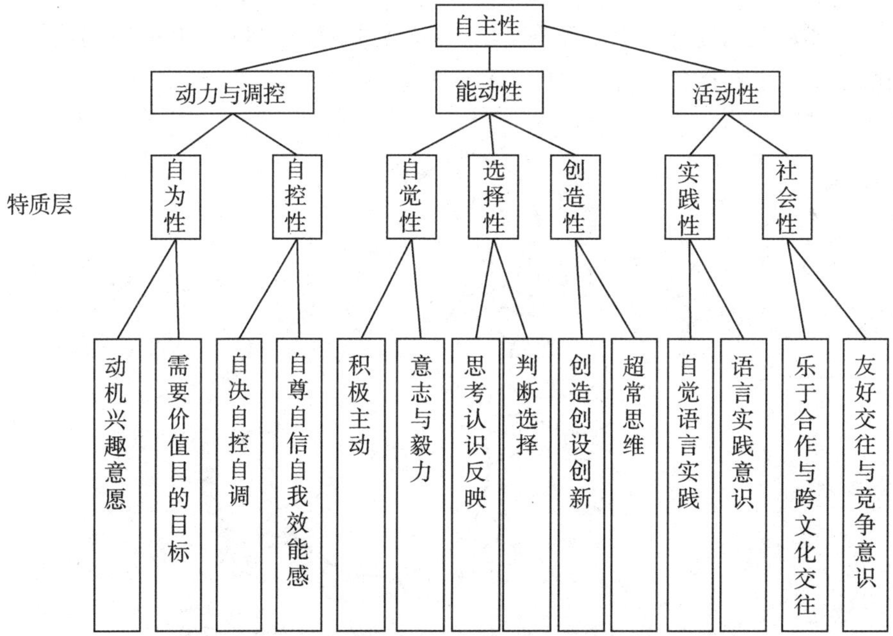

图4–7　外语学习者自主性发展的机制模型图

如图 4–7 所示，学习者自主性包含“动力与调控”、“能动性”与“活动性”三个特征，体现在七个特质层面（自为性、自控性、自觉性、选择性、创造性、实践性、社会性）。其中：

“动力与调控”特征表现在，外语学习者为了社会或个体的价值需要，明确、树立外语学习的目的和目标，具有英语学习的兴趣、动机、意愿，愿意为自己的学习负责，能够积极进行自我管理、调控自己的语言学习行为，为实现所设立的目标而努力。

“能动性”特征表现在，外语学习者能够反思自己的语言学习和个体特征，自觉选择学习方法、实践途径，能动地解决外语学习过程中所遇到的各种现实问题。

“活动性”特征表现在，外语学习者为了获得外语知识和语言技能，通过个体进行语言实践，或与教师、其他学习者进行语言交际活动。

外语学习者自主性的三个特征作为一个有机整体，如齿轮般环环相扣，相互影响（图 4–8）。外语学习者语言学习的动力与调控能力的提升，会促进其发挥能动性进行外语学习；外语学习者语言学习能动性的提高，也将促使其外语学习活动性有更佳表现。反过来，学习者利用外语积极进行社会实践活动，有助于其语言学习能动性的提升。学习者语言学习能动性的提高，将会进一步激发其外语学习的动力，进行更好的自我调控（韩立刚，2013）。

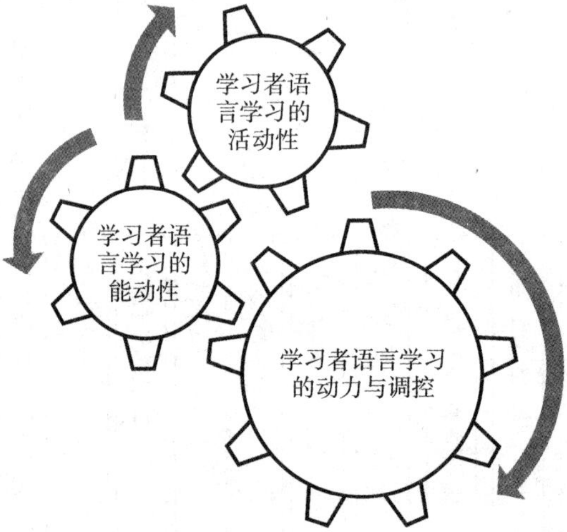

图4–8　学习者自主性三个特征之间的发展变化关系图

第二节　外语学习者自主性的发展模式

学习者的自主性发展存在着程度差异（Nunan，1996；Sinclair，2000）。而且，自主性是一种多维能力，对于不同的人、在不同的背景下或在不同的时间，甚至对于同一个人来说，都可能表现出不同的形式（Benson，2005，2011；Little，1991）。本节将在分析教师自主性与学习者自主性发展的关系的基础上，探讨外语教师需要具备哪些知识、能力或条件，什么样的模式可以有效促进学习者自主性的发展。

一、教师自主性与学习者自主性发展

在外语教育教学过程中，教与学相辅相成，不可分割。当我们在关注如何发展学习者自主性这一问题时，外语教师在促进学习者自主性发展过程中起的作用和应扮演的角色，也引发了专家和外语教师们的思考。主要缘于研究者们对学习者自主性的关注，教师自主性的概念才被引入语言教育研究领域（Benson，2006；Smith，2003b）。实际上，在第二语言教育领域，教师自主性概念主要来源于人们如何理解教师在促进学习者自主性发展过程中所起的作用和扮演的角色（黄景 & Benson，2007：33）。Little（1995）的文章《学习如对话：学习者自主性依赖于教师自主性》（*Learning as Dialogue: The Dependence of Learner Autonomy on Teacher Autonomy*）把教师自主性的概念正式引入第二语言（外语）教育研究。

（一）外语教师自主性定义

随着教师在培养和发展学习者自主性中的角色研究的深入，国内外学者对教师自主性的概念也有诸多阐述。如同对学习者自主性概念的争论，学者们对教师自主性概念迄今也没有一个较一致认可的界定。徐锦芬（2007：201）分析其缘由，主要是因为教师角色的多元化，外语教师“对学生而言是教学者，对自己而言是教师—研究者和教师—学习者”。

在广域教师教育研究中，教师自主性经常被视为等同于教师的专业自由，或者现行课程和机构赋予教师有关教学问题的处理权（Anderson，1987）。而在外语教育中，教师的专业自由虽然被视为教师自主性的一个组成部分，但不是最重要的组成部分。

不同学者从不同的侧面和视角给教师自主性以不同的定义。表 4–2 对国内外学者关于教师自主性定义的一些代表性界定进行了归纳、梳理。

表4-2 国内外学者关于“教师自主性”定义的代表性界定

文献来源	教师自主性定义类别	描述
Anderson（1987）	专业自由	教师自主性是教师摆脱他人对其职业行为或发展的控制的权利
Barfield et al.（2002）	探究发展学习者自主性的过程	教师自主是一个不断探究教学如何最好地促进学习者自主性发展的过程
Lamb（2000）	批判性反思	一种批判性反思、渐进式专业发展
Little（1995：179）	自主教学的能力（capacity）	教师在专业上要具有独立操作的能力，在教学上要有强烈的个人职业责任感，在教学过程中要不断反思并分析情感和认知因素
McGrath（引自Benson, 2005）	专业自由和自我导向的专业发展	教师拥有专业自由和自我导向专业发展的目的是提高学习者自主性。教师自主性与教师教育领域的教师发展、教师研究、反思性实践和行动研究等一些概念存在融会贯通之处
Smith（2003b：4）	教师专业行为(action)和专业发展	从教师的专业行为和专业发展两个维度界定第二语言教育中的教师自主性。专业行为体现在具有自我导向教学的能力，并且享有不受控制地自由进行自我导向教学。专业发展体现在具有自我导向专业发展的能力，并且享有不受控制的自由进行自我导向专业发展
Teng（2019）	一种多维能力（multidimensional capacity）	多维能力包括根据学生的需求和兴趣进行独立教学决策、教师的专业能力、自我调节
Thavenius（1999：160）	能力和意愿	教师自主性即教师帮助学习者对其学习负责的能力和意愿
Tort-Moloney，（1997）	自主教学的意识	具有自主性的教师是一个自我意识到为什么、何时、何地以及如何在教学实践中获得教学技能的人
Vieira（2008：200）	教师作为学习者的自主性和教师作为教师的自主性	教师自主性包括两部分：教师在入职前学习如何教学而培养的自主性和入职后在教学过程中培养学习者的语言学习自主性
Huang（2007b）	意愿、能力和自由	教师自主性可以定义为教师控制自己教学的意愿、能力和自由
黄景 & Benson（2007：35）	一种专业特质（professional attribute）	这种专业特质一方面与教师对教学过程的控制能力有关，另一方面与教师对自我发展的控制能力有关。前者意味着教师自主性是一个对等于学习者自主性的概念；后者涉及教师作为一个学习者的自主性
徐锦芬（2007：202）	自主教学行为和自主专业发展的能力	教师自主性应该包括：教师在教学中不受约束充分享受自由的权利，教师和所有的自主学习者一样还应具备自主学习的能力

我们比较赞同黄景与Benson（2007：35）所认为的“教师自主性是教师的一种专业特质（professional attribute）”。黄景和Benson（2007：33）从谁会受益于教师自主性的发展，来比较和理解普通（广域）教师教育和第二语言（外语）教育对教师自主性的不同侧重点。

当教师自主性等同于专业自由时，最直接的受益者是教师本人…… 自主的教师更加能满足学生的要求，但并不一定意味着学生本人会随着教师自主性的提高而变得更加自主。当教师自主性被视为一种专业特质时，最直接的受益者应该是学生，因为教师的这种专业特质涉及教师如何帮助学生发展自主性的种种能力和态度。

综合不同研究者的观点，韩立刚（2013）认为外语教师自主性是指教师享有专业自由，愿意进行自主专业发展的能力。同语言学习者自主性一样，至少包含三个层面的内容：自主教学的自由（意愿）、自主教学的能力和利用条件（环境）自主发展的行为。

首先，自主教学的自由（意愿），意味着外语教师享有一定的自由，在教学过程中采取一种批判的模式，通过发挥教师的主观能动性去协调制约教学和学习的各种因素。虽然教师在教学过程中往往受制于教育政策、机构规则和教学传统关于外语教学和学习的理解等，但是教师自主性的发展需要教师在既有的工作环境中最大化地行使教学自主权，创设有利于学生对他们学习控制的空间（自由）。

其次，自主教学的能力，意味着外语教师不仅传授语言知识和培养语言技能，还需要了解发展语言学习者自主性的理论、方法和意义，在外语教学中遵循因材施教的教学原则，尊重学生个体差异，分析学生需求，调节学生的情感和认知因素，不断尝试、实践、反思，使其有利于学习者自主性的发展。

最后，利用条件（环境）自主发展的行为，意味着外语教师要积极协调影响其自主性发展的因素，利用现有条件积极进行自主发展的行为。外语教师自主性的发展需要一个积极的外部环境支持。外语教师自主性发展受制于一定的政治、社会、文化和教育环境，需要教育管理机构和师资培训者尊重外语教师的专业发展渴求，创设有益于外语教师自主性提高的氛围和条件。

总之，外语教师要通过发挥主观能动性，积极协调影响外语教育教学的各种因素，努力为其自身自主性发展和学习者自主性发展创造良好的氛围和环境。外语教师还应当不断学习，反思教育教学实践，其自身的自主性发展亦将为外语教育改革的成功实施提供重要的保障。

（二）外语教师自主性与学习者自主性之间的关系

外语教育研究一贯重视教师自主性和学习者自主性发展之间的关系（黄景 & Benson，2007）。虽然对于外语教师自主性和学习者自主性之间的内在联系还没有达成广泛的共识，但是研究者们对两个概念的这种持续关注合情合理。Aoki（2002：111）解释其原因在于，研究者们认为学习者自主性和教师自主性如同一枚硬币的两面。这提示在探讨外语教师自主性时不要忘记其目标之一是发展学习者自主性。一些研究者（如 Breen & Mann，1997；Little，1995）认为，学习者自主性和教师自主性之间互相依赖（interdependent），即学习者自主性的发展有赖于教师自主性的提升。安琦（2011）通过案例分析，发现教师自主教学能力与学生自主学习能力之间存在相关性。教师自主教学在一定程度上对学生自主学习有积极影响。

首先，语言学习者自主性的发展和培养需要外语教师和学习者的共同努力。不是说外语学习者想自主学习，就可以做到自主学习，如果这样简单、轻松，外语教师自主的必要性就会大打折扣（徐锦芬，2007）。语言自主学习不可能一蹴而就，它体现的是学习者语言学习的意愿和能力，需要一定的语言学习资源和环境（条件），这离不开学习者和外语教师的共同努力。另外，发展外语教师自主性的目的之一，在于提高外语教育教学质量并且帮助学习者提高其外语自主学习的能力。因此，外语教师自己如果不知道学习者自主性的概念，不清楚如何在外语教育教学实践中有意识地培养学习者的自主性，又如何期待和空谈教师应培养学习者的语言自主学习能力？所以，要实现教师自主，外语教师就必须对学习者自主性发展有全面的认识和了解。

其次，外语教师自主性和学习者自主性的发展是相互促进的过程（Breen & Mann，1997；Little，1995）。Aoki（2002：124）指出，在语言课堂学习与教学过程中，教师自主性是学习者自主性发展和实践的必要但非充分条件。在已有的旨在师资培训中培养教师自主性的研究报告中，有一个共同发现：教师在通过反思、实践发展其自身自主性的过程中，也会提高其促进学习者自主性发展的能力（Aoki，2002：112）。

外语教师有意识地发展学习者自主性的过程，也是教师自身学习、反思、不断提高的过程。如 Breen & Mann（1997：145）指出，教师促进学习者自主性发展的一个重要前提，是教师自己要清楚地意识到自己也是个学习者。外语教师从学习者的语言学习和实践反馈中进行反思，了解学习者的个体差异和需求，注重因材施教，在对教学方法进行相应的调整和改进中也提升了外语教师的语言能力和教学水平。而学习者则不仅从教师那里获得了语言知识，也会得到语言学习策略的指导，根据个体的学习情况制订学习计划，并在教师的帮助下选择合适的学习材料，进行语言学习和实践，逐渐提高外语能力。换言之，学习者的学习自主性也会得以提升。此过程即所谓的教学相长，外语教师自主性体现在其充当“教”与“学”的角色中。

Gao（2018）提出，教师自主性和学习者自主性之间存在密切联系。因为如果教师在之前的学习中没有很好地发展自主性，也就没有能力对先前的学习经验进行批判性反思，便不太可能在教学中帮助和促进语言学习者的自主性发展。Little（1995）也认为，如果教师自己不知道什么是自主学习者，难以想象他们会培养和发展学习者自主性。

Vieira（2008：200）在其提出的“教师—学生自主性发展三角模型”（the autonomy triangle）中（图 4–9），描绘了教师自主性的发展过程，以及如何与学习者自主性相互影响、不断发展的过程。

从图 4–9 中，可以看出教师在入职前作为学习者的自主性（学习如何教学），会影响教师入职后作为教师的自主性（教授学习者如何学习语言）。教师入职前作为学习者的自主性，以及教师入职后作为教师的自主性，两者综合影响学习者自主性的发展。

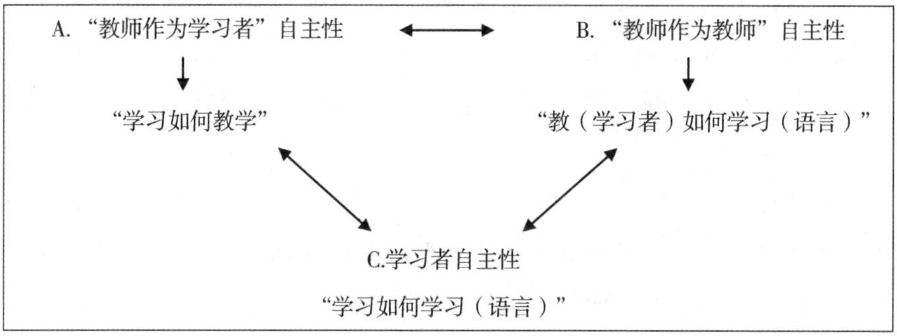

图4–9　教师—学生自主性发展三角模型（Vieira，2008：200）

Vieira（2008：200）提出的“教师—学生自主性发展三角模型”，不仅说明教师自主性与学习者自主性发展之间是一个互动、交互影响的过程，而且提示我们，需要关注教师入职前作为学习者时的自主性发展体验，以及其教师对其自主性发展的影响。因为教师作为学习者的自主性，与教师作为教师的自主性，以及学习者自主性发展，这三者之间有着密切的关联。教师教育课程和项目需要为职前教师提供体验自主学习的机会，以便教师入职后能够反思其自主性发展体验，具备发展学习者自主性的能力（Aoki，2002；Benson，2010）。

最后，外语教师自主性的发展是一个不断反思、逐渐提高的过程，此过程是以教师的专业自由和自我导向专业发展为基础。黄景与 Benson（2007）从教师专业自由的角度分析教师自主性发展的历程，认为教师自主性不能简单地由上面或从外部“授予”，相反，它应该是外语教师专业发展的结果。

总之，教师自主性已经被公认为是影响外语教育中学习者自主性发展的一个主要方面（Teng，2019）。外语教师需要不断地反思其“教师—学习者自主性”（Smith，2003b）知识结构和状况，积极主动地去协调制约学习者自主性发展的各种因素，其自身自主性的提升会促进学习者自主性的提高。

二、外语教师自主性教学知识

（一）外语教师教学知识

教师知识的研究起始于 20 世纪 70 年代，主要是对教师教学活动的信息加工过程的研究，特别是 20 世纪 80 年代，针对专家型教师与新手型教师所具备的知识结构进行的对比研究（申继亮，2006：30）。由于教师知识本身的复杂性以及教师教学活动的多变性，不同的研究者对教师知识的性质、研究的侧重点以及个人的理解和认识不同，对划分知识结构和类型的坐标系和研究视野不同，所以对教师知识概念的定义还未形成共识。不过，教师知识研究的内容被认为是教师认知世界中较为稳定和基础的部分，对于理解教师的课堂决策和行为十分重要（刘学惠，2007：18）。

在广域教育领域，Elbaz（1983）较早进行教师实践性知识研究。她通过对一名加拿大中学英语教师的个案研究，在一系列开放式访谈（五次，每次约两个小时）和课堂观察的基础上，描绘了教师实践性知识的框架。教师实践性知识的内容包括关于自己（knowledge of self）、教学环境（knowledge of milieu）、学科（subject matter knowledge）、课程和教学（knowledge of curriculum and instruction）五个方面的知识。

Shulman（1986）批判了以行为主义心理学为基础分析教学的“过程—产出”研究范式（process-product research），指出此研究范式忽视了教师知识，遗漏了教师的学科知识，并将忽视学科问题的教学研究范式称为“缺失范式”（missing paradigm）（Shulman，2004）。他提出了一个包含三种内容知识的理论框架，这三种知识是学科内容知识（subject matter knowledge）、学科教学知识（pedagogical content knowledge）和课程知识（curricular knowledge）。后来 Shulman（1987：8）又拓展出四个范畴的教师知识：一般教学法知识（general pedagogical knowledge）、学习者及其特点的知识（knowledge of learners and their characteristics）、关于教育情境的知识（knowledge of educational contexts）、关于教育目标、目的、价值观及其哲学和历史背景的知识（knowledge of educational ends, purposes, and values, and their philosophical and historical grounds）。Shulman（1986，1987）提出的教师知识类型和理论框架对以后的教师知识研究产生了深远的影响。

Richards（2011）区分了学科知识（disciplinary knowledge）和学科教学知识（pedagogical content knowledge）这两个易混淆的术语。他认为学科知识是被语言教学专业视作获得教师专业资格所必需的知识体系。这种知识是通过特殊训练而获得的，拥有这种知识会获得专业认可。学科知识是专业教育的一部分，并不能转化为实践技能。当语言教学在 20 世纪 60 年代作为一门学科出现时，这门学科的知识主要来自语言学领域，但今天它包含了更广泛的内容。例如，它可以包括语言教学史、第二语言习得、社会语言学、音系学和句法学、话语分析、语言理论、批判应用语言学等。并且，学科教学知识是指为语言教学提供基础的知识。它是从语言教学和语言学习本身的研究中得出的知识，可以以不同的方式应用于解决语言教学中的实际问题。它包括课程规划、评估、反思性教学、课堂管理、四项（听、说、读、写）技能教学等方面的内容。

20 世纪 90 年代以来，在外语教育教学领域出现了一系列的教师教学知识实证研究。近年来，有关外语教师教学知识的相关研究主要体现在表 4–3 所示的几个方面。

表4–3　近年来关于外语教师教学知识的相关研究

文献来源	研究对象	研究内容	研究方法	主要研究发现或结论
Borg & Burns（2008）	18个国家176位英语教师	教师关于在成人TESOL课堂中将语法和技能教学融合的理念和做法	调查问卷、课堂观察和访谈	教师具有强烈的不能孤立进行语法教学的理念及（所报告）实践操作；教师基于实践和经验，而非第二语言习得理论判断融合教学的有效性
Gatbonton（1999）	两组（7名）有经验的ESL教师	在教学中教师教学知识的运作方式（patterns）及是否存在一致性（consistency）	课堂录像，记录教师观察自己课堂录像的刺激回忆报告，定性和定量分析方法	两组教师报告在1小时教学中，出现的教学想法分别为627和907条，平均每分钟3～4条，内容有21类教学知识，最常用的是：语言管理、学生、课堂教学程序

续表

文献来源	研究对象	研究内容	研究方法	主要研究发现或结论
Golombek（1998）	2名在职学习的年轻ESL教师	第二语言教师个人实践知识	课堂观察和课后访谈，刺激回忆报告	以叙事的方式道出两位教师的个人实践知识，其中交织着道德和情感因素，体现在“维持平衡”和“提供脚手架”主题词方面
Tsui（2003）	4名香港ESL教师，包括2名有经验教师和1名新手教师	教师的教学专长和专业发展	多例个案研究，课堂观察、深度访谈、教学文本等	专家型教师具备完备的学科内容知识和学科教学知识，其专业知识融通、整合于教学行动中；专家教师与非专家教师的区别在于专家教师对自己的教学行为感知和理解不同
陈向明等（2011）	北京市的三所中学（包括初中和高中）和三所小学的各学科的教师	教师实践性知识	教育现场实地研究，教师撰写案例、大学研究人员反思	教师的实践性知识是教师对于自己的教育教学经验进行反思和提炼后形成的，并通过自己的行动做出来的，对教育教学的认识
张莲（2011）	6名中国优秀高校英语教师	教师个人理论及其发展	多例个案研究，课堂观察和录像、课前和课后访谈等	教师个人理论是关于教学的理论知识、个人理念和假设的聚合体，是与教师个人实践经验的交互逐渐演化而成
朱晓燕（2004）	4名中学英语新教师，包括2名初中教师和2名高中教师	中学英语新教师学科教学知识的发展	多例个案研究，课堂录像、半结构式访谈和教师反思日志等	新手教师学科教学知识的发展经历了从技术中心到以学习者为中心、从盲从到逐渐反思、从机械到较为灵活的渐变；新手教师关于学习者知识的变化在其学科教学知识发展中发挥重要作用

正如刘学惠（2007：19）指出，这些研究多以“由内而外”的视角，探究外语教师实际拥有怎样的知识，这些知识与教师行为关系如何。

2008年在德国艾森（Essen）召开的第十五届世界应用语言学大会上，有专家学者提出了“建构以促进学习者自主性发展为目的的教师教育知识基础”的理念，但对此理念缺乏理论和实证研究。Smith & Vieira（2009）提出如下疑问：为了促进学习者自主性发展，教师需具备怎样的能力（competences）与条件（conditions）？

（二）教师自主性教学知识结构

虽然对于教师知识研究的层面、侧重点和研究者的个人认识不同，但申继亮（2006：30）将以往研究归纳为三个研究思路：教师应该具备哪些知识？教师实际上已经具备了哪些知识？教师的知识随着其专业发展和职业生涯变化是如何发展的？这种研究思路对于研究外语教师自主性教学知识的结构具有启发和借鉴意义。

外语教师在外语教育教学过程中扮演什么样的角色，是一种外在的可观察的身份特征。从本质看，是其内在的意识和信念的一种外在彰显。这种意识和信念与其具有的相关知识紧密联系在一起。换言之，如果外语教师自身不具备某种知识，就会影响其相应的意识和信念，进而会影响其在现实世界中的角色定位和行为表现。在发展学习者自主性的过程中，外语教师发展学习者自主性的教学知识的结构和状况，会潜移默化地影响其发展学习者自主性的角色、决策和教学行为。

在探讨教师自主性与学习者自主性发展之间的关系的基础上，结合教师教学知识的研究文献，韩立刚（2013）提出教师自主性教学知识的概念。教师自主性教学知识，指教师在入职前和入职后的教育教学实践中，反思、建构的益于其自身自主性和益于学习者自主性发展的知识（图 4–10）。

其中，益于教师自主性发展的知识，与益于学习者自主性发展的教学知识，两者之间如同教学相长的关系，相互联系、相互影响。而且，如图 4–10 所示，外语教师自主性教学知识的发展，受教师自主性和教师教学知识的状况所影响。作为外语教师自主性教学知识的其中一部分重要内容，外语教师发展学习者自主性的教学知识（即益于学习者自主性发展的教学知识），会影响教师发展学习者自主性的意识、观念、决策和角色等。外语教师亦会反思其发展学习者自主性的教学观念和实践，不断重构、发展其益于学习者自主性发展的教学知识。

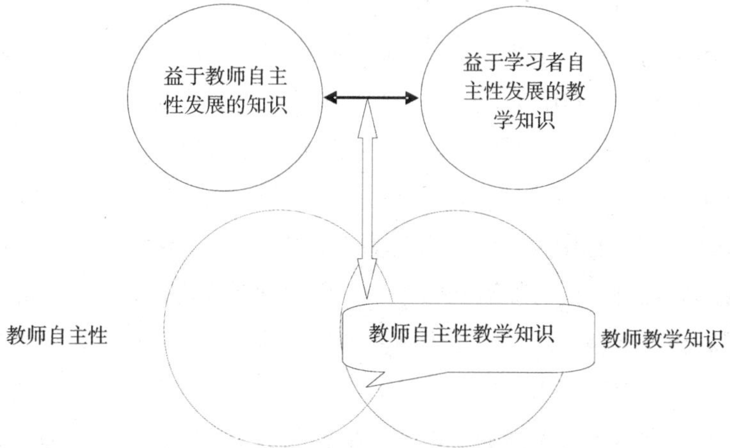

图4–10　外语教师自主性教学知识结构模式图

依据外语学习者自主性具有的三个特征，外语教师发展学习者自主性的教学知识，其核心内容应包括三个部分：教师发展学生语言学习动力与调控的知识；教师发展学生语言学习能动性的知识；教师发展学生语言学习活动性的知识。外语教师所形成和具有的发展学习者自主性的观念和行为，将影响其发展学习者自主性教学知识的结构（韩立刚，2013）。

如前所述，外语教师对学习者自主性的发展起着重要的作用和影响。外语教师发展学习者自主性教学知识的结构和状况，在很大程度上会影响其在课堂教学实践中能否扮演促进学习者自主性发展的角色。即外语教师在教育教学过程中要促进语言学习者自主性发展，教师本身首先要具有发展学习者自主性的意识。如果外语教师自身没有自主学习的意识，对学习者自主性理论和实践知识一无所知，在教学过程中就不可能转变角色，更谈不上为学习者提供自主学习的空间。

教师入职前的自主性发展体验，在一定程度上影响教师发展学习者自主性的观念和行为。杜威（2005：262）指出，个体经验的“连续性”和“交互作用”两个原则是互相交叉又互相联合的，它们如同经验的“经”和“纬”两个方面。经验的连续性原则意味着，“每种经验既从过去经验中采纳了某些东西，同时又以某种方式改变未来经验的性质”（杜威，2005：256）。正是因为有了连续性原则，“可以使先前情境中的某些东西传递到以后的情境中去”（杜威，2005：262）。外语教师作为成功的外语学习者，应当是语言学习自主性非常高的范例（Little，1995）。外语教师在语言学习阶段，自主性发展状况和体验，以及受其教师的影响，将潜移默化地影响其入职后发展学习者自主性的观念和行为。

依据杜威（2005）提出的经验的“连续性”和“交互作用”原则，参考Vieira（2008：200）提出的“教师—学生自主性发展三角模型”，韩立刚（2013）绘制出外语教师发展学习者自主性教学知识结构图（图4–11）。

如图4–11所示，外语教师发展学习者自主性的教学知识，既包括外语教师在课堂教育教学过程中促进学习者自主性发展的观念与教学实践（行为），也包括外语教师反思自己作为外语学习者的自主性发展体验，还包括外语教师在入职前、入职后相关培训中获得的发展学习者自主性的教学知识。教师作为学习者的自主性体验，与教师在入职前、入职后获得的发展学习者自主性的教学知识，将影响教师发展学习者自主性的观念和教学实践。三者综合影响教师发展语言学习者自主性的角色，进而影响学习者自主性的发展。

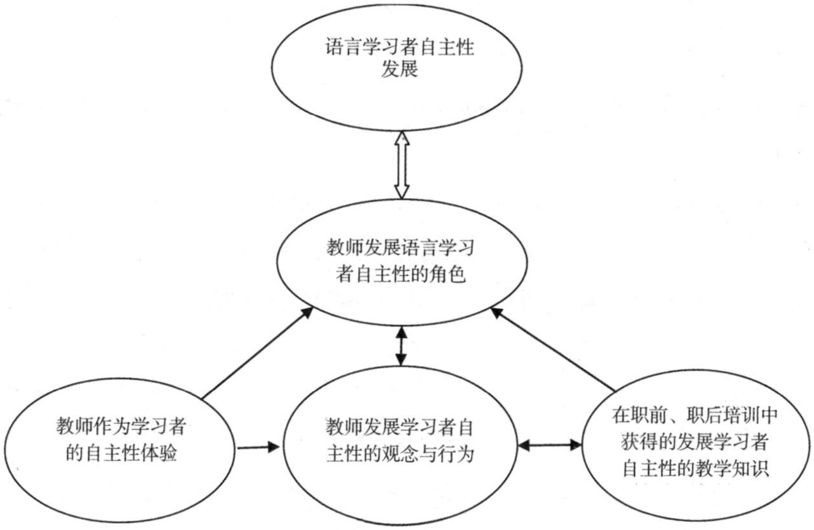

图4-11　外语教师发展学习者自主性教学知识结构图

此外，外语教师发展学习者自主性的教学观念，与其所持有的关于外语教学与学习的一些认识和观念有着密切的联系。例如，教师关于好的英语教师应具备的素质认识、关于大学英语教学目标的认识、关于有效教学与学习的观念、关于自主学习概念的认识、关于教师角色的认识等。教师的这些认识和观念，如同多棱镜的不同侧面，折射出教师发展学习者自主性的教学观念。

另外，教师的反思意识和能力，也会影响其发展学习者自主性的观念和实践。如 Breen & Mann(1997) 指出，能够促进学生自主性发展的教师，须具有的品质之一，就是"自我意识"(self-awareness)，即教师能够对自己作为一名学习者具有清楚的意识，这是教师发展学习者自主性的极其重要的前提条件。这种意识包括：何时能够进行自主教学，知晓自己关于教学与学习所持有的观念，以及清楚自己作为语言学习者和教师的经历，如何影响当前在课堂教学中发展学习者自主性的认识、观念和实践。此外，教师还应能够时常反思自己的课堂决策和行为，以及如何和学习者进行互动，并且能够评估在何种程度上这些教学行为有助于或阻碍学习者自主性发展。

三、外语教师影响学习者自主性发展的模式

由于自主性发展涉及诸多因素，如社会、文化、教育环境因素，以及学习者个体自身和客观因素，所以培养和促进学习者自主性的教育模式和方法，具有复

杂、多样性的特点。迄今为止，对于外语教师影响学习者自主性发展的模式，仅有一些理论探讨。

基于广泛的文献梳理，Jiménez Raya 等（2007）研究者提出了自主性教学的九项原则：

（1）鼓励学习者为其学习承担责任、做出和学习相关的选择，并对学习过程进行灵活调控。教师需要为学习者创造条件，让他们对自己的学习负责，做出明智的选择，并对学习过程进行调控。责任、选择和控制的程度，取决于学习者在规划、监测和评价层面管理其学习的意愿，以及教学发生的特定环境。

（2）向学习者提供学会学习和自我调节的机会。教师应帮助学习者提高元认知知识和自主学习意识，以及掌握学习策略和形成积极的学习态度，为了实现学习目的而进行有效的语言学习。帮助学习者掌握学习方法，更有助于激发他们的学习动机和学习潜力，从而能够发展终身学习的技能。

（3）为学习者对其自主性的认知发展创造机会和提供支持。教师应创设机会支持学习者对自己的学习需求、兴趣和信念进行批判性反思。这将促使他们对学习产生更高水平的认知参与、更强的学习动机和学习投入。

（4）为学习者创造整合语言学习和语言使用的机会。教师在设计教学和学习任务时，应该整合语言交际能力和学习能力的共同发展。这意味着学习者在学习如何学习语言的同时学习使用语言。这需要教师向学习者明确语言教学的基本原理、目标和过程。

（5）激发学习者的内在动机。营造一种让学习者感到有动力学习的氛围，是促进自主性发展的核心。培养和促进内在动机的因素，有挑战、控制、责任、好奇心、合作和认可。此外，教师对学习者的投入和进步提供积极反馈，也是有效促进内在动机发展的一个重要因素。

（6）了解学习者差异，向学习者提供个性化指导。由于学习者在兴趣、态度、知识基础、学习和认知风格、学习策略和节奏、动机和情感特质等方面存在差异，教师需要充分了解他们，以适应和促进学习的多样性。这可能需要给不同的群体分配不同的任务和材料，为学习者提供个性化的学习方法指导和不同类型的支持。

（7）鼓励以行动为导向。教师要开展以行动为导向的语言教学，让学习者通过执行各种有目的的学习任务，来发展语言交际能力和学习能力。在此过程中，应用适当的学习策略，并调控和评估他们的学习。学习者作为语言使用者和语言学习者的自主性，需要教师对他们语言和语言学习使用不同的策略，进行教学实践和研究。

（8）促进教师与学习者，以及学习者之间的对话互动。自主性教学法的目标之一，是在学习者之间以及学习者与教师之间进行有意义的互动时，增强言语交际能力。教师应基于学习者的期望、兴趣和关注，创建一个民主的、探索性的、对话式的教学和学习环境。

（9）促进学习者对其学习进行反思。教师应帮助学习者通过多种方式对其学习进行反思，如问卷调查和访谈、记录学习日志、使用学习档案（portfolios）等。

外语教师开展发展学习者自主性的教学实践，一般会从以上这些教学原则中进行选择。但每种原则的权重，将取决于教师的具体教育情景，和学生在自主性发展方面遇到和存在的问题（Jiménez Raya & Vieira，2015）。

在分析与讨论外语学习者自主性发展的机制模型的基础上，韩立刚（2013）从外语教师发展学习者自主性教学知识的角度，建构并提出了外语教师影响学习者自主性发展模式图（图 4–12）。外语教师发展学习者自主性教学知识的核心内容，表现为教师发展学习者自主性的教学观念和行为。这些教学观念和行为包括以下七个方面的内容：

（1）教师通过激发学生英语学习兴趣、学习动机和意愿，帮助学生克服影响其英语学习的消极情感因素，指导学生认识大学英语学习的重要性，以及指导学生制定大学英语学习的目标和计划，促进学生语言学习自为性特质层的发展。

（2）教师通过指导学生进行语言学习自我管理、调控学习进度，促进大学生语言学习自控性特质层的发展。学生自为性和自控性特质层的发展，将促进学生语言学习动力与调控能力的提升。

（3）教师通过言语鼓励、布置学习任务促使学生积极主动学习，鼓励学生坚持不懈、对英语学习负责，促进大学生语言学习自觉性特质层的发展。

（4）教师通过指导学生选择适合的学习方法、学习策略、学习材料，以及指导学生选择、利用学习资源，促进大学生语言学习选择性特质层的发展。

（5）教师通过指导学生反思学习效果，创造性地解决学习问题，促进大学生语言学习创造性特质层的发展。学生自觉性、选择性和创造性特质层的发展，将促进学生语言学习能动性的提升。

（6）教师通过组织学生课堂内语言应用和实践，以及指导学生课堂外语言应用和实践，促进学生语言学习实践性特质层的发展。

（7）教师通过培养学生跨文化交际意识，指导学生与他人进行语言交际，促进学生语言学习社会性特质层的发展。而学生实践性和社会性特质层的发展，将促进学生语言学习活动性的提升。

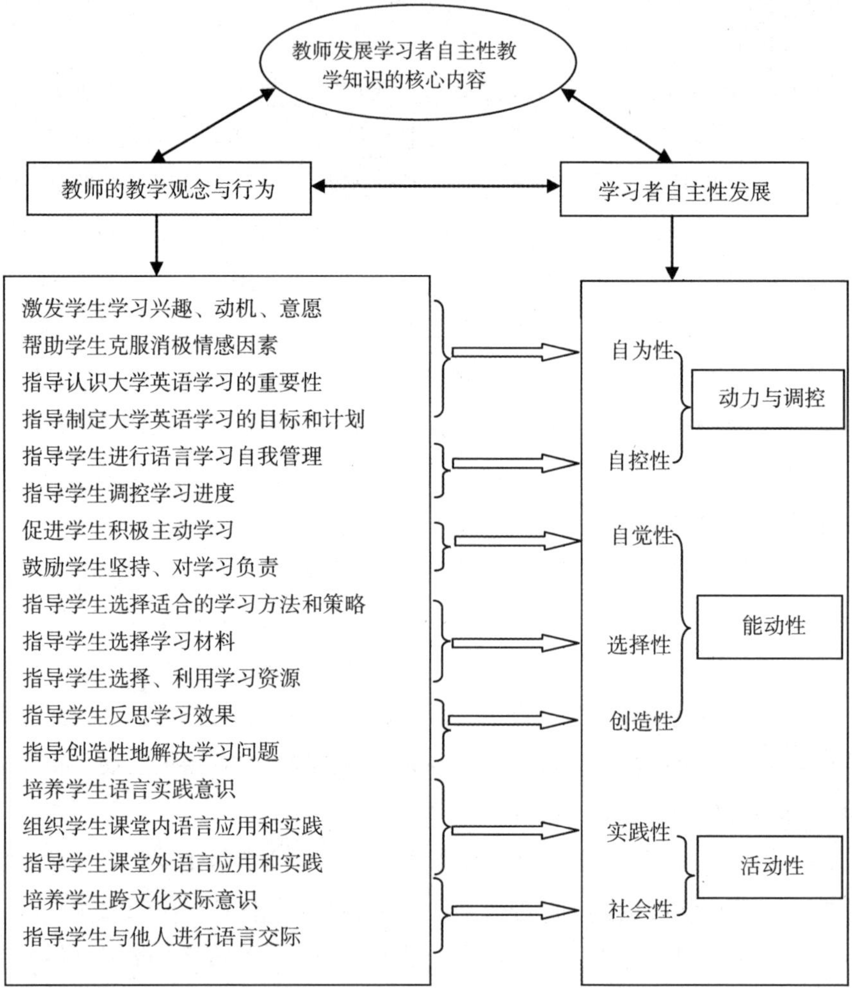

图4-12　外语教师影响语言学习者自主性发展模式图

总之，教师所具有的这些发展学习者自主性的观念以及发展学习者自主性的行为，将影响学习者自主性发展的各个特质层，进而促进大学生外语学习自主性的发展。

第三节　语言输入对学习者自主性发展的作用与影响

学生自主性的提高，需要在使用语言的过程中学会如何学习（Benson & Lamb，2020）。学生的自主性发展与其语言能力有密切关系。语言能力较强的学生在学习方面的自我控制能力，要强于语言能力较弱的学生（安琦，2011）。外语学习者自主性的核心是帮助学生提高其动力与调控（想学），发挥其主观能动性（会学），通过语言学习、训练与实践，促进其自主性的发展。

语言输入是成功学习一门外语的重要因素之一，是外语学习的重要途径，在外语习得过程中起着至关重要的作用。掌握语言知识离不开大量的语言输入，大量可理解的语言输入是语言习得的必要条件。在外语学习过程中，学习者应该重视语言输入，通过语言输入建立有效的知识体系，后续的语言输出才能更加自如、无障碍。外语学习中的词汇学习、阅读和听力都属于语言输入环节，直接影响语言的输出和使用，影响交际能力的提高。听为说提供模仿的对象，读为写奠定良好的基础。

在语言输入过程中，学习者要重视词汇、阅读和听力技能的培养和提高，掌握有效的学习策略。作为语言学习的重要环节，语言输入过程中学习者的自主学习意识对语言学习的成功与否具有重要的决定作用。为了保证语言输入的有效吸收，学习者需要形成正确的自主学习态度。因此，在语言输入过程中要培养和发展学习者的自主性，不断提高学习者自主学习的意识和能力，充分发挥学习者的自主性。促进学习者自主性的发展，对于实现学习者语言知识的自我构建具有极其重要的意义。

一、提高外语词汇量以促进学习者自主性发展

词汇是语言体系的构成要素，是语言理解和表达的基础。词汇学习贯穿语言学习的始终，是外语学习的重要环节。掌握大量的词汇是学习一门外语的基础和前提，词汇量的大小直接影响听说读写等各项技能的发展。词汇的掌握和应用是语言学习者提高自身语言技能的必备条件。但是，在外语学习过程中，有些学习者不是有意无意地忽视了词汇的学习，就是学习方法不得当，导致事倍功半。事实表明，很多外语学习者的主要问题与困惑都集中在词汇学习方面。因此，掌握学习词汇的方法和提高词汇量的有效路径和策略，对于学习者来说是非常重要的。

（一）词汇学习的重要性

词汇是构筑语言最基本的单位，它是学习者提高语言水平的重要基石。词汇维系着语音和语法，在外语学习中具有非常重要的地位。要学好英语，离不开丰富的词汇量和高效率的词汇学习，否则语言知识的掌握将成为无本之木，交际能力亦将成为无水之源，语言习得也将低效无果。由此可见，外语学习和语言能力的提高都离不开词汇，词汇学习和词汇量的提高是外语习得的根本，与听、说、读、写等技能的提高息息相关。美国语言学家鲍林格（Botinger，1981）曾指出，词汇中所含有的信息量比语言中其他任何部分的信息量都要大。词汇量的大小成为衡量一个人外语水平的重要指标。词汇量的大小在课文学习、口语表达、听力理解、课外阅读以及写作等方面起着至关重要的作用。

1. 词汇在外语学习中的重要性

语音、语法、词汇是语言的三个基本要素，词汇作为语言构成的三个要素之一，是各项语言能力的基础。词汇的学习和掌握会直接影响外语学习者各项语言能力的提高。词汇学习对于语言理解和输出都是至关重要的，有了足够的词汇量，才能进行顺畅的理解和交流。英国语言学家威尔金斯（Wilkins，1972：111）更是精辟地指出："没有语法，人们不能表达很多东西；而没有了词汇，人们则无法表达任何东西。"大部分学习者虽然已经意识到词汇学习的重要性，但在词汇学习中存在很大的盲目性，有着诸多问题和误区，需要通过科学可行的方法和策略，提高词汇量和词汇学习效果。

2. 词汇学习对于培养交际能力的重要性

外语学习的目的是获得交际能力，而交际能力的提高有赖于语言知识和非语言知识的积累。词汇是影响交际能力的核心要素之一。词汇能力直接影响学习者的听、说、读、写等能力。只有掌握了足够的词汇量，才能听懂和读懂他人的话语和文章，才能流畅自如地表达自己的思想观点，才能在交际中得心应手。反之，人们在交际中的困难和障碍也大多是由词汇量不足造成的。能不能听懂会说，能不能读懂会写，交际法认为在很大程度上取决于词汇。当我们把交际作为外语学习的第一目标时，当我们对这一新的语言无法自由支配时，词汇的作用就是决定性的，因为词汇能使人们进行最基本的交流。Canale 和 Swain 指出，语言能力的培养是交际能力培养中至关重要的一环，而词汇则是使交际得以进行的语言能力的核心部分之一（汪庆华，1998）。学习者在外语学习中都有这样的体会：在阅读文章时，由于不认识文章中的关键词而影响语句篇章的理解，无法做到准确理解。我们在口语交流时，由于词汇匮乏，在自己的词汇表中没有想表达的词汇，或者学过但掌握不牢而无法记起想要表述的词时，往往会陷入一时语塞的尴尬境地。可见，词汇在交际中起着至关重要的作用，学习者一定要重视词汇的积累和掌握。

3. 词汇学习对于促进学习者自主性发展的重要性

词汇学习贯穿外语学习的始终，是外语学习的重要环节。提高外语词汇量是促进学习者自主性发展的重要途径之一。词汇学习策略是学习者实现词汇自主学习的重要手段，学习者可以通过掌握词汇学习策略在自主学习中发挥主导作用。

随着计算机、网络技术和人工智能的飞速发展，学习者可以获取的信息资源越来越丰富，获取方式更加方便快捷，为自主学习提供了有利条件。同时，信息输入形式的多样化要求学习者具有更高的自主学习能力。学习者在外语学习过程中需要逐步形成正确的自主学习的态度，端正自身学习角色的观念，逐步减轻对教师的依赖心理，提高自身自主学习的能力，培养自我效能感。学习者要培养自主学习的意识，由被动的知识接受者和知识的灌输对象转变为信息获取和加工的主体、知识的主动构建者，对自己的学习负责。

词汇学习对于促进学习者自主性的发展有着至关重要的作用。自主学习是以学习者具备自主确定学习目标的能力为前提的。成功的自主学习者能够设定有效的学习目标、监控和管理自己的学习过程、采用多种学习策略（何莲珍等，2011）。在词汇学习过程中激发并培养学习者的自主性，鼓励学习者筹划并确定词汇学习的目标，根据目标制定可行的学习计划，将计划付诸行动并运用意志力坚定地执行学习计划。通过这样的自主学习能够培养和提高学习者优良的意志品质，这种品质是健全人格的重要组成因素，对于学习者一生的发展和成功有着决定性作用。

（二）词汇学习的影响因素

外语学习者在进行词汇学习时会受到主观和客观等多方面因素的影响。分析、了解这些影响因素，才能克服障碍因素，利用积极因素，促进词汇学习，提高词汇量。

1. 环境因素的影响

在词汇学习的影响因素中，环境不是单指学习活动发生的背景，而是指词汇学习系统的多个组成部分。在词汇学习的动态系统中，环境因素涵盖范围较广，包括母语环境、课堂学习环境、课外学习环境、社会环境等。

学习者在词汇学习中势必会受到母语环境根深蒂固的影响。英语和汉语分属两种不同的语系：英语属于印欧语系，而汉语属于汉藏语系。英语是表音文字、拼读文字，而汉语是一种表意文字，其字形本身就包含着一定的字义。国内外心理学界的研究表明，在学习汉语过程中，一般是字形的激活在先，而字音与字义的激活在后。因此，在外语学习中，以汉语为母语的学习者往往会不自觉地带入这一母语学习的习惯，在识别书面外语单词时依靠最多的是词形，其次是语音，最后才是词义（桂佳春、李威，2012）。因此，表意文字和表音文字两种不同文字的学习方式不同，在一定程度上制约了学习者词汇量的提高。

在课堂学习环境中，词汇的教与学相互作用，相互影响。课堂环境因素会对学习者自主性产生影响，“课堂环境中教师的教和学生的学对英语自主学习均有显著正向影响，课堂环境中教和学的共同作用更能促进学生的英语自主学习”（李广凤、郭芳芳，2015：62）。因此，教师要改变传统的词汇教学模式，借助多媒体技术优化课堂教学环境，更好地促进学生自主性的发展。

课外学习环境对词汇学习的影响是多方面的。首先，信息技术环境下的课外学习模式为学习者提供了一种全新的自学方式，这对于他们的词汇学习尤为重要，大大提高了课外学习效率。其次，可以通过接触不同的文化材料、参与各种语言交际活动，为学习者创造良好的课外学习环境。最后，教师可以在班级创造一个积极浓厚的学习氛围和有利的课外学习环境，给学生提供丰富实用的课外学习资源，帮助学生找到适合自己的自主学习词汇的方法，提升词汇学习效果。

此外，社会环境在很大程度上也会影响英语学习者的态度和动机。随着社会的发展和全球化，用人单位对人才外语水平的要求在不断提高，就业形势越来越严峻。当前充满竞争的社会环境促使学生为了学业发展、求职就业、考取英语水平证书而重视英语学习、重视词汇学习。这也促使学习者树立正确的学习动机，培养良好的学习态度。

2. 学习策略因素的影响

学习者普遍对外语词汇学习的策略缺乏全面系统的学习和了解。其原因主要有两个方面：一方面，在语言学习过程中对于词汇学习没有给予应有的重视；另一方面，课堂词汇教学中往往缺少对词汇学习策略的系统介绍和相应的训练，学习者的词汇学习大多处于盲目、分散状态，缺乏系统性和计划性。文秋芳（1996）认为，学习者英语学习成功与否在很大程度上取决于对学习策略的选择和管理。周文德（2013）指出，英语词汇数量庞大，多数大学英语学习者都感到单词难学难记，原因之一是缺乏英语词汇学习策略或策略意识淡薄。词汇学习策略是实现学习者词汇自主学习的重要手段。学习者通过掌握词汇学习策略形成符合自身学习风格的自主学习模式，并在词汇自主学习中发挥主导作用，建构英语词汇自主学习的新模态，培养和发展学习者持续自主学习的能力。

3. 情感因素的影响

作为语言学习的永恒主题，词汇学习是习得语言的重要环节。情感因素影响着词汇学习的动态发展，在词汇学习中起着至关重要的作用。20 世纪 60 年代以来，西方学者开始探讨情感因素对语言学习的影响，其中最广为认可的理论之一是克拉申的“情感过滤假说”。克拉申（Krashen，1982）认为情感状态可视为学习者接收语言输入的过滤器，对语言学习产生重要的影响。克拉申指出影响语言学习的情感因素主要包括动机、焦虑和自信心。当学习者处于放松、积极和自信的状态时会降低情感过滤，更有可能接受并吸收语言输入，对语言习得有积极的促进作用。反之，会降低语言输入的接受度，对学习效果产生负面影响。

基于克拉申的“情感过滤假说”，可以看出在影响外语词汇学习的多种因素中，情感因素起着不容忽视的重要作用。自信心、感觉、情绪、焦虑程度、个性等诸多情感因素在词汇学习过程中扮演着重要角色，这些因素能够激发或抑制学习者的学习潜力。学习者在词汇学习过程中要充分调动积极的情感因素，降低消极的情感因素，激发学习者的学习积极性和自主性，促进词汇量的提高。一项调查发现，76.47% 的学习者是为了通过考试而学习词汇，这样的学习动机为工具型动机，难以激发学习的兴趣和自主性（王腾，2019）。再者，在词汇学习中，学习者往往重记忆、轻应用，缺乏文化背景知识的融入，记忆方法单一，从而导致学习兴趣下降。为了应对这一挑战，应关注学习者的情感状态和个体差异，营造轻松愉快的学习氛围。教师要积极引导学习者端正词汇学习的动机和态度，鼓励学习者根据个体差异采用灵活多样、个性化的学习方法和策略，降低焦虑感和消极情绪，增强自信心，以激发和维持其对词汇学习的兴趣和积极性，提升词汇学习的效果。

综上所述，情感因素对词汇学习有着显著的影响，学习者要充分意识到这一重要的影响因素，并采取相应的学习策略来优化学习过程，提高学习效率和质量。教师也要不断创新词汇教学方法和策略，满足学生的情感需求，提升教学效率、改进教学质量。

（三）提高外语词汇量的有效路径和策略

词汇学习策略对于外语学习有着非常重要的意义，掌握有效的词汇学习策略不仅可以帮助学习者提高词汇习得的效率，促进词汇量的提高，还能提高语言运用的灵活性和准确性。大量研究表明，词汇学习成功与否和学习策略的使用有着很大的关系，高效学习者和低效学习者在策略使用频率和种类上存在差异。虽然通过大量研究已经建立起比较完备的语言学习策略体系，但大多数学习者缺乏对学习策略的认知和掌握，不能选择并运用有效的策略进行词汇学习，而是死记硬背、机械地运用一些策略，如孤立地背单词、反复低效地抄写词汇表等。陈辉（2001）对学习者词汇认知学习策略进行了研究，以调查问卷的形式研究了正确有效的英语词汇认知学习策略的使用情况，发现大部分学生很少知道运用这些策略。这一现象反映出学习者对词汇学习策略，乃至外语学习策略认知的缺乏。由于学习策略的缺乏，学习者虽然花费大量时间和精力学习词汇，但是并没有取得良好的学习效果。

学习策略的缺乏，其实就是有效学习方法的缺失，必然导致事倍功半。学习者要加强词汇学习策略的学习和掌握，提高策略使用意识，并通过积极实践熟练运用这些策略。文秋芳（1996）教授曾指出学习策略不但是可以培训的，而且要长期坚持下去，使它成为外语教学课程的一个组成部分。由此可见，学习策略在词汇学习中起着至关重要的作用。一方面，学习策略的使用可以帮助学习者降低词汇记忆的难度和提高词汇学习的效率。另一方面，通过学习策略的运用，可以增强学习者对词汇学习的兴趣和动机，激发其更加主动地学习词汇，促进词汇学习的自主性，提高词汇学习的效率。

认知理论将学习策略分为三类：元认知策略、情感策略、认知策略。其中，元认知策略被认为是较高层次的策略。元认知策略是认知主体对自身认知活动的认知，是对学习活动的自我察觉、自我监控和自我调节，是认知活动发展到高级阶段的表现。文秋芳和王立非（2004）认为，元认知策略实际上是学习者的自主学习能力和自主意识的体现，是学习者终身教育的重要组成部分。运用元认知策略，学习者可以实现对学习内容的合理计划（planning）、监控（monitoring）和自我评估（evaluating），成为学习的主导者。学习者可以首先根据学习内容设定词汇学习的具体目标和任务，然后根据自己的学习能力和效率制订适合自己的短期、中期和长期学习计划，尽量将计划的内容细化。例如，短期计划可以具体到每天计划掌握的词汇数量、学习的时间、对所学单词的复习计划等。学习者在学习过程中也要对学习进程、学习方法和效果、计划执行情况等方面进行有意识的自我监控和管理。可以利用移动学习设备的功能提醒和监督自己计划的执行，如单词学习 APP 中的打卡提醒功能等。教师可以引导、帮助学习者对词汇学习策略和学习效果进行评估，是否按计划完成了学习目标、学习策略运用效果如何，还可以设置合适的词汇测试以检测词汇掌握的情况。

情感策略在外语词汇学习中扮演着重要的角色，对学习过程和学习效果有着显著影响。Brown（1991）探讨了外语课堂中自信心、学习动机、语言焦虑、抑制等情感因素对外语学习的影响。当学习者对词汇学习感到兴奋、感兴趣时，就会积极主动地投入更多的时间和精力，积极的情感可以提高学习者的学习动机。情感可以加深记忆印象，当与情感相关的词汇与学习者强烈的情感体验相结合时，可以增强词汇的长期记忆。积极的情感状态可以提高学习效率，在愉悦或放松的状态下学习，可以减少焦虑和压力，从而提高学习效率。学习者可以采用情感调节策略来管理学习过程中的情绪波动，如通过自我激励、放松技巧或正念练习来维持积极的情绪状态。教师可以利用情感反馈来激励学习者，例如通过表扬和鼓励来增强学习者的自信心和学习动力。总之，通过运用情感策略，学习者可以更有效地学习英语词汇，同时提高学习体验的质量。学习者应意识到情感因素在语言学习中的重要性，并尝试将情感策略运用到词汇学习的过程中。

认知策略是指学习者个体在处理信息、学习、记忆、解决问题和思考过程中使用的各种内在心理过程和方法，这些策略能够帮助学习者更有效地思考和学习。下面简述几种基于认知理论、在词汇学习方面最常用而且有效的认知学习策略。

1. 构词法策略

利用构词法进行词汇学习是一个行之有效的词汇学习策略。构词法是指词汇通过词形变化构成不同词性的规律，属于词汇学的范畴。虽然不要求学生全面地学习掌握词汇学的知识，但应该了解常见的构词规律，特别是关于语素、词根、前缀、后缀、同义词和反义词等方面的知识，这有助于学生对词汇的记忆。例如，

“undesirable”一词的结构可划分为：前缀“un”意思为“不、非”，是含有否定意义的前缀；词根为“desire”，“渴望，期望”；后缀“able”源于法语，为形容词后缀。根据词根、词缀即可得知“undesirable”的词义为“不合需要的，不想要的，不受欢迎的”。其他词缀如“mini-”，“小的，微型的”，“minibus”则是小型公共汽车；“tri-”，“三，三倍”，那么“tricycle”则是“三轮车”，“triangle”则是“三角形”，“trichord”为“三弦乐器”。通过对词汇构成规律的学习，学生可以在理解的基础上记忆单词，并能够逐渐掌握通过词根、词缀来推测词义的方法。运用构词法策略学习词汇能使学生快速有效地扩大词汇量。

2. 语境策略

所谓“语境”，是指语言环境或上下文（context）。它可以是一句话，也可以是一段文章。通过语境策略来学习词汇，是比较行之有效的词汇学习策略之一。语境对于词汇学习有着非常重要的意义，学习者在语流中结合上下文语境理解、掌握词汇的含义和用法是词汇学习的关键，这是因为一个单词的确切含义和用法是体现在特定的语境中的。在记忆词汇时应把词汇放置在一个特定的语言环境中记忆，并通过不同语境的比较，掌握同一个单词在不同的上下文语境中的不同含义。例如，“loud”在“That loud music is going to drive me mad.”一句中应理解为“吵闹的、嘈杂的”，而在“a tie with a loud pattern”中其含义为“花哨的”。

在阅读中遇到不认识的生词时，可以鼓励学生通过语境所提供的信息推测词义，从而习得这个新词。一个句子的意思是由组成这个句子的各个单词之间相互联系、互相制约来决定的。所以，可以根据一个词的语境和这个词前后的其他词的意思来推测它的含义。程晓堂和郑敏（2002）在《英语学习策略》一书中归纳了三种有效的推测词义的方法：①利用上下文里的同义词或者近义词；②利用上下文单词之间的指代关系；③利用上下文中词与词的搭配。例如，“The police offered a reward of $1,000 for information about the kidnapped boy.”一句，若句中“reward”一词对于学生是个生词，则可以通过语境来推测它的意思。因为“$1,000”是“reward”，所以应该是一种能够得到的东西，而且还是个好的东西，是因为提供了有价值的信息而得到的。通过语境学生能够比较准确地推测出“reward”的词义是因为做了好事之后得到的“回报、奖励”，这样在语境中对单词的记忆也更牢固深刻。

教师在教学中应采用动态的词汇教学法，充分运用语境理论与语境知识来丰富词汇教学方法，尽量创设丰富有趣的语境，将词语和具体的语境相联系。在进行课堂词汇教学时，不仅要讲解词汇的基本意义，也要注重课文蕴含的文化语境。分析词汇的文化内涵，讲解词汇在特定文化语境中的含义及用法，让学生在语境中领悟词汇的意义，鼓励和帮助学生将所学的词语正确地放置到新的语境中使用。因此，学习者只有通过语境才能真正掌握词汇的丰富内涵和用法，运用语境策略既可以推测、确定、掌握词汇的含义，理解它们的用法、搭配和文化内涵，语感又会得到相应的加强，大大加深学习者对所学词汇的印象。

3. 文化认知策略

语言和文化是不可分割的。语言是文化的载体，承载着丰富的文化内涵和信息，脱离文化背景的语言会使交际失去准确性。词汇学习不能忽视其文化内涵，重视文化认知策略，了解词汇的文化背景和内涵。英汉是两种完全不同的语言，有着各自不同的文化背景、地理环境、生活方式和风俗习惯，这些都直接反映在词汇当中。例如，“tantalize”（挑逗、引诱、逗引）一词源自一位名叫 Tantalus 的希腊神话人物，他因为犯了罪被罚站在水中，抬头想吃苹果，苹果往上升；低头想喝水，水往下降，这样倍受折磨。所以苹果和水也就成了诱惑之物，“Tantalus”一词也就逐渐演变成了一个含有“引诱、诱惑、挑逗”之意的动词。了解了这个故事，学习者就会发现这个词很有意思，激发其词汇学习的兴趣，对这个词的记忆也就更深刻。

学习者在词汇学习时要特别注意英汉词汇蕴含的不同文化内涵，以避免对一些词汇的理解出现错误。倘若一味地根据自己的母语文化知识生搬硬套，有时难免会弄巧成拙、适得其反。例如，汉语中的“红眼病”含有嫉妒的比喻意义，在英语中不是“red eyes”，而应是“green eyes”。因此在词汇学习时，要联系所学语言的文化背景，培养跨文化意识，切忌根据自己的母语对英语表达错误地进行望文生义，而是要注重文化差异、结合其蕴含的文化进行思考、理解和表达。

4. 联想记忆策略

词汇联想记忆策略是一种通过将新词汇与已学词汇、已有知识或经验联系起来，以增强记忆效果的方法。联想展示了事物在某一方面的关系或联系，通过联想记忆策略进行词汇学习可以降低记忆难度、增加词汇记忆的趣味性、提高学习兴趣、增强记忆效果。正如我国教育学家胡春洞（1990：81）指出：“词汇教学只有充分发挥学生理解力和联想力的作用，才能全面提高效率。只有适时地把单个的词纳入一定的系统（构词、词义、词类、语法功能、交际功能等）才能在学生的记忆里扎下深根。”

一些常用的词汇联想记忆策略如下：

（1）关联法。将新词汇与已知的词汇或概念联系起来，通过联想该词的近义词、反义词、形近词、同音异形词、音似词、同根词等对词汇进行关联记忆，组成“单词群”。运用这样的联想记忆策略可以有效掌握相关联的一组词，而且记忆牢固长久。例如，学习“grin(露齿笑)”时，可以联想到各种笑，并对这些近义词进行比较、归类进而巩固掌握：“laugh”大笑、“smile”微笑、“guffaw”捧腹大笑、“chuckle”低声轻笑、“giggle ”咯咯笑、“gurgle”（婴儿）咯咯笑、“snicker”窃笑、“snort”（讽刺、轻蔑地）高声大笑、“smirk”傻笑，假笑等；形近词“persist”“insist”“consist”“resist”“assist”可以归为一组，“preclude”“conclude”“include”归类为一组，比较不同，关联记忆。

（2）故事法。通过联想，把几个新词汇串起来，编成一个小故事，这样枯燥的词汇学习变得生动有趣，而且印象深刻、记忆长久。例如，想象一个“king(国王)”在“castle(城堡)”中举行盛大的“banquet(宴会)”，通过这样的小故事就同时掌握了这三个词。

（3）首字母法。将几个相关联的单词的首字母放在一起，组成一个易读易记的缩略词，以便于记忆掌握。例如，美国五大湖 Huron, Ontario, Michigan, Erie, Superior 的首字母组成“HOMES”一词，便于记忆掌握。

（4）图像联想法。通过在脑海中形成与词汇相关的画面来帮助记忆，是一种有效的词汇记忆技巧。例如，在学“lizard”一词时，脑海中联想到蜥蜴的画面，皮肤上有鳞片，尾巴长而有力；在学“elephant”一词时，脑海中出现一只大耳朵、长鼻子大象的图片；在学“owl”时，脑海中出现一只猫头鹰的图像，眼睛大而圆，通常在夜间活动。通过这些形象的图像联想，可以有效地理解、掌握词汇。

联想记忆策略是通过某一词汇引起该词与相关人、事、物、词汇之间的关联的心理过程。在产生联想的过程中，学习者尽力调动已有的词汇储备，使之与新词产生某种关联，形成以新词为中心的辐射圈和词汇群。产生关联的方式、维度不同就会产生不同的词汇群；联想、调动的词汇数量越多，词汇学习的效率就越高。

（5）阅读识记词汇策略。阅读是学习者习得词汇、扩大词汇量最重要的途径和方式，是词汇学习策略中的一个重要组成部分。阅读识记策略是学习者通过阅读的途径理解并掌握词汇的学习策略。学习者在阅读过程中会接触到大量的新词汇，从一定意义上说，阅读就是复习、巩固已掌握的词汇，以及接触、学习新词汇的过程，所以阅读也是提高词汇量的最佳途径之一。一方面，阅读必须建立在具有一定词汇量的基础上。词汇量是增强阅读能力、提高阅读水平的前提。另一方面，通过阅读可以巩固已学词汇、扩充新词汇。两者是相互依存，相互促进的。同时，在阅读中可以巩固构词法策略、语境策略、文化认知策略，联想策略等，以逐渐达到对这些策略的灵活运用。另外，学习者可以根据自己的兴趣，广泛阅读适合自己水平的外语书籍、文章、杂志和网站的阅读资源，有助于接触到更多的词汇和短语。根据语境或者借助工具书理解、掌握里面的新词汇，增强对这些词的记忆。也可以将遇到的生词摘抄在笔记本上进行强化记忆。总之，运用阅读识记策略可以实现对词汇的内涵及用法达到较深层次的理解和掌握，从而更有效地扩大词汇量。

（6）移动词汇学习策略。随着移动互联网技术的快速发展，移动学习的模式已经广泛应用到教育领域。移动学习策略利用智能手机和平板电脑等移动设备的便携性和功能，为学习者提供灵活的学习方式，学习者可以随时随地利用移动设备进行词汇学习。有很多词汇学习的应用程序，如百词斩、扇贝单词、沪江开心词场、拓词、乐词背单词等，学习者可以在手机 APP 上打卡进行单词学习，而且不受时间和空间的限制，随时随地、非常便捷地通过手机进行学习。这种方式更便捷，碎片化时间的利用也更加充分。词汇学习应用程序可以根据学习者的学习目标、进度和能力，提供个性化的学习计划。还可以提供词汇列表、闪卡和记忆练习，帮助学习者扩展和巩固词汇量，根据学习者的目标和进度，设置个性化的学习计划和提醒。使用应用程序内的工具跟踪学习进度，分析学习效果，帮助学习者及时调整学习策略。通过社交媒体或学习社区与他人互动，分享学习经验，参与讨论。根据记忆曲线原理，智能安排复习计划，帮助学习者巩固记忆。在学习过程中还可以提供即时反馈，帮助学习者及时纠正错误。作为一种新颖的学习策略，移动词汇学习可以充分利用学生碎片化的时间，大学生需要抓住这一优势和便捷特性，将这一学习方式的内在价值充分展现出来（吴晶，2011）。通过移动学习策略，学习者可以更高效、更灵活地学习英语词汇，同时享受学习过程中的乐趣和成就感。

同时，移动词汇学习也存在一些不足，学习者需要意识到这些弊端并尽力规避克服。移动词汇学习的随意性和不系统性，会使得学习者不能在知识点之间建立联系，缺乏对词汇学习的整体把握。这就需要教师引导学习者学会根据自身的学习能力和学习目标，进行详细的规划。学习者同时充分利用移动学习设备的功能，提醒和监督自己的学习，如许多单词学习 App 中的打卡提醒功能。词汇移动学习有交互性、灵活性、多模态等特点，可以结合音频、视频和图片进行学习，使词汇学习更加生动和有趣，给学习者带来感官的多重刺激，激发学习者的兴趣。但新鲜感过后，学习者容易产生倦怠，并且容易被移动设备上的其他娱乐功能吸引，分散注意力而中断学习。学习者要加强自我监督和管理，有意识地进行自我监控。教师可以指导、帮助学习者管理和监控学习过程，可要求学习者设计并完成每周监控表。教师也可设置测试并发布，学习者在移动学习设备上完成。

英语和其他任何现代语言一样，一直在不断地发展。新事物、新现象、新概念层出不穷、日新月异，大量具有时代气息的新词汇也随之不断涌现。据统计，每年产生的新词和新义有 1500 多个。所以，学习者需要紧跟社会和时代发展的步伐，关注英语的最新发展以及不断诞生的新词汇。比如，随着计算机科学、网络技术和人工智能的飞速发展，英语新词在该领域大量涌现。如“big data”（大数据），“cloud computing”（云计算），“internet of things”（物联网），“smart contract”（智能合约），“edge computing”（边缘计算），“quantum computing”（量子计算），“facial recognition”（面部识别），“deep learning”（深度学习）等。这些术语反映了技术领域的最新趋势和创新，学习者需要及时了解、掌握不断涌现的新词汇。

总之，词汇的性质决定了词汇学习的重要性，词汇学习是学好外语的关键。在词汇学习过程中，学习者要遵循语言习得的规律，掌握并运用灵活高效的学习策略。要真正理解并掌握所学的词汇，力争达到事半功倍的效果，实现学以致用的目的。扎实的词汇基础能够全面促进听、说、读、写等方面外语综合能力的提高。学习者在词汇学习过程中要不断培养和提高自主学习意识，在自主学习视域下，通过词汇学习策略的运用，自主制定学习计划、自我监控和评估，成为词汇学习的主导者，实现更高效的词汇习得，提高词汇量，促进自主学习能力的发展。

二、培养与提高听力技能以促进学习者自主性发展

听是人们进行言语交际的重要手段，是外语学习的重要途径之一。听力是一

种重要的理解性输入（comprehensible input），是语言运用能力的重要组成部分。听作为语言信息的输入，不仅有利于促进读、写、说等技能的提高，而且和阅读一样，是学习语言、获取语言知识的重要渠道。听力理解是一个积极主动且复杂的过程，在此过程中，学习者必须要能够辨听语音、理解词义、理解语法结构的意义、识别重音和语调，在此基础上最终在语言的上下文乃至更宏观的社会语境中理解听到的信息（Vandergrift，1999）。对于学习者来说，听力技能的提高是一项十分具有挑战性的任务。因此，学习者要注重提高听力理解能力，掌握听力过程的特点和规律，学习听力方法和技巧，培养听力策略能力。通过有效的训练途径掌握听力技能、提高听力水平，从而更好地促进语言能力的提升。

（一）听力技能的重要性

1. 听力技能对于培养外语交际能力的重要性

语言习得主要通过获得大量的可理解输入来实现，而听是获得可理解语言输入的最重要途径。听是语言交际的重要组成部分，占语言交际活动总和的较大比例，是交际能力的重要方面，也是外语学习的重要途径之一。语言学家 Rivers（1978）从语言学角度精确地指出，人在交际过程中，听占语言交际四大基本技能总时间的 45%，远远超过说、读、写三个方面。在语言交际中，听力的作用和重要性是不容忽视的。听是交流的前提，也是其他三项技能的基础。单词发音、口语表达都离不开听，听是一切信息传递的前提和基础。提高听力技能对于理解和吸收语言信息至关重要，是语言学习的基础。听力是“语言学习者需要掌握的一项重要技能，也是进行有效交流的基础”（邓巧玲，2015：59）。学习语言的一个十分重要的目的就是进行交际，而听是提高外语交际能力的重要途径，只有听得正确，才能读得流畅，说得流利。首先，通过听力训练，学习者可以培养流利标准的口语表达能力，这对于外语学习者来说尤为重要。其次，听力训练有助于提高语言理解能力，包括对新词汇和语法的理解和掌握。再者，听力训练还有助于增强信息获取能力，提高专注力和反应速度。最后，听力训练有助于增强跨文化交际能力，通过听力内容了解不同国家的语言、文化和思维方式，更好地理解和尊重文化差异，从而提高跨文化意识。

由此可见，要真正掌握一门外语，学习者需要首先提高听力水平。听力技能的培养对于提高外语交际能力至关重要，它不仅是语言学习的基础，也是获取语言知识的重要途径，更是提高口语和交际能力的关键。因此，加强听力训练、掌握听力学习策略、提高听力技能对于促进外语交际能力具有至关重要的意义。

2. 听力技能对于促进学习者自主性发展的重要性

提高听力技能是促进学习者自主性发展的重要途径之一。听力策略是学习者实现听力自主学习的重要手段，学习者可以通过掌握听力策略在自主学习中发挥主导作用。

听力技能的提高受到多方面因素的制约，如学习动力、学习的计划性、学习策略的运用等，这些因素严重地制约了学习者的听力学习。学习者可以在教师的指导帮助下养成良好的学习习惯：制订学习计划、选择学习方式、确定学习任务、自我监控学习过程、自我评估学习效果，从而逐步实现听力自主学习。教师要以学生为中心，完善听力教学的信息输入，指导学生掌握有效的听力策略，把课堂精听训练和课外泛听有机地结合起来。教师可以指导学生在课外多收听英语广播VOA、BBC 等，利用互联网上丰富的听力资源，如 TED Talks、YouTube 视频等，进行听力练习。鼓励学生多听不同来源的材料，包括新闻、电影、音乐等，以适应不同的口音和语速，扩大知识面，培养语感。学习者要逐步提高自主学习意识，通过课外自主听力训练提升听力技能，提高自主学习的能力，培养自我效能感，促进学习者自主性的发展。

听力学习计划的制订、执行和自我评估，课前预习和课后复习等都是自主听力学习的重要环节，需要运用听力学习策略进行科学规划。为了调动学习者自主学习的积极性，教师可以将部分听力教学内容设置为预习任务，鼓励他们主动扫除听力障碍，例如自主查阅生词、了解相关的文化背景知识、体会说话者的语气、把握所听篇章的主题和内容脉络等。同时，抓好课外学习任务的布置与检查，通过课后复习任务对听力教学内容进行巩固，例如对所听内容进行概括写summary、口头复述、角色扮演、小组讨论等。这些活动与课堂教学相辅相成、互相促进、互相补充，是听力课堂教学的延伸和拓展，更是培养和检验听力学习自主性的重要手段和途径。听力自主学习能力对于整体外语水平的提高意义重大，该能力的培养是一项复杂而渐进的过程。教师要以语言习得和认知学习理论为指导，充分把握课前、课中和课后等环节，进行周密细致、科学合理的教学设计。通过采取灵活多样的教学方式，创设丰富有趣的互动活动，提供丰富的听力训练材料和语言信息支撑，以激发学生自主学习的内驱力。同时，教师要注重有效听力学习策略的讲授，引导督促学生积极掌握并自主运用，逐步培养学习者听力学习的自主性。学习者要充分领悟、积极运用所学的听力学习策略，自主确定学习目标和计划，并自我监督认真执行。充分发挥学习者的主动性，减少对教师的依赖，提高自主学习的能力。

（二）听力技能的影响因素

尽管听力是一种重要的语言技能，但听力一直是大部分学习者外语学习中的弱项。目前外语听力学习中普遍存在基础薄弱、学习缺乏主动性、听力输入量不足、学习效果较差、效率较低等现象，是外语学习中的薄弱环节。造成这种现状的原因是听力是外语技能中难度较大、提高周期较长的过程，同时受到语言及非语言因素的影响。束定芳和庄智象（2008）认为，影响听力理解的重要因素包括听力材料的特征、说话者特征、任务特征、学习者特征和过程特征。这些因素主要涉及语言因素、文化因素和情感因素三个方面，下面对这三个方面进行简要分析。

1. 语言因素对听力理解能力的影响

听力理解能力是一项综合技能，包括对单词、句子、段落、语篇等各方面的理解能力、判断能力、逻辑推理和概括能力。听力技能主要衡量学习者理解词汇、句子及语篇的能力和获取信息、分析信息、整合信息的能力，同时对学习者的记忆能力、概括能力、预测能力、语言转换能力都进行考查。

听力材料中的陌生词汇、语音、语速、语法等都会影响对所听内容的理解。词汇量、语法知识、语音知识等直接影响听力理解的效果。不熟悉的生词毫无疑问会影响对所听内容的理解，生词对听的干扰要比它对阅读的干扰大得多。生词会分散注意力、干扰对下文的的收听和理解，甚至因生词太多而失去听的兴趣。其次，单词之间连读、失去爆破、重读、弱化、浊化、语调的抑扬顿挫等语音现象，也会影响对所听内容的理解。出现这些语音现象时，单词的发音就会与单独发音有所不同。如果对这些语音规律不熟悉，在听力过程中就难以把听到的语音信号转化成自己可以理解、记忆的语义信息，从而影响听力理解。不同的英语口音差异很大，如美音中有卷舌现象，英音中无卷舌现象，印度口音中浊化非常普遍，这些口音都会影响听力理解的程度。听力材料中不同国别的口音、语速的快慢、语法知识和句法结构的难易、学习者对材料主题的熟悉度等，这些都会影响听力学习的效果。由此可见，扎实的语言基础是听力理解的基础。学习者要在扩大词汇量、学好语法知识等方面下功夫，通过大量形式多样的可理解的语言材料输入进行泛听训练，熟悉不同的英语口音和发音规律，提高边听边理解记忆的能力。

2. 文化因素对听力理解能力的影响

语言是文化的载体，是文化的一个重要组成部分。不同民族有着不同的历史、文化、政治、经济、宗教信仰、风俗习惯和风土人情等，而各民族的文化和习惯又都在该民族的语言中表现出来。语言与文化之间相互影响，相互依存。文化背景知识也是影响听力理解能力的一个重要因素。缺乏相应的文化背景知识，学习者就很难理解所听内容的真正含义及其文化内涵，从而形成听力障碍。要提高听力技能，学习者必须熟悉文化背景知识，了解中西文化差异，真正理解英语中具有特殊文化内涵的表达。

在听力教学中，一方面要有意识地加强文化背景知识的导入，比较东、西方文化的差异，另一方面要鼓励学生博览群书、广泛阅读，积累文化背景知识，还可以利用英语电影、电视节目等直观地获取文化信息。了解听力材料涉及的文化背景知识有助于更好地理解内容。例如，学习者在练习听力时听到“He can be relied on. He plays the game.”，如果不了解其中蕴含的文化背景知识就会感到困惑、不理解。“play the game”中的“game”表示“比赛”，比赛中必须遵守一定的比赛规则，因此“play the game”就表示“按规矩办事”，引申为“办事公道，光明正大”的意思。由此可见，了解文化差异、掌握丰富的文化背景知识可以激发学习者了解不同国家文化的兴趣，为听力技能的提高扫除障碍，调动其外语学习的兴趣和积极性。

3. 情感因素对听力理解能力的影响

学习者个人内在的情感因素是影响听力学习效果的重要因素之一。情感因素既包括学习者的学习兴趣、动机、自信心、意志力等方面，也包括压力、紧张、焦虑等消极因素。贾冠杰（2001）认为，在语言学习过程中，学习者的非智力因素，例如学习兴趣、动机、态度、情绪、性格和意志等，控制着学习效果的达成。根据克拉申（Krashen，1982）的情感过滤假说，学习者的焦虑、自信和动机会起到情感过滤器的作用。在听力过程中，学习者的情感状态会影响其听力理解能力的发挥。焦虑情绪会阻碍学习者对输入内容的理解，影响专注力，降低领悟能力和反应速度，增加听力理解的难度。针对即时焦虑，教师可指导学生通过静思、深呼吸、听音乐和自我鼓励等方法来克服。而针对长期焦虑，教师要向学生阐明听力训练的特点、过程和方法，让学生认识到听力训练的艰巨性和渐进性。教师可以指导学生先完成易实现的短期听力目标，通过梳理情绪、自我鼓励、积极的心理暗示等方法来缓解压力，克服焦虑感、增强信心。

学习者在听力学习的过程中要认识到焦虑的负面影响，给自己积极的心理暗示，自我鼓励，克服焦虑情绪。听力过程中尽量保持自信放松的状态，培养积极的情感调控能力。积极的学习态度和高动机可以提高听力理解能力。当学习者自信、兴趣较高、意志力坚定时，其情感过滤作用较小，更容易克服听力理解的难点，如生词和难句等，达到较好的听力效果。因此，情感因素对听力理解能力的影响尤为重要，直接影响着听力技能的提高。

（三）提高听力技能的有效路径和策略

通过听觉领悟语言是一个复杂的过程，是一个接受、理解声音信息的过程。听力过程也是一个复杂的心理过程，是听者对说者所传来的音码信息进行解码的过程。它包括接受信息、识别、判断并理解声音信号的意义、做出适当的反馈等多个层次的心理活动。Kenneth（1976）认为听力理解的过程由辨音、信息感知、听觉记忆、信息解码、运用所学语言使用或存储信息五个阶段构成。辨音包括辨别各种语音、语调和音质等，这是听力理解的第一步。信息感知是指辨音之后有意识地感知语流中的语音组合，从而获取句子信息。听觉记忆是指将感知到的听觉信息于理解之前在大脑中保存一定的时间。信息解码指的是理解或获取信息的过程。经过四个阶段之后就可以运用所学语言将信息表达出来或储存在长期记忆中。一个成功的听者能把使用语言知识系统和非语言知识系统的过程有机地结合起来，以便最有效地获取信息（Nunan，1991）。总之，听力理解是运用语音、词汇、语法等语言以及非语言知识，通过听觉器官和大脑的认知活动，将感知到的声音转化为语言信息的过程。

在听力学习时，由于学习者无法选择并控制所听材料的内容和说话者的语言风格，说话者的语音、语调、语速、表达的清晰度都会影响学习者对所听内容的理解。要做到在有限的时间内准确地理解并掌握所听内容是一项极具挑战性的学习任务。听力水平的高低与听力方法策略的掌握和策略运用的熟练程度直接相关，学习、掌握有效的听力策略是提高听力理解能力的重要途径。听力策略是指在听音过程中，学习者在获取、记忆并解析输入大脑的有声信息而运用的方法、技巧。它是在大量的听力训练中逐步习得、逐步培养的。学习者掌握并熟练运用听力策略能增强听力学习的积极性、目的性、自主性和有效性，培养听力技能，提高听力水平，从而促进学习者自主性的发展。影响听力理解的听力策略主要包括以下几个方面。

1. 自我监控策略

自我监控策略是一种元认知策略，是指学习者在学习过程中对自己的策略选择和注意力进行自我监控的能力（Flavell，1979）。自我监控又称自我管理、自我控制、自我调整、自律性管理，是指个体对自身的心理与行为的主动掌握，调整自己的动机与行动，以达到所预定的目标的自我实现过程。自我监控策略的培养对于学习者具有重要意义，它有助于学习者成为独立的学习者，提高学习的自主性和效率。听力理解过程中，学习者需要根据具体的听力任务选择合适的策略。教师在课堂教学中可以根据听力内容介绍、讲授应该选用的听力策略，指导学生如何选择有效的听力策略，并布置课下的自主练习帮助学生掌握所讲策略，逐步引导学生养成自我管理的意识、自主选择恰当策略的意识和能力。在听之前，可以引导学生以独立思考或者小组讨论的方式选择恰当的听力策略以完成听力任务。在听的过程中，教师要鼓励、提醒学生有效运用所选策略，听完之后一起讨论听力策略的效果和积极作用。

自我监控策略还包括学习者对注意力的自我监控，指学习者在听力过程中能够意识到自己的注意力不集中并能收回注意力的能力。许多学生听力过程中容易走神，出现注意力瞬间中止的现象，或者把注意力停留在某个生词上，以至于错过了后面的内容，从而影响对所听篇章的整体理解。因此，学习者要通过听力训练掌握自我监控策略，有效地控制自己的注意力，及时意识到注意力不集中，并自觉运用自我监控策略把注意力重新集中到听力材料上。同时，学习者也要监控听力过程中的情绪，克服紧张、焦虑的情绪，自我鼓励，给自己信心和积极的心理暗示，减少心理压力。遇到听不懂的地方不要慌张，要稳定情绪，可暂时将其放过，继续听后面的内容。要养成正确的听音习惯，培养捕捉关键词和重要信息的能力。培养抓重点、把握整体内容、区分主次、不究枝节的习惯，要通过训练养成用英语进行思维的习惯。同时还要养成专心致志、注意力集中的听音习惯。

2. 语流切分策略

语流切分策略是听力过程中一个非常重要且行之有效的策略。语流切分是指听者对连续不断的语流进行处理，从而进行单词识别、确定单词相互边界的过程

（Rost，2005）。语流切分指的是听者在听力感知阶段将语流切分成其可识别的单词，是听力理解过程中最关键的阶段。在听力感知阶段，听者要在连续不断的语流中确定单词的相互边界、完成语流切分，这是一项具有挑战性的工作。研究发现，感知阶段的语流切分在第二语言听力理解的过程中所发挥的作用，远大于其在母语听力理解中的作用（李佳，2007）。语流切分能力被认为是听力理解过程中对语音信号进行成功解码的最重要元素之一。

英汉两种语言属于不同语系，在韵律节奏上完全不同。汉语是典型的“音节节拍（syllable-timed）”语，句子的节拍很明显；而英语则是“重音节拍（stress-timed）”语（许余龙，2002）。汉语以音节为节拍，而英语以重音为节拍。对于学习者来说，由于母语与英语是两种不同节奏的语言，所适用的语流切分策略也是不同的。学习者要排除母语语流切分策略的干扰，掌握英语语流切分策略，最常用的是重音语流切分策略，定位语流中的重读音节，并将其作为语流中实词开始的标志（Cutler & Butterfield，1992）。同时，还要注意英语中常见的语流音变的现象，例如语音连读、省音、弱化、同化等。

3. 记忆策略

听者在听的过程中，需要运用记忆策略将听到的信息进行记忆，主要包括对重要细节的记忆、对词汇的记忆、与场景结合的联想记忆以及对精短句子进行重复而需要做到的记忆。记忆能力与听力理解密切相关。心理语言学认为，听力理解中对信息理解、加工的过程由瞬时记忆、短时记忆和长时记忆组成，信息加工主要依赖于瞬时记忆和短时记忆，人们的思维凭着这种记忆去分析和辨别语言信号，以达到理解的目的（王初明，1990）。由于听力中产生的记忆是在短时间内完成的，因此记忆在脑海中保留的时间也非常短，容量也非常有限。针对记忆的这些特点，学习者要通过大量记忆策略的训练，掌握科学的记忆方法，在瞬时记忆和短时记忆的基础上对所听内容进行理解、记忆，并在此基础上对听力材料中的核心词汇、语言知识、文化背景信息争取达到长时记忆，丰富知识结构，以尽快提高听力技能和语言水平。

学习者在听音过程中要善于利用外语特有的停顿、节奏等，迅速而准确地抓住时机快速记下关键信息，运用记忆策略对输入的新信息进行短期记忆处理，达到瞬时记忆。同时也可以迅速听写下来，速记训练可以提高听力的准确性，增强辨音能力，从而对语篇做出正确的理解，并达到短时记忆，根据短时记忆的信息完成听力任务。如果不知道该记什么或者抓不住有利时机进行记忆，对信息的获取和理解就会顾此失彼，无法将重要信息进行整合，而只听到了一些不连贯的信息片段，不能实现对整个语篇内容的理解和把握。

4. 预测和选择策略

听语篇时，听者没有必要也不可能把整个语篇中的每个单词或单句都听得很清楚。听力强的学习者在听语篇时，善于通过预测选择听的要点，往往能根据书面材料提供的备选项预测、推知材料的大致内容，推测将听材料的主要内容及可能设置的问题，以此明确听力的重点，有选择地听。学习者要养成对所听内容进行预测的习惯，在听前浏览问题，听时做到有的放矢。根据已知的语言信息对未知的信息迅速做出判断，并根据语境、文化背景等各种语言线索，预测、判断出那些没有用语言直接表达出来的内容。

听力过程中运用预测策略，可以进行有选择地听，分辨冗余信息，选择主要信息，重点捕捉段首句、主题句和过渡性词语等关键信息来把握段落内容、中心思想，理清句与句、段与段之间的逻辑关系，完成整个语篇的理解。“在语言理解过程中，预测是理解的途径”（郑仲华，1989：8），预测和选择策略的应用与否对听力理解有着极其重要的影响。高效率的听者总是会在听前依据各种信息对将要听的内容做出一定的预测。这种听前的预测能够激活听者记忆库中与听力材料相关联的背景知识，使得听者能够利用这些背景知识来捕捉、理解所听内容的意义。听力差的学习者则往往因为缺乏预测策略而抓不住要点，不能做到有选择地听，常把注意力集中到词和句子的具体细节上，缺乏捕捉关键词和重要信息的能力，抓不住文章的主要信息，只见树木而不见森林。根据吕建娜（2001）的调查研究，只有 18.1% 的学生对预测在听力理解方面的重要性有充分的认识，大部分学生对预测策略的重要性还缺乏必要的深入认识。Penny（1984：16）认为，预测策略的运用，会大大提高听者破译语义的效率，更好地理解听力材料的内容。因此，预测和选择策略是听力学习中非常重要的学习策略，预测和选择策略应用与否、如何应用直接影响着外语听力技能的提高。

5. 补偿策略

补偿策略是指运用已有知识和听音材料中的信息进行推理、猜测意义或补充未捕捉到的信息。Oxford（1990）提出补偿策略这一概念，并指出补偿策略能够使学习者在语言知识不足的情况下，更好地使用新语言进行输入或输出，通过使用补偿策略来维持交际、提高交际效果。听者可以根据语法、上下文提示、说话者的语气等对所听内容中的缺失信息进行填充补偿，从而达到语篇层面的理解。在听力过程中，大量信息的获得不是单靠简单地输入词句结构就可实现的，在很大程度上是要运用听者已有的知识结构和已知信息（背景知识和情景线索），结合所听内容的具体语境、说话者之间的关系、段首句、主题句等信息，对听到的内容进行归纳整合、逻辑推理、对错失的信息进行补偿来实现的。

有些研究者将补偿策略称为推理策略，并注重分析语义间隐含的逻辑关系。培养学生听力理解的认知推理能力是听力教学不可忽视的重要环节。心理语言学认为，在听力理解的搜索记忆阶段，如果记忆里保存有关于输入信息的知识体系，已有的知识体系就会与正在输入的信息相互作用，听者脑海中便形成对信息的认知和理解。因此，听者脑海中的相关背景知识图式越丰富，就越有利于在听力时进行相关话题的认知和推理。学习者平时要注意积累知识、丰富经验，训练理解话语意义的认知推理能力，提高补偿策略的运用能力。

综上所述，听是语言输入的最重要途径，是语言交际的重要组成部分，听力技能直接影响交际能力的提升。要提高听力理解能力，学习者需要学习并掌握有效的听力策略，并通过大量的听力训练逐步培养和提高听力策略的运用能力，使学习者在听力过程中能自觉熟练地运用这些听力策略。听力策略训练可以和听力课堂教学紧密结合，将听力策略能力的培养列为听力课堂教学的主要任务之一。通过针对性的训练方式，使学生体验到使用恰当策略解决问题的成就感，不断强化学生的策略使用意识并使其内化为一种习惯，这样学生才能在自主听力学习过程中主动运用正确的策略，提升自主听力学习的质量，提高听力技能和语言综合应用能力，同时促进学习者自主性的发展，以适应我国社会发展和国际交流的需要。

三、培养与提高阅读技能以促进学习者自主性发展

在语言学习的过程中，需要大量的信息输入并通过学习者的内部语言系统进行加工，进而转化成一定程度的外部语言。而阅读是获取信息的重要途径，在外语学习中起着举足轻重的作用，在一定程度上制约着听、说、写、译各项能力的提高。阅读是语言输入和积累的主要来源（董亚芬，2003）。虽然听也属于语言输入，也能够吸收语言知识，但远没有阅读有效可靠。从阅读理解在国内外语言测试中的比重也可以看出阅读的重要性。在大学英语四、六级考试中，阅读理解

试题占的比重高达40%。英国的雅思和剑桥证书考试、美国的托福考试、日本文部省的水平考试等也都将阅读理解置于首位。阅读直接影响着语言的输出，没有足够的阅读量，就无法提高口语和写作能力。

语言知识和语言技能都是语言能力的组成部分，两者之间相互影响、相互促进，英语基础知识是发展英语听、说、读、写等技能的重要基础。英语教学不能停留在知识的传授和学习上，要把语言知识的学习与语言技能的培养有机地结合起来，语言知识的学习要有利于提高语言技能的质量，而在发展语言技能的同时，又不能忽视语言知识的学习。

（一）认识阅读技能的重要性，把握阅读的本质

1. 阅读技能对于培养外语交际能力的重要性

在母语环境中，学习者接触真实的外语环境、大量听说的机会比较少，而阅读就成为获取语言知识、习得语言技能、提高语言能力的重要途径，直接影响着外语交际能力的培养与提高。听、说、写、译技能的提高在很大程度上取决于以往阅读中掌握的词汇、短语、固定表达、句型结构、文化背景知识等。因此阅读不仅是扩大词汇量的重要手段，而且阅读能力的提高能为口语交际能力和写作能力打下良好的基础。语言学习是一个培养语言交际能力的过程，语言交际能力的培养离不开学习者积极主动地进行大量的阅读。由此可见，阅读技能对于培养外语交际能力起着至关重要的作用，是学习者最重要的基本功之一。学习者要充分认识到阅读的重要性，在外语学习中注重培养和提高阅读理解能力。

阅读理解是一个复杂的心理认知过程，是伴随一系列大脑活动的复杂过程，是注意、记忆、思维、判断、综合、归纳、推理等过程的总和。阅读是文字信息和学习者的知识水平、社会经验、阅历、文化背景知识等相互作用的活动，是读者和作者进行交流的过程。阅读能力是建立在学习者对信息的辨认、综合和推理三种能力基础之上的，是三种能力相互作用的结果。阅读还有利于培养英语思维，学习者要充分认识到英语思维对于英语学习的重要性，并通过大量的阅读训练逐渐形成英语思维，降低中式思维的影响。北京外国语大学何其莘（2000）教授指出用英文思维是许多英语学习者都希望达到的一种境界，因为这是用英语流畅地表达思想的基础，而实现这一目标最有效的途径之一就是坚持大量阅读。因此阅读既是学习语言、获取语言知识、培养英语思维的过程，又是运用语言知识的过程。

2. 阅读技能对于促进学习者自主性发展的重要性

阅读技能的培养与提高需要进行大量的阅读训练，通过大量的阅读实践获取语言知识，掌握并运用阅读策略，培养和提高阅读理解能力。大量的阅读训练有助于培养学习者的自主性，学习者通过自主选择合适的阅读训练材料和学习资源，自主安排学习时间和地点，有计划地进行自主练习，使得学习自主性不断得到促进和发展。为了培养学习者在阅读训练中的自主性，教师可以指导学生制定学习者档案，形成自主阅读监控、评估体制。自我监控是指学习者根据已确定的标准，评估自己的学习进展的过程。自我监控是自主学习的关键，学习者只有对学习过程进行有效的自我监控，自主阅读才会成为可能。因此，自我监控对于培养阅读中的自主学习能力有着至关重要的作用。而目前我国外语学习者阅读中的自主学习能力比较缺乏，教师需要通过激发兴趣、端正学习动机等方法来促进其自主学习能力的提高。帮助学习者在积极主动的自主学习过程中，逐渐形成良好的学习习惯、坚强的学习毅力、正确的学习方法和精湛的学习技能。

为了培养学生的自主学习能力，教师可以帮助学生选择合适的阅读材料。阅读理解是语言因素与非语言因素相互作用的一个动态过程，因此，在选择阅读材料时，首先应注意阅读材料的趣味性。语言习得理论认为情感因素，如态度、兴趣、动机等对语言学习有着重要影响。选择能激发学生阅读兴趣的材料，提高学生阅读的自主性。其次，可以挑选学生熟悉的主题和题材，激发学生相关的背景知识，增强阅读信心，加深阅读理解，有助于学生自主学习能力的培养。最后，选择阅读材料时还应考虑语法结构和词汇的难易度。选择难度适中的阅读材料，不会对材料的阅读理解造成障碍，有助于培养学习者的自信和兴趣，有利于学习者自主能力的发挥和发展。

学习者可以制定学习者档案，对自己的自主阅读学习进行评价，学习者对于学习需求、学习目标和计划、个人能力与不足、学习活动和成果等进行跟踪记录。通过制定学习者档案，学习者能够清楚地认识到自己在阅读方面的优势和不足，明确学习目标，增强主体意识，调动兴趣、自信、情感、意志等多方面的因素，真正为自己的学习负责，形成自己的学习风格，而不是盲从他人。这不仅有助于激发学习者学习的兴趣，还能在阅读中培养学习者自主学习的能力。

要培养学习者自主学习的能力，可以充分发挥多媒体、计算机、网络和移动设备的优势，加强并突出现代信息技术在自主学习中的优势。网络和移动设备使阅读学习和训练不受时间和地点的限制，学习内容更加丰富、生动、有趣，学生可以方便地获得更多、更新的知识信息和学习材料。同时还可以充分调动教师和学生两方面的积极性，增强教师和学生的互动性，实现学生学习的自主性，满足学生的个性化学习需求。

（二）阅读技能的影响因素

阅读理解能力是一种综合技能，影响阅读能力的因素是多方面的。阅读能力不仅受到词汇、短语、语法、句型结构等语言因素的制约和影响，还受到阅读方法、文化背景知识等非语言因素的影响。

1. 语言因素对阅读理解能力的影响

语言因素包括诸多方面的知识，其中之一就是语言知识，如词汇、拼写、固定短语、语法与句型结构等，这些都直接影响并制约着阅读理解能力。

词汇量是阅读理解的关键，没有足够的词汇量，所读材料中生词太多，将无法准确理解原文内容。词汇量被认为是对阅读效率影响最大的因素，其次是情感状态、阅读技巧、背景知识、逻辑思维能力等因素。语法知识在中学阶段基本学完，而在大学阶段外语学习的主要任务之一是进行大量阅读，掌握大量词汇，尽快扩大词汇量，提高阅读能力。1999 年颁布的《大学英语教学大纲》中规定英语四级应掌握的词汇量约为 4200 个单词，以及与之相对应的词组 1600 条左右；英语六级则需要掌握近 5500 个单词以及相应的 2000 个常用词组。而实际上非英语专业学生的认知词汇量以及掌握的固定短语却远远达不到这一要求。在阅读理解过程中，学生往往由于生词太多而无法理解文章的内容，读起来云里雾里，太多的词汇障碍还会挫伤学生的阅读兴趣和学习信心。所以说词汇量是阅读理解中的“拦路虎”，要提高阅读理解能力必须通过多种途径和方法扩大词汇量，为阅读扫除障碍。

薄弱的语法知识是制约阅读理解能力的又一重要的语言因素。虽然在中学阶段已经基本学完了语法知识，但这并不意味着学生都掌握了这些语法知识。有些学生的语法基础比较薄弱，对于固定的语法规则和句型结构掌握得较差，这将极大地影响他们对篇章的理解。而在大学阶段教师一般不会再系统讲解语法知识，因为这不是大学阶段的主要教学内容。所以学生需要根据自己的实际情况，找到自己在语法方面的不足，通过自学或向老师、同学请教，尽快补上这一课。语法知识的掌握直接影响能否正确理解所阅读的内容以及阅读速度的快慢。所以在大学阶段，学习者还要继续学习、积累语法知识、掌握常用的句型结构，为阅读理解打下坚实的语法基础。

2. 文化因素对阅读理解能力的影响

文化背景知识是影响阅读理解能力的又一重要制约因素。语言是文化的载体，承载着丰富的社会文化，蕴含着特定的文化信息，所以理解一种语言的文字材料，就需要了解该语言所蕴涵的文化。如果不了解语言材料的文化背景，只按照字面理解，就可能不知所云甚至曲解其意。

中西文化差异对阅读理解造成的障碍是十分明显的，例如阅读中遇到下面这句话："His Achilles' heel was his pride, or else, he would have gotten first place in the competition." 如果不了解 "Achilles' heel" 这一典故的由来及比喻意义，缺乏相应的文化背景知识，将很难理解这句话的内容。阿基里斯（Achilles）是古希腊传说中的一位英雄人物，相传在他出生后，其母亲为把他锻炼成一个浑身坚硬如钢、刀枪不入的武士，便倒提着他在冥河水中浸洗。由于母亲一直把他的一个脚后跟握在手里，始终没能浸到水，这个脚后跟就和常人的一样会受伤。后来阿基里斯在特洛伊战争中被一支暗箭射中未浸过水的脚后跟而身亡。所以 "Achilles' heel" 或 "the heel of Achilles（阿基里斯的脚踵）" 成为一个典故，常用来比喻人或事物的 "唯一的致命弱点"。如果了解这一典故的由来，理解全句的内容就不成问题。再如，如果不了解美国历史，也没有读过哈丽叶特 • 斯托的小说《汤姆叔叔的小屋》，就无法准确理解 "He is an Uncle Tom." 的文化内涵，此表达指的是 "他是一个逆来顺受的人"。所以文化因素影响阅读理解能力的提升。

要提高阅读理解能力就要不断丰富文化背景知识，注意比较中西文化间的差异。博览群书，尤其是涉及英语国家文化背景方面的书籍，了解英语国家的社会文化、人文地理、风土人情、风俗习惯等。也可以通过收看电影、电视、网上阅读学习等多种媒体渠道获取相关的信息，了解语言蕴含的丰富文化内涵，培养对文化的敏感性和洞察力，为阅读理解扫除文化障碍。

3. 非语言因素对阅读理解能力的影响

影响阅读理解能力的非语言因素是多方面的，这里主要从阅读方法和技巧方面进行分析。阅读时一定要采用正确的阅读方法和技巧，养成良好的阅读习惯，才能高效阅读、准确理解所读内容，从而不断提高阅读能力。一些不正确的阅读习惯和阅读方法直接制约着阅读能力的提高。例如指读、唇读、过多的回视、一句一句地仔细研读等阅读方法都是不可取的，这些方法不仅影响阅读速度，还会影响对文章整体内容的把握和理解。在阅读训练中要逐步培养按意群（sense group 或 group of meaning）对句子进行划分、捕捉获取信息的阅读习惯。阅读时还要克服速度过慢、对句子进行语法分析、将每句译为母语进行理解的不良阅读习惯。这些阅读方式不利于从总体上把握文章内容，对文章的理解也只是见树木不见森林，只停留在字面意义上，难以掌握文章的深层意义，缺乏对文字信息进行归纳推理的能力。

学习者在阅读训练中要注意运用并熟练掌握正确有效的阅读方法，提高阅读技能。例如略读（skimming）和寻读（scanning）是阅读中两种非常实用且行之有效的阅读方法。略读又称浏览或跳读，指的是一种选择性的快速浏览阅读方式，其目的是了解文章的中心大意，通过快速浏览全文把握其整体内容。因此，略读时不需要细读全文，而是有选择地、跳跃式地阅读，把注意力更多地集中在文章的标题、段落的开头与结尾、文章的首尾以及重要细节上，以了解作者所要阐述的主题，抓住文章的主要内容以及重要细节。而对于个别生词和难以理解的句子均可暂时略过。寻读，或称之为查读，是指为了寻找文章中某些特定的信息，带着问题去原文中寻找答案，快速略过一些与所寻找的信息不相关的内容。通过目光快速扫描查找到回答问题所需的信息，将注意力集中在这些重要信息上并仔细理解以推断出问题的答案。总之，运用正确的阅读方法和技巧才能准确理解所读内容，提高阅读理解能力和阅读效率。

（三）提高阅读技能的有效路径和策略

学习策略对于学习效果来说是至关重要的，直接影响学习的成败。Oxford（1990）认为，学习策略是学习者为提高自身学习效率和增加学习兴趣而采取的一种主动行为。Chamot（1990）认为，学习策略是学生主动使用的技巧与方法，目的是更高效地记忆语言形式与内容。文秋芳（1995）提出，学习策略是提高学习者学习效率的一种衡量标准和主动行为。由此可见，学习策略可以帮助学习者理解文本的内容和形式，提高学习效率。提高阅读技能需要学习者克服影响阅读理解的制约因素，熟练运用有效的阅读策略。还要加强语言基本功的学习，扩大词汇量、掌握牢固语法知识。同时更要掌握正确的阅读方法和技巧，拓宽知识面，丰富自己的文化背景知识，以全面提高阅读理解能力。学生的阅读效果以及对语篇的理解程度受英语阅读策略的影响（程晓堂、郑敏，2002）。阅读能力是一种实践性很强的综合技能，阅读策略的掌握和运用直接影响阅读效果和阅读能力的培养与提高。Carrell（1985）曾指出阅读策略具有可教性。要提高阅读能力，可以通过大量的阅读训练使得学习者掌握阅读策略，同时通过加大阅读量，反复操练，逐步达到对阅读策略的熟练运用，熟能生巧。

为了帮助学生培养自主学习能力，教师应该有计划地、系统地向学生介绍有关阅读策略的基本知识。有意识地把具体的阅读策略渗透到阅读教学中，以便学生将学到的策略灵活地应用到具体的阅读实践中去，帮助学生实现由被动学习者到主动学习者的转变。

1. 认知策略的培养

要提高学习者的阅读技能，需要加强学习者策略意识的培养。认知策略是培养阅读技能的一项非常重要的学习策略，主要包括激发阅读兴趣和掌握阅读技巧两个方面。首先，要注重培养学习者的自主阅读意识，激发学习者对阅读的热情和兴趣，养成自主阅读的习惯。爱因斯坦（1979：144）曾说过“兴趣是最好的老师”，而动机则是一个人的动力，兴趣和动机影响和决定着一个人的学习态度和学习方式。因此，教师要有意识地激发学习者的阅读兴趣，培养正确的学习动机。教师可以通过选取有趣的阅读材料、设计生动有趣的阅读活动调动学习者的求知欲和探索未知的好奇心，从而对阅读产生浓厚的兴趣。在学习者对阅读产生好奇与兴趣后，再循序渐进地鼓励其进行自主获取知识的自主阅读。

教师可以通过组织丰富多样的活动激发学习者的兴趣和积极性，例如舞台剧表演、读书分享会、阅读报告会、名著和文学作品读后感、电影观后感等，鼓励学生积极参与。对表现优秀和进步突出的学生给予表扬和奖励，使学生在活动中体验到阅读的意义和努力的价值，培养成就感，激发自主阅读的内驱力。同时，培养学生养成良好的阅读习惯，纠正指读、唇读、声读、回读等不良的阅读习惯。摒弃一遇到生词就查字典的习惯，因为这一习惯不仅会降低阅读效率，还容易产生挫败感，进而使学习者对阅读失去兴趣。

阅读技能的培养与提高同样离不开阅读技巧的学习和掌握。灵活地选择并运用有效的阅读技巧能够提高阅读效率，提高理解和练习的准确率，增强自信心和成就感，促进阅读成绩的提高。由此可见，阅读技巧在阅读中具有重要地位，不容忽视。因此，教师在教学过程中要增加阅读技巧的讲授和介绍，针对不同体裁、不同风格的阅读材料，系统、科学地讲解实用的阅读技巧，引导学生形成主动运用阅读技巧的意识。例如，阅读时遇到生词可以通过构词法或上下文语境推测词义的猜词技巧，可以大大提高阅读效率。通过阅读训练帮助学习者掌握略读和寻读两种有效的阅读方法。教师选取一些合适的阅读材料、布置一些阅读练习，帮助指导学习者明确阅读目标、制订学习计划、有意识地灵活运用各种阅读技巧和策略，逐步形成运用学习策略的自主意识，全面提高学习者的自主阅读能力和水平。

2. 元认知策略的培养

元认知策略是学习策略的一种。20 世纪 70 年代初，美国心理学家 Flavell（1979）首次提出元认知的概念，指出元认知是关于认知的认知。元认知的过程就是负责规划、监测以及评价的过程。阅读中的元认知策略包括：计划策略、监控策略和评价策略。计划策略是指学习者明确阅读目标，根据自己的目标制定符合自己的阅读计划，学习者自主选择符合自己水平的阅读材料，确定自主阅读时间，选择合适的阅读策略，以完成设定的目标和阅读任务，培养学习者阅读的自主性，发挥其阅读中的主体意识。监控策略是指学习者对自己的学习情况进行有效的自我监控，记录阅读进程，将自主阅读遇到的困难和障碍记录下来，以此来监督自己学习计划的执行情况，并根据具体情况对学习计划进行必要的修订。评价策略是指学习者对自己的学习成果进行评价和分析，评价阅读前设定的目标是否完成，肯定成绩，找出不足，并进行总结反思，确定今后努力的方向和需要改进的方面。运用评价策略时可以通过师生沟通、教师评价、与同学讨论的方式得到有效的反馈和评价。

学习者运用元认知策略可以对学习过程进行合理计划、管理、监控和评估。在阅读教学中，运用元认知策略可以有效提高学生的学习效率。元认知策略能使学习者处于积极、主动的状态，培养学习者独立的判断力、思考能力和规划能力，从而有效提高学习者的阅读效率和能力。

3. 情感策略的培养

学习者在阅读过程中，可能会因为阅读材料的难度较大而产生紧张焦虑的情绪。情感焦虑对阅读理解、阅读效率会带来很大的负面影响，使学习者的注意力很难集中在所阅读的材料上、思维敏捷度降低、自信心下降、自我效能感降低，从而影响阅读兴趣。教师在教学中要关注学生的情感焦虑，通过阅读方法和阅读技巧的指导帮助学生提高理解能力。对于学生的进步及时给予鼓励，充分调动学生的积极情感，使其建立自信心。创建良好的学习氛围和融洽的师生关系，学生遇到问题能主动寻求教师的帮助。教师能及时发现学生学习中的困惑并伸出援手，以帮助学生消除焦虑情绪，达到最佳阅读状态。

教师要分析了解学生产生情感焦虑的原因，是阅读材料偏难还是阅读策略选择不当。教师可以帮助学生选择难度合适的自主阅读材料，课堂教学中加强对学生阅读方法和技巧的指导。在学生进行自主阅读学习的过程中，教师可以加强与学生的交流，并做出适当的引导与点拨。教师也可以鼓励学生组成自主阅读合作小组，互相帮助，互相监督，共同进步。结成小组后，小组内成员之间进行合作学习、互动交流、共同探讨、集思广益，以解决阅读学习过程中遇到的问题和困惑（金延凤、吴希红，2004）。合作学习、共同讨论不仅使学生对所探讨的问题有了深层次的理解，而且激发了学生的学习动力，培养了团队合作精神，提升了交际能力。

4. 自主阅读策略的培养

自主学习是一种主动的、建构性的学习过程，所以要把学习者学习的主动性充分调动起来，使他们意识到自主学习对于提高阅读技能的重要性，并逐步培养其提高阅读能力的自主学习意识。教学是促进学生自主学习能力发展的基本途径，阅读教学中要关注学生自主学习能力的发展。指导学生在阅读中积极运用阅读技巧和策略，并且能够对如何运用阅读策略进行总结，探究策略运用的有效性，善于发现规律、总结规律，从而形成符合自身特点的策略，构建适合自己的自主阅读学习模式（张慧惠、朱乐红，2007）。教师是教学过程的组织者、指导者，在阅读教学过程中提供合适的阅读材料，精心设计组织教学活动，创设阅读情境、讲授阅读策略、对阅读策略进行指导、交流和反馈等。自主阅读策略的培养离不开教师的指导、协助、组织、监督、激励和评价。根据学生的阅读水平和自身特点，教师指导学生制订适合他们自己的自主阅读学习计划，明确学习目标、实现路径、可能会遇到的问题、解决办法、自我评价标准、自我奖惩措施等。

自主阅读材料的选择应该遵循由少到多、由浅入深、由易到难的原则。多媒体和网络技术的发展为学习者的阅读学习和训练提供了灵活多样的方式和丰富的资源。学习者可以登录国内外英语学习网站，充分科学地利用网络资源，自主选择阅读内容和阅读策略，对所学知识进行内化。教师利用手机、电脑等通过邮件、短信、微信、QQ、微博等方式与学生进行交流互动，实时跟踪了解学生自主阅读的进展和学习情况，关注学生阅读策略的运用情况，对学生的阅读活动进行指导与监督，及时答疑解惑，并对学生的学习情况进行记录。学生之间也可以通过QQ、微信等方式进行交流，分享阅读心得。在学生完成阅读任务后，可以分成学习小组，对主题阅读任务进行交流、探讨，包括所采用的阅读策略、对阅读文本的价值评判、阅读素材的语言特点和写作风格等，通过小组讨论对阅读所获得的知识和体验进行分析、归纳、整合，再以小组为单位进行课堂汇报或者形成书面报告，教师对各组的表现进行点评，给出分数评价并进行总结。这样的移动学习模式发挥了移动交流平台、现代教育技术和网络教育资源的优势，为学习者通过自主阅读培养阅读技能、提高学习自主性提供了丰富资源和有效途径。

随着外语教育的数字化转型，很多智慧教学云平台也不断推出，学习者可以获得丰富便捷的数字资源。依托生成式人工智能和大数据等技术，智慧教学平台还为学习者提供AI实时答疑、AI学情分析等数智化教学工具，全面提升教师的教学效率和学习者的学习体验。学习者要充分利用人工智能和大数据等技术带来的优势，借助丰富的数字资源，选择难度合适的阅读材料，运用有效的阅读策略，通过大量阅读训练提升阅读技能。

综上所述，阅读是语言输入的最重要途径，是语言交际的重要组成部分，阅读技能直接影响交际能力的提升。要提高阅读理解能力，学习者需要学习并掌握有效的阅读策略，并通过大量的阅读训练逐步培养和提高阅读策略的运用能力，使学习者在阅读过程中能自觉熟练地运用这些阅读策略。阅读策略训练可以和阅读课堂教学紧密结合，将阅读策略能力的培养与训练列为阅读课堂教学的主要任务之一。通过针对性的训练方式，使学生体验到使用恰当策略解决问题的成就感，不断强化学生的策略使用意识并使其内化为一种习惯，这样学生才能在自主阅读学习过程中主动运用正确的策略，提升自主阅读的质量，提高阅读技能和语言综合应用能力，同时培养学习者自主学习的能力，促进学习者自主性的发展，以适应我国社会发展和国际交流的需要。

第四节　语言输出对学习者自主性发展的作用与影响

语言输出是学习者自主性发展中的重要因素，它不仅是语言学习过程中的关键环节，而且对于培养学习者的元认知能力、提高学习效率和促进语言能力的提升等多个层面都具有重要的积极意义，是促进学习者自主性发展的重要媒介。通过语言输出，学习者能够明确自己的学习目标和需求，从而形成积极的学习态度和自主学习的动机。语言输出还能够提升学习者的元认知能力，帮助他们更好地规划、监控和评估自己的学习过程，增强学习者的自我调节能力。在语言输出过程中，学习者通过口语或者写作表达自己的想法和观点，体会到学习的成就感和价值感，提升自我效能，激发内在的学习动力。此外，语言输出是学习者进行交际实践的重要途径，使学习者加深对语言知识的理解，加强对语言知识的掌握，提高语言运用的灵活性，促进学习者反思问题和不足，从而不断调整和优化学习方法和策略，形成独立的学习习惯，促进学习者自主性的发展。

"输入→吸收→输出"是外语学习必须经历的三个语言学习步骤。根据认知理论，语言学习是一个从语言输入到语言吸收、加工再到语言产出（input-processing-output）的过程，经过加工的语言信息通过口语或写作进行输出，这样经过了"输入→吸收→输出"的过程才可以说完成了语言学习的全过程，才能够成就语言技能的习得（吴一安，2002）。由此可见，口语和写作是语言学习必不可少的组成部分，是语言习得的重要环节，在外语习得过程中的重要功能和作用不容忽视。研究发现，习得一门语言，输入和输出应该并重。只重视词汇、语法、听力、阅读等语言输入的学习，忽略了语言输出的技能，会直接影响语言综合运用能力的发展。文秋芳（2014）教授对教学实验结果进行研讨并完善了"输出驱动假设"，提出全新的"输出驱动—输入促成假设"。该假设认为输出既是驱动力，又是目标，强调输入是完成产出任务的手段。输入与输出的结合是为了将学与用两个环节融通起来，使学生提高通过获得必要的输入从而完成输出任务的能力。

我国的传统教学只重视学生的语言输入，却忽视了学生的语言输出，造成学生输入与输出的严重失衡。经过小学、初中、高中阶段多年的外语学习，学生具备了一定的词汇、阅读和听力能力，但是在口语、写作等语言输出技能方面非常薄弱，语言综合运用能力亟待提高。因此，只注重输入而忽视输出的传统教学模式严重制约了学生口语和写作能力的培养与提升，不能满足社会对复合型人才的需求。外语教学的主要目标是培养学生的交际能力，交际能力包括口头交际能力和书面交际能力两个方面。因此，要注重培养学生的口语技能和写作技能，改革传统的教学模式，重视外语学习的输出环节，同时激发学生学习的自主性，在口语练习和写作实践中培养学生自主学习的意识，促进学生自主学习能力的提升。

一、培养与提高口语技能以促进学习者自主性发展

口语能力是现代社会生存和发展的重要能力。流畅的口语表达，能够在交际中树立良好的形象，增强语言的亲和力和感染力。提升交际能力，是实现顺畅、无障碍沟通的必要条件，拉近交流双方彼此之间的距离，增进感情交流。口语能力是语言综合运用能力的重要组成部分，是学习者进行语言交际、表达观点、交流思想的重要手段，是外语学习中重要的输出技能。口语作为语言信息的输出环节，不仅有利于促进语言知识从输入到输出的转化，而且通过口语输出可以加强对所学知识的巩固和灵活运用。此外，在口语表达时学习者可以发现语言知识的不足和口语能力的欠缺，使学习者意识到存在的问题，产生努力提高的紧迫感，促进学习者加强知识的积累和能力的提高。对于学习者来说，口语技能的提高是一项十分具有挑战性的任务。因此，学习者要注重提高口语能力，掌握口语表达的特点，利用多种途径和方法，掌握练习口语的路径和技巧，消除紧张和焦虑情绪，培养自主练习口语的意识，有效提升口语技能。

（一）口语技能的重要性

1. 口语技能对于培养外语交际能力的重要性

在当今全球化的时代，国际间的交往日益频繁，英语作为最重要的国际通用语言，在国际交流中扮演着越来越重要的角色。作为 21 世纪的大学生，必须学习好、运用好这一语言工具，才能适应现代社会的需求，成为一名合格的人才。语言是人类的交际工具，外语教学的目的就是培养学生的交际能力。学习语言的最终目的就是交流，口语这一实用技能的重要性是不言而喻的。口语表达能力是反映学习者对一门语言掌握程度的最直接、最重要的方面。从某种意义上讲，口语表达能力在很大程度上反映了一个人的外语水平。口语技能是衡量外语交际能力的核心要素，流利的口语表达能力体现了良好的外语交际能力。

英语口语技能的重要性在当今社会是不容忽视的。掌握流利的口语能力，不仅有助于学习者未来的职业发展，提升竞争力，还可以在国际交流中做到无障碍，增强跨文化交际能力。随着国际交流的日益频繁，流利自如的沟通能力越来越重要。良好的口语能力在学术交流、国际会议、商务谈判等场合显得尤为重要，是实现自信交流、有效沟通的保障。此外，良好的口语能力使得学习者在英语国家能够更好地融入新环境，更快地适应当地的文化和生活。总之，英语口语能力能够为学习者带来更多的机会和发展空间。

因此，口语技能是培养外语交际能力的重中之重，提高学生的口语水平已成为当今大学英语教学改革的一项重要内容。大学英语教师应根据学生的实际情况，探索有效的口语教学路径，结合每一个教学环节，设计生动而有效的口语教学形式，为学生提供形式多样的口语练习机会，以提高学生的口语交际能力。

2. 口语技能对于促进学习者自主性发展的重要性

口语技能对于学习者自主性发展有着至关重要的积极影响。自主学习能力的培养包括学习者自主确定学习目标、制订学习计划、选择学习方式、监控学习过程、自我评价学习效果等多个方面。学习者通过自主进行口语练习，不仅能够更好地进行口语交流、提高口语技能，还能在交流中发现自己的不足和薄弱之处，从而更有针对性地进行主动弥补、自主解决、积极改进，这种自我发现和自我提高的过程正是自主学习能力的体现。由此可见，通过大量的自主训练提高口语技能的过程有助于学习者自主学习意识的培养，促进学习者自主学习能力的发展。

人本主义心理学的发展强调学习者在学习过程中的主体地位，重视学习过程和学习者潜能的发挥。提高口语能力必须充分发挥学习者的主体地位，树立学习者的主体意识，创设学习者自主练习、自我管理的口语教学环境，为学习者提供一个积极、轻松、自由的学习环境，提高学习者主动学习、自我激励、自主监管的意识和能力。这种轻松自主的口语学习环境有利于学习者通过口语交流来检验和提升自己的学习成果，取得的进步增强了学习者的自信心，进一步促进自主学习能力的发展。

因此，口语技能的培养不仅提高了学习者的交际能力，还能增强学习者的自信心和自我发现的能力，促进学习者自主性的发展。这不仅是现代教育目标所重视强调的，也是学习者适应未来社会发展所必需的能力。

（二）口语学习的影响因素

口语能力是一项重要的语言技能，是衡量学习者交际能力的重要指标。但是，口语能力一直是大部分学习者外语学习中的弱项。学习者普遍面临不敢开口、缺乏主动性、信心不足、表达吃力、容易卡顿等困难，可见口语表达是外语学习中的薄弱环节。造成这一现状的原因是多方面的，首先，口语是外语技能中难度较大、需要逐步提高的能力，同时口语能力受到多方面语言及非语言因素的影响和制约，这些因素主要包括语言因素、文化因素和心理因素三个方面。下面从这三个方面进行简要分析。

1. 语言因素对口语学习的影响

语言因素对口语学习的影响主要体现在学生的语言能力和语言环境。缺乏语言知识、语言能力薄弱是造成口语交流障碍、制约口语学习的主要原因。语言能力薄弱的学习者对语言、文字的理解和运用能力存在不足，尤其体现在对抽象概念和事物内在联系的领悟能力较弱，从而限制其对抽象知识的理解、概括、记忆、表达，造成学习困难。此外，学生的语言基础知识不扎实，如语音语调不标准、词汇匮乏、语法不扎实等，都会严重影响语言运用能力，使得学生在进行口语交流时感到不熟练，难以得心应手地交流。因此，提高口语离不开丰富的词汇量，掌握大量的词汇对口语学习至关重要，对于使用频度高的核心词汇尤其要力争做到精确和熟练。

语言环境包括自然语言环境和课堂语言环境。自然语言环境是指社会语言环境。学生身处汉语社会环境，缺乏英语学习的语言环境，缺少英语输出的语言氛围，不利于学生进行口语练习。所以，提高口语能力很大程度上依赖于课堂语言环境。课堂语言环境主要是指课堂语言教学环境，是课堂内各种因素的集合，对口语学习有着直接影响。从教学论的角度来看，课堂教学环境是教学活动必须凭借的一个重要因素。在教学实践中，教学环境对教学活动的顺利进行、对学生语言能力的发展都发挥着极其重要的作用。教师的教学态度、与学生的人际关系、课堂气氛在很大程度上影响着学生的学习态度和参与度。

教师和学生形成的人际关系是关系到能否形成最佳课堂学习气氛的最基本的要素（Williams & Burden，2000）。积极乐观的教师情绪和良性互动的和谐师生关系可以营造活跃的课堂气氛，减轻学生的焦虑感，使学生放松愉快，敢于表达自己的想法和观点，积极参与课堂活动。相反，消极沉闷的教学环境会使学生感到枯燥，不愿主动参与口语练习。课堂班级容量过大，课上只重视读写，不重视听说，口语活动较少，这样的课堂语言环境严重影响学生口语能力的提高。教师要深入了解教学环境在教学活动中的功能和作用，以及对学生能力和素质发展的影响机制，遵循教育规律，创设积极活跃、气氛浓厚、轻松高效的口语课堂环境，丰富课堂教学内容，设计生动有趣的口语活动，激发学生口语学习的内驱力和自主性，优化口语教学水平，提高口语教学质量和口语学习效果。

2. 文化因素对口语学习的影响

语言是文化的载体，蕴含着丰富的文化内涵。学习一门外语，离不开对文化的了解和背景知识的积累。文化因素对口语学习的影响不容忽视。不了解语言之间的文化差异会造成交际障碍，影响信息的传递和交流。在跨文化口语交际中，了解对方的文化背景和行为规范是避免文化冲突和交际障碍的关键。教师在课堂口语教学中多讲解中西文化差异，鼓励学生课外广泛阅读，多了解中西文化差异，增强跨文化意识，提升跨文化口语交际能力。吴古华（2000）教授曾指出，大量阅读易上口、地道的英语阅读材料或书籍，是提高口语的根本途径之一。广泛阅读可以积累语言知识，培养英语思维和英语语感，学习地道的表达习惯，增加文化背景知识，提高口语交际能力。

文化因素影响口语表达能力，文化知识的缺失是影响学习者口语能力的重要因素。例如，中国人自古以来发展农耕文明，土地是日常生活中最为常见的，所以用“挥金如土”来形容大肆挥霍钱财；而在英国，多数地方土地匮乏，周围被海洋围绕，自然对水更习以为常，所以英语中表示大肆挥霍钱财的表达是“spend money like water”。再如，在英语中形容一个人聪明、机智的比喻是“as wise as an owl”，因为在英语中 owl（猫头鹰）含有“精明、智慧”等文化内涵。但在中国人心目中由于它夜间叫声凄惨，因此被认为是不祥之物。人们一听到猫头鹰叫就会想到厄运或不吉利的事即将来临，所以就有“猫头鹰进宅，好事不来”的说法。由此可见，文化差异使得词语承载不同的文化内涵，如果不了解文化差异，在口语表达时就会出现表达不当或误用，造成误解或交流障碍。

简而言之，文化因素是影响口语学习的重要因素，在一定程度上限制了学习者口语表达能力的发展。文化差异会导致交际障碍，文化因素影响口语表达能力的提高。因此，在口语教学中，融入相关文化因素，进行文化背景知识的讲解与渗透，消除文化障碍，对于提高学习者的口语水平和促进跨文化交流具有重要意义。

3. 心理因素对口语学习的影响

心理因素主要指学生想说又不敢说、担心说错、怕被嘲笑等心理方面的压力和障碍，主要表现为焦虑、自卑、消极被动、缺乏自信、漠然等心理状态。其中，焦虑是影响口语学习较大的心理障碍，它是指个体由于预期不能达到目标或者不能克服障碍的威胁，使得其自尊心与自信心受挫，或使失败感和内疚感增加而形成的紧张不安、带有恐惧感的情绪状态（王银泉、万玉书，2001）。焦虑会使学习陷入恶性循环，但是焦虑是可以克服的，关键是找到产生焦虑的根源。形成焦虑、自卑等心理障碍的主要因素有学习动机、学习兴趣和心理素质等。归根结底，造成这一现象的原因一方面与我国应试教育有关，另一方面与传统教学模式有关。很多学生学习英语的目的是想取得必修课学分、通过四、六级考试、考研、就业等，认为以后工作和生活中用英语进行口语交流的机会并不多，口语水平没有太多影响，因此学习口语的动力不足，忽视了口语的学习，导致口语能力较差，无法进行流利自如的交流。所以提高口语技能必须首先端正学习动机，使学习者充分认识到口语能力的重要性，调动其口语学习的内在积极性和主动性。

兴趣是最好的老师，是推动学生学习的内在动力。很多学生由于英语基础比较薄弱，英语学习存在困难，成绩也不理想，再加上缺乏对英语国家文化背景的了解和认识，逐渐失去了语言学习的兴趣。英语考试以笔试为主，对口语的要求和考核并不高，也导致学生对口语学习消极被动、缺乏兴趣。此外，心理素质也是影响口语学习的又一重要因素。有些学生性格比较内向、腼腆、胆怯、自卑，或是发音不标准，词汇量有限，怕出错被同学嘲笑，也怕被老师批评或指正错误，从而不敢开口说英语，导致口语能力很不理想，口语水平堪忧。因此，要提高口语技能，学习者需要在教师的帮助指导下克服这些制约口语学习的消极因素，确立良好的学习动机、激发口语学习的兴趣、摆正心态、树立自信心、消除心理障碍、增强心理素质、正确对待批评和建议，通过自身的积极努力，不断提高口语表达能力。

（三）提高口语技能的有效路径和对策

当前学习者在口语表达方面存在的问题主要包括语音语调不准、词汇不足、语法不正确、自信心不足、文化和背景知识欠缺等。很多学习者在刚开始学习外语的时候，受母语影响较大，没有对发音、语音语调的学习予以足够重视，以至于语音语调基础薄弱。由于缺乏足够的语音训练或模仿不准确的发音而导致发音不规范、不准确，语调不地道，口语表达不够自然，造成说者很辛苦、听者很迷惑的尴尬局面，从而影响了正常的口语交流。词汇语法方面的问题也是口语表达中比较常见的问题，它会直接影响表达的流利度和表达效果。

在口语表达时，学习者可能会因为词汇量不足、对词汇含义理解不透彻或者缺乏语境意识而使用不恰当的词汇，导致表达不清楚、词不达意甚至产生歧义。有些学习者语法基础知识比较薄弱，而且缺乏实践应用，口语表达时在句子结构、时态、句型、语气、词性等方面出现错误，句子表达支离破碎，从而造成交流障碍。自信心不足、紧张焦虑是学习者进行口语表达时普遍存在的心理障碍。很多学习者口语学习的主动性、自觉性较差，对口语表达缺乏自信心和学习动力。有些学习者性格比较内向腼腆，从而产生畏难、紧张的情绪和害怕犯错、担心被嘲笑的心理障碍。这些心理因素会抑制学习者的口语输出，不敢说、怕说错的心理压力会导致学习者越来越被动、不敢开口、表达不流利，进而陷入口语学习的恶性循环。

对于外语学习者来说，跨文化差异也是口语表达中的一个重要障碍。由于不了解目标语国家的文化背景、表达习惯或语言逻辑，导致学习者在口语表达中出现错误或交流障碍。因此，文化背景知识也是影响口语能力的重要因素之一，学习者要多了解、积累目标语国家的社会文化、风土人情和语言习惯，增加文化背景知识，消除文化障碍。

由此可见，学习者的口语表达能力亟待提高，教师要指导、帮助学生克服口语学习中的困难和障碍，给学生提供正确的方法指导，引导学生找到提高口语技能的有效路径和对策。提高学生口语水平的路径和对策主要包括以下几个方面。

1. 消除心理障碍，营造轻松的口语学习环境

由于学习者的学习背景各不相同，各地的教学水平参差不齐，来自全国各地的学生英语基础和各项技能存在很大差异。有些中小学英语教师的发音并不标准，语音语调存在某些缺陷，口语能力滞后，口语水平有待提高，致使所教学生的 local accent（地方口音）很重。而且许多中学以考试成绩为导向，只重视笔头英语，不注重口语表达，学生学的只是“哑巴”英语，读不好，说不出。这些学生来到大学这一新的环境，发现别的同学发音标准，英语说得很流利，总是得到老师的好评，而每次自己开口讲英语时总是听到其他同学的哄笑。久而久之他们就会对自己的口语失去信心，甚至会产生心理障碍，严重影响口语水平的提高，乃至对英语学习完全失去兴趣。针对这种情况，英语教师应帮助这些学生消除心理障碍，树立自信心。只有用真诚、尊重个体和理解学生的内心世界的态度，才能激发起学生的学习热情，增强他们的自信心（Rogers，1969）。教师要尊重学生的个体差异，走进学生的内心，真正了解学生的需求，激发学生的学习热情和内驱力。

教师的作用不是决定学生学些什么，而是充分调动学生内在的主动精神，创造适宜的心理气氛和环境，帮助学生摆脱心理压力，使之充分发挥学习潜力，积

极进取（王初明，1991）。口语能力的提升非一日之功，也不可一蹴而就，更无捷径，须付出长期、艰苦的努力，需要持之以恒，才能逐步提升。教师要多鼓励学生，使他们相信通过大量反复练习能够纠正这些错误发音，打好语音语调基础，并能通过刻苦训练说出一口流利的英语，帮助他们尽快走出自卑的阴影。

英语教师在课上应努力营造轻松、愉快、真实的语言学习环境，对学生一视同仁。对口语不太好的同学，应多鼓励他们开口练习，放下思想包袱，积极地投入到口语练习的活动中去。对于学生取得的点滴进步，教师都要及时发现并予以肯定和表扬。一个肯定的眼神、一句鼓励的话语、一份由衷的赞许都能促使学生消除恐惧感、增加自信心。要不断激励他们继续努力，不断取得更大的进步。

2. 改进课堂教学，创设形式多样的口语交际情境

课堂教学是培养学习者口语技能最重要的途径。教师要不断更新教学理念，转变教师角色，发挥教师在教学中的主导作用，改革传统的教学模式，使学生成为学习的主体，提高学生学习的主观能动性。重视输出的外语教学把课堂社会化，使交际真实化，最大限度地调动学生的内因，保证学生在语言学习过程中的投入、参与和运用的量度（夏纪梅、吴潜龙，1999）。英语口语教学重在实践，教师在教学过程中必须坚持以学生为中心，设计丰富多彩的教学情景和课堂口语教学活动，为学生设置生动有趣的口语操练机会。

以学生为中心，教师就要做到了解自己的学生，对学生的口语现状、兴趣、特长、动力、阻力都要了如指掌，并以此为根据设计整体的教学计划和教学活动，合理安排教学形式。如果非英语专业没有开设专门的口语课，就要将口语操练融入精读和听力课的教学中，改变传统的填鸭式、满堂灌的教学方法，探索灵活多样的教学形式，把教学重点放在培养学生运用英语进行口语交际的能力。同时，教师课上需要把口语交际应具备的语用知识进行清晰讲解，如会话合作原则、礼貌原则、会话含义、文化意识等，在讲授语言知识时结合其表示的交际功能指出使用这些表达的恰当语境。

教师在教学中注重培养学生口语学习的兴趣，明确口语教学目标和教学任务，创设形式多样的口语训练模式。教师可将课堂变成“表演”室、“聊天”室、“辩论”室、“采访”室等，话题可涉及课文主题，也可以拓展到生活的各个方面，包括旅游、购物、饮食、节日、电影、音乐、教育等。鼓励学生积极进行口语练

习，使学生自信轻松地进行口语学习，并乐在其中。例如，课前汇报展示就是非常好的口语练习机会。开始授课前，可先让两名同学作 daily report，时间可为每人三分钟，内容不限，用英语报道国内外的新闻时事、天气预报、体育快讯、影视动态、科技前沿等，可讲英语故事、寓言、幽默、典故等，也可以是自己写的读后感、观后感、难忘经历、旅行日志等。这样依次轮流展示，使得每位同学都有锻炼的机会。这样的活动既给学生提供了练习口语的机会，又可以活跃课堂气氛，调动学生的学习兴趣和积极性。

在讲解课文的过程中，可就课文内容提问，也可以让学生用英语口头概括段落大意、复述课文内容、总结课文的中心思想等。讲完课文之后，可将全班学生分为几个小组或者两个同学结成对子对课文内容进行讨论，或就作者的观点发表看法、自由抢答，也可针对课文主题进行辩论等。这些课堂活动可有效地提高学生的口语表达能力，锻炼学生用英语思维的能力，并有意识地培养学生运用得体的语言表达思想、陈述观点、进行交流的能力。

提高口语能力仅靠课堂教学是远远不够的，教师需要积极构建线上线下有机融合的混合式口语教学模式，整合线上和线下学习的优势。此模式遵循“教师为主导、以学生为中心”的教学理念，营造“自主、探究、合作”的学习氛围，既可以发挥教师引导、启发和监控的主导作用，又培养了学生的主动性、积极性和创造性。混合式教学强调以学生为主体，将传统课堂教学与网络信息技术结合，为自主学习创建有效的路径。混合式教学中的线下课堂教学，更注重采用探究式、发现式、抛锚式等教学方式，让学生由被动的接受转化为主动有效的学习（黄荣怀等，2006）。课上创设形式多样、生动有趣的口语交际情境，充分调动学生口语练习的积极性，优化线下教学模式。同时，教师利用网络技术和资源开发线上口语学习形式，为学生提供全新的学习方式和丰富的口语练习资源，包括视频、音频、文字等多种形式，供学生课下进行自主练习。

在混合式教学的网络学习中，学生可以采取自主学习的方式，制订适合自己的学习计划，选择适合自身的学习方法与学习策略，自主选择学习的时间和地点，具有充分的自主性。在教师的指导帮助下，学生自主制订线上口语练习的计划、目标、内容、进度、形式等，自我监督、评价，自主调整学习方法和进度。混合教学模式有利于培养学生的自主学习意识和能力，促进学生自主学习能力的发展。

3. 在听力课教学中加强对学生的口语训练

传统的听力课以听为主，学生很少有口语练习的机会。英语教师应将传统的听力教学转变为听说结合的教学。社会文化理论认为二语学习不应该将学习（learning）与运用（use）割裂开来，学用应该融为一体（Firth & Wagner，2007）。基于这一观点，作为输入环节的听力学习应促成口语输出的完成，学生的学习、知识的输入是为口语产出任务寻找语言表达的手段和内容。输出与输入的结合正是为了融通学与用两个环节，所以听力和口语应该并重，有机结合。

教师在听力教学中可以设计灵活多样的口语实践训练机会，注重听说结合，针对听力材料的内容设计生动有趣的口语活动，以便使学生在提高听力理解能力的同时提高口语表达能力。听力课中的听力材料一般都比较简短、新颖、真实、生动、富于趣味性、注重语言交际，因此更是口语练习的极好素材。在上听力课时，教师可就所听内容进行提问，或让学生听后重复出所听内容，鼓励学生多模仿、重复或跟读录音内容。模仿是口语练习的一个最为有效的方法，有利于学生纠正不准确的发音，形成语感，掌握标准的语音语调。听力课中的对话可让学生分角色进行创造性的模仿表演，这样既让学生练习了口语，又活跃了课堂气氛。

对于听力课中叙述性的短文，可让学生听后复述，或用自己的话概括所听内容。可根据听力内容布置一些口语任务，让学生模拟所听的情景自编一段对话。例如在听完一段关于问路的录音之后，教师可要求学生做“pair work”，模拟相同的情景，运用录音中学到的短语、句型及习惯表达，就相关话题设计情景对话。这样学生将听到的语言知识立即用于口语表达中，将语言输入与输出有效地结合起来。通过这些积极的口语实践，学生既增强了学习兴趣，又锻炼了熟练运用英语的能力。

4. 开展丰富多样的课外活动，创设更多的口语练习机会

目前很多高校压缩了大学英语的教学课时，有的减少了三分之一，有的减少了约一半，两年的课程被压缩到一年（王守仁、王海啸，2011）。学生上英语课的时间极其有限，而且各班人数较多，仅靠课上时间练习口语是远远不够的。课堂教学与课外活动必须紧密结合起来，开展形式多样的沉浸式口语活动，使学生在课堂之外仍能练习口语。学生课外可以成立口语学习兴趣小组，开展形式多样的合作学习活动，与课堂教学形成互补。成功的小组合作活动可以使学生产生归属感，营造积极、相互支持的氛围，可以促进各成员形成积极的自我形象，增强

他们的自尊心，从而提高语言学习效果（项茂英，2003）。在这个过程中，师生双方要围绕主体教学内容，充分地利用个人的元认知审视旧知，发现不足，开发新知，不断进步，逐步提升。师生双方在各个教学环节要密切配合，互相促进，形成不同层级的循环反思。可以针对主题开展各种讨论、展示、对话、辩论等口语活动，深挖主题，培养思维能力、判断力、评价能力等，使学生不断产生新的认识、新的启迪，实现新的跨越。

基于特定话题的渐进式产出性训练模式，有利于实现提高学生英语语言输出质量的教学目标。例如，教师设计一个“想家”（homesickness）的情感话题，学生简述发言提纲和主要观点；随后，教师通过网络、多媒体渠道补充关于情感话题的词汇知识和常用表达方式；最后，鼓励学生进行系统化的输出训练——课堂口语展示或者录制口语视频，同学进行点评，提出改进建议。再如，教师可以鼓励学生多朗读英语故事，多收听英语新闻广播或其他标准的视听材料并进行模仿，培养语感，纠正发音。还可以定期举行英语演讲比赛、辩论赛、诗歌朗诵、短剧表演等活动，内容合适的课文可以改编为课本剧进行表演。在准备的过程中，学生就要构思短剧的内容、分配角色、反复记忆台词、编排动作等，这一系列的排练活动既锻炼了学生的口语表达能力，又可以激发学生的创造性思维和学习热情。此外还可以模仿电视节目进行英语访谈，将全班同学分为几组，每组推选出一个访谈主持人，对组内其他同学进行采访。访谈内容可以包括学生感兴趣的运动、择业、学习、考研、留学等话题。在访谈中，同学之间互相学习新的词汇、新的表达方式。可选几组进行展示，各组之间互相学习，这样在轻松有趣的氛围中提高了学生的口语水平。还可以鼓励学生通过配音练习口语，推荐学生使用“英语趣配音”App，开展配音比赛。这些活动可以有效提升学生口语学习的兴趣。

随着生成式人工智能、网络和大数据技术的飞速发展，各种数智化教学工具不断推出，学生课下自主进行口语操练变得更加方便，AI 口语陪练、AI 实时答疑、AI 学情分析等为学习者自主练习口语提供了便捷的方式和丰富的资源。AI 口语陪练以其新颖的方式可以大大激发学习者口语练习的兴趣和积极性，解决了因找不到同伴而无法练习口语的难题，而且还避免了与同学练习怕出错的心理障碍。

综上所述，提高学生的英语口语交际能力是社会发展对人才的要求，也是大学英语教学改革的重要内容。口语技能的提高不是一蹴而就的，需要学习者持之以恒，付出长期、执着的努力。教师需要做好主导者、管理者、督促者、协助者。

根据学生的实际情况积极探索有效途径，结合每一个教学环节合理安排教学形式，结合课外活动精心设计新颖有趣的口语实践活动。通过创设生动真实的口语练习环境，尽可能地为学生提供形式多样的口语练习机会。激励学生通过不懈努力提高口语交际能力，将知识教育转向能力教育的改革落到实处，培养适应社会需求的外语人才。

二、培养与提高写作技能以促进学习者自主性发展

写作是运用书面语言表达思想的过程，是书面表达和传递信息的交际能力。作为一项非常重要的语言输出技能，写作是衡量外语学习者综合语言能力的重要标准，是一项产出性的语言技能。外语写作教学旨在提高学生运用书面语言流畅地表达思想的能力。写作作为教学手段，有助于学生学习更多的语言知识，更好地掌握语言表达能力，以便在真实的交际中使用，写作过程是一种非常有效的外语学习过程（韩玉书，1992）。写作过程涉及许多因素，是一个复杂的思维产出过程，也是一个复杂的心理过程，需要许多认知技能的协调，如计划、收集、编辑和审查，是一项不容忽视的语言实践活动。

写作也是一个发现问题、分析和解决问题的过程，是学习者认知水平和外语表达能力的综合体现。有研究表明，写作水平的提高有助于带动听说能力的提高（王初明等，2000）。英语听说读写等语言技能是相互联系的有机整体。因此，英语写作能力的培养尤为重要，写作技能的重要性是毋庸置疑的，可以起到承上启下的作用。写作不仅有助于巩固通过阅读和听力输入的语言知识，促进学习者对知识的内化，提高语言表达和运用的准确性，而且还为口语能力的提高打下坚实的基础（董亚芬，2003）。经过小学、初中、高中阶段多年的英语学习，学生具备了一定的阅读和听力能力，但是在口语、写作等语言输出技能方面非常薄弱，尤其是对写作缺乏兴趣和信心，存在一定的心理障碍，语言综合运用能力亟待提高。

（一）写作技能的重要性

1. 写作技能对于培养外语交际能力的重要性

外语学习必须经历的三个语言学习步骤是：输入→吸收→输出。传统教学只考虑语言输入、不考虑或者很少考虑语言输出，造成学生口语和写作能力非常薄弱的现状。然而，口语和写作作为输出环节，是外语交际能力的重要体现，反映

了学生运用所学语言知识进行口头表达和书面表达的能力，是外语学习的最终目标，是不容忽视的语言技能。听、说、读、写的技能既相对独立又密不可分，它们是语言交际能力的不同表现，同时又都是外语交际能力的组成部分，在实际教学中不能厚此薄彼，而应同等重视这些最基本、最重要的语言技能，以培养和提高学生的语言综合运用能力（张学梅，2006）。在外语学习过程中，书面表达能力作为一项沟通技能被认为是语言学习的重要因素，直接决定着交际能力的水平。

写作的主动性和产出性使之成为评估语言能力最常用的手段和衡量标准，是检测学习者语言综合运用能力的一项重要指标。我们不能误解外语学习的过程，不能简单地把口语和写作看作是语言学习的结果而已，而是对语言信息进行积极的加工处理，经过输入、输出全过程之后才能够成就的语言习得（吴一安，2002）。如果只有输入而没有输出或者输出不足，就意味着浪费甚至扼杀了学习者把语言知识转化为语言技能的机会。外语教学要在输出方面创造条件，充分调用或运用输入的知识进行输出，同时再有意识地输入所欠缺的知识，形成输入与输出有机的结合（夏纪梅、吴潜龙，1999）。

写作技能在培养外语交际能力中有着至关重要的作用。写作能够帮助学习者组织和表达思想，以清晰的思维有效地传达信息，提高思维组织能力。写作训练有助于促进学习者的词汇积累，巩固和扩展他们的词汇量，构建学习者自身丰富的词汇库，为有效的外语交际奠定基础。写作是练习和检验语法知识的良好方式，促进语法知识的掌握，提高语言表达的准确性和可理解性。写作经常涉及对文化元素的描述和分析，这有助于学习者深入了解目标语的文化背景，增强交际中的文化意识和跨文化交际能力。

同时，外语写作也是深化知识记忆的过程。通过写作学习者能够更好地巩固语言知识和表达方式，能够有效地促进语言知识的内化。Swain（1985）提出“可理解输出”假设，指出包括写作在内的语言产生性运用有助于学习者检验目的语句法结构和词语的使用，促进语言运用的自动化，有效地实现语言习得的目的。写作过程中学习者需要进行批判性思考，分析问题、解决问题并提出论点，培养和提高学习者的批判性思维能力，这一能力在口语交流和书面表达中同等重要，对交际能力的提升有着重要影响。由此可见，写作能够促进外语知识的巩固和内化，培养批判性思维能力，有利于交际能力的提高和外语技能的全面发展。

2. 写作技能对于促进学习者自主性发展的重要性

在外语教学中，学习者发展理念是以学习者为中心，满足学习者的多样性需求，培养其学习自主性的有效途径。写作自主性是指在学习者发展理念及教师指导下，学生树立自主写作的学习观念，掌握足够丰富的写作技巧和学习策略，能够自主制定明确的写作目标，并通过多种学习策略对写作过程进行有效的计划、监控、调整和评价。当前学习者写作自主性有待提高，教师在培养学习者写作能力的同时，依据学习者发展理念，探索提高学习者写作自主性和写作水平的有效途径和模式有着极其重要的意义。

与听说能力和阅读技能不同，写作技能是一种以书面形式体现的输出型技能和交际性语言技能。写作技能是大部分学习者各项语言技能中的薄弱项，主要表现为写作内容贫乏，费时低效；篇章结构混乱，缺乏逻辑性；缺少自主写作意识；语言表达能力欠缺，词汇量少、词语误用，受母语和中式思维影响严重等。传统的写作教学一直是外语教学中的薄弱环节，学习者难以得到教师有效的指导和系统训练，教师对写作技巧和策略的指导严重不足。因此，教师要改变传统的教学模式，将自主学习理念融入写作教学，引导学习者在写作过程中主动构建一种自我计划、自主选择和自我评价的自主学习体系。设置目标是激励学生学习英语写作的重要组成部分，也是培养学生自主性的重要环节（李育林、邓云华，2008）。教师首先要引导学生自主设置短期的、具体的写作目标，这样可以激发学生强烈的写作动机和积极性，有利于学生进行较好的自我调节。教师还应该引导学生自行设定高层次的、可以实现的目标。自主设定写作目标的过程锻炼了学生的自主学习能力，培养了学生的自主意识。

写作过程是一个主动创造的过程，包括确定主题、构思内容、拟定结构、选择整理、撰写输出等过程。教师要积极创造宽松的自主学习环境，在轻松的自主学习环境中激发学习者的兴趣和主动性，拓展想象空间，发掘自主写作的潜力。同时，教师可以利用网络平台创建资源库，学习者充分利用网络资源进行自主写作训练，在写作的各个环节发挥学习者的主观能动性和自主性。自我批改、同伴互评也是学习者发挥主体作用和自主意识进行修改评阅的积极思维过程。在培养学生英语写作自主性的同时，自我认识、自我评价和自我反思的能力也能得到提高。在写作训练中要贯穿自主学习能力的培养，以自主写作促进写作能力的提高，在写作训练中促进学习者自主性的发展。

（二）写作技能的影响因素

写作是在语言和思维的共同作用下进行书面表达的能力，是运用书面语言表达思想、进行思维的能力。影响学习者写作技能的因素是多方面的，写作能力受到语言因素、思辨能力、文化因素、情感因素等多方面因素的协同影响。英语写作水平的发展是一个动态变化的过程，写作能力的提高是多个影响因素共同作用的结果。

1. 语言因素对写作能力的影响

写作是人们运用文字来表达思想、情感和信息，与他人进行沟通的过程。写作是一种表达能力的体现，是一种重要的交际能力。交际能力（communicative competence）是指一个人运用各种可能的语言和非语言手段以达到某种交际目的的能力。语言能力是交际能力的一个重要组成部分，是实现交际目的的必要手段。如果失去语言能力的基础，交际能力将是无本之木、无源之水。由此可见，语言因素对写作能力有着极大的影响，语言水平是写作能力的基础，语言能力的发展在很大程度上决定着写作能力的发展。

写作时学习者使用外语陈述内容、表达思想和观点，学习者的语言能力直接影响着其写作能力，所以语言知识的掌握与运用情况在很大程度上影响外语写作的质量。由于学习者对外语的掌握和运用难以达到母语的水平，语言能力对外语写作的影响就更为明显。二语写作涉及诸如二语词汇、语法与语篇等语言知识，这些语言知识的运用情况将直接作用于二语写作（高霄、文秋芳，2017）。写作是运用语言文字将思想内容进行书面表达的过程，必然受到词汇量、语法知识、句法知识、修辞文体知识、语用知识、语篇知识等综合语言知识的影响。由于语言知识有限，学习者的写作会受到阻碍，语言能力制约着内容的表达。想表达的内容可能会因为词语的匮乏而无法表达或只能部分表达，学习者需要更多地专注于语言形式而不是内容，难以做到准确流畅地表达思想、陈述内容。因此，写作能力与语言能力的各个组成部分都密切相关，提升写作能力就需要打牢语言基础，练好语言基本功，积累语言知识，提高语言能力。

2. 思辨能力对写作能力的影响

写作既是语言活动，也是一项复杂的思维活动，思维模式和思辨能力影响着遣词造句、布局谋篇的表达能力和输出效果。写作是在语言和思维共同作用下表现出的书面语表达能力，是运用语言进行思维、表达思想的能力。写作过程不仅能够锻炼学习者的表达能力，还能够培养其逻辑思维能力。因此，除了语言因素的影响，思辨能力在写作中的作用和影响也是不容忽视的。

思辨能力是指学习者的分析、推理与评价等能力，并参与写作的全过程。写作过程中，语言的准确表述、主题的提炼、题材的选择及篇章的合理布局等均需思辨能力的参与（高霄、文秋芳，2017）。在写作之前的构思过程中，审题、确定主题和体裁、构思篇章结构、拟定提纲、筛选素材等都是学习者积极思维、运用思辨能力生成思想、组织思想的过程。在写作过程中，学习者需要运用准确流畅的语言表达论点、列举论据、科学推理并得出结论等，这些内容的确立、选择与陈述都是学习者运用思辨能力进行输出的过程。

在写作过程中学习者可能会因为英汉用词、句式、语篇、文化等方面的差异而出现一些沿用汉语思维的错误，教师应引导学生多运用思辨能力比较英汉差异，通过对比发现差别，规避中式表达，培养英语思维，降低汉语思维对写作的消极影响，使语言更符合英语的表达习惯。写作之后对文稿的修改过程是学习者运用思辨能力对全篇作文进行自我审查、调整、修正、监控与评价的过程，也是培养和发展思辨能力的重要环节。

思辨能力对写作的水平和全过程有着举足轻重的影响。教师在写作教学中要注重培养学习者的思辨能力，积极调动多方面的影响因素，使其协同一致，相向发力，彼此促进，推动写作能力的不断提高。

3. 文化因素对写作能力的影响

语言承载着丰富的文化内涵，反映一个民族的风俗习惯、道德宗教、思维方式、价值观念等。写作是语言输出的一种重要的表达形式，更是一种文化的外在反映。许国璋先生（1991：1）说过："语言是人类特有的一种符号系统，当它作用于文化的时候，它是文化信息的载体和容器。"因此，学习和应用外语必须了解与这种外语有着最密切关系的文化（邓炎昌、刘润清，1997）。在运用外语进行书面表达的写作过程中，学习者的文化知识和素养对写作能力有着重要影响。用外语写作时学习者不仅要通晓母语语境下的文化知识，更要熟悉西方国家的语言文化，了解文化差异，增强文化意识。

由于中西文化差异，不同文化背景的修辞手法会存在很大差别。比如，形容一个人非常急躁、焦急不安时，汉语用"热锅上的蚂蚁"进行比喻，而英语则用"like a hen on a hot girdle"，两个比喻的喻意相同，但是喻体、形象却各不相同。

如果学习者不了解此比喻存在的文化差异，在写作时就可能会表达为“like ants on a hot pot”，出现喻体的误用而贻笑大方，造成交际障碍。英汉词汇因文化差异有着不同的感情色彩和联想意义，例如，汉语中的“爱屋及乌”在英语中应表达为“love me love my dog”；汉语“对牛弹琴”的英语表达应为“cast pearls before swine”；“眼红”的准确表达应为“green eye”；“红茶”应表达为“black tea”。写作时要根据英语语言文化习惯进行准确表达。因此，学习者要注重文化因素对写作的影响，增强文化素养。教师可以利用课堂加强文化教学，讲解文化知识、比较中西文化差异，还要引导学生通过广泛阅读多积累文化知识，了解并掌握语言承载的丰富文化内涵，注重文化差异，提高交际能力和写作水平。

4. 情感因素对写作能力的影响

写作既是心理认知活动，也是思维创作和社会交互活动，必然受到情感因素的影响。积极的情感促进语言学习，而消极情感则阻碍语言学习，制约着写作能力的提升。传统的写作教学往往忽视情感因素的影响，并未意识到消极情感会造成写作中的心理障碍。写作教学一直是外语教学中的薄弱环节，教学效果也很不理想，张省林（2005）认为这主要源于缺乏对学生积极情感的关注和培养，导致学生对写作产生心理障碍。教师要充分认识到消极情感的危害，积极探索提升学生写作动机和积极性的有效途径，培养学生写作过程中的积极情感，积极克服写作中的消极情感和心理障碍。

在课堂教学中教师要引导学生树立正确的学习目标，关注写作任务本身，注重自身写作能力的提高。学生要正确对待评价和反馈意见，虚心接受负面但有帮助的反馈意见，积极接纳教师和同伴对写作的评价。反馈是写作过程中非常重要的环节，切忌对负面评价产生消极情绪或回避态度，根据反馈意见认真进行修改完善、积累写作经验，不断提升写作水平。

（三）提高写作技能的有效路径和对策

写作反映学习者的语言综合能力，包括知识水平、思维方式、布局谋篇及语言表达能力，是语言交流中的最高层次。写作也是大部分学习者外语技能中最薄弱的环节，学习者在写作方面比较消极被动，写作能力亟待提高。培养和提高学习者的写作技能，教师要积极探索有效路径，加强写作技巧和学习策略的指导，充分利用现代化教学手段和丰富的网络教学资源，鼓励他们积极进行自主写作训练，自我计划、收集素材、编辑内容、审查错误、评价监控、自我管理，逐步提高写作技能，促进学习者自主性的发展。提高写作技能的路径和对策主要包括以下几个方面。

1. 加强语言输入，打好语言基础

实践证明，语言输入是输出的基础和前提。写作作为语言输出的重要环节，离不开丰富的语言知识和足够的信息输入，有了扎实的语言基础才能顺利地进行写作。鉴于语言因素对写作能力的影响和制约，提高写作能力离不开语言知识的积累，从语言输入环节打好基础，努力提高词汇量、语法知识、句法知识、语用知识、语篇知识等综合语言水平。

在平时的教学中教师要多强调词汇的重要性，让学生意识到词汇量对于写作的重要性，鼓励学生通过各种有效的学习策略扩大词汇量，提高英语写作能力。词汇是语言表达的基石，就像土木砖石是建造房屋的必需材料一样，词汇是写作的必备材料，也影响写作能力的提高。学习者应在平时加强训练，积累大量的词汇，并且要掌握所学词汇的语言含义和语法功能，特别是多义词的使用。设想一下，如果想要写出一个句子，10 个单词里有 5 个单词拼写不出或拼写错误，怎么能清晰表达出思想内容呢？因此，教师要督促鼓励学生多记单词，掌握单词的拼读、用法、意思等。可以通过朗读单词、听写单词、默写单词、遣词造句、猜词游戏、词汇竞赛等多种方法促进学生掌握单词。

记忆单词是一个不断重复巩固的过程，要长期地坚持下去，为英语写作打下坚实的基础。扩大阅读量、大量的泛读是获取信息、扩大词汇量的有效途径。同时，学习者还需要针对语法中的薄弱环节加强学习，巩固语法知识、打牢语法基础。要结合我国学生的实际情况，既要注重语法知识的充实，又要加强写作过程的训练，使学生在英语写作上全面发展（滕春红，1993）。此外，还需要引导学生多学习掌握语用知识、语篇知识，提升综合语言水平，提高语言表达的准确性。

2. 由句到篇，循序渐进

写作能力的习得是一个由句到篇、逐步提升的过程。在进行完整的语篇写作训练之前，教师必须帮助学生掌握以下几个方面的内容：句子的结构、时态的运用、段落的设计以及常用文体的体裁特点。只有把这几个方面的问题解决了，学生才能顺利进行写作。英语的句子结构以动词为中心，具有特定的搭配，学生在写作时经常感到缺乏表达思想的语感，经常有汉英翻译时对字硬译的现象，加之英汉两种语言在文化思维方面的语言表达有相当的差异，也会对英语书面表达造成一定困难。

要使学生能用完整准确的句子表达思想内容，需要进行句型操练，使学生能够使用已掌握的单词和短语进行正确的输出，组成句、段、篇。所以，在教学的过程中，通过替换式、改写式、联结式、仿写式句型操练提高语篇写作能力，也可以鼓励学生背诵经典句型、名篇美文，多积累多输入，增强语感和表达力。

3. 改进课堂教学，加强写作指导

应试教育的教学理念目前仍很盛行，限时即兴写作（time impromptu writing）成为写作测试研究的重点（韩宝成、赵鹏，2007）和教学的重点，学生成了应试机器，造成了学生写作水平堪忧的局面。写作任务使学习者产生畏难心理和紧张焦虑的情绪。要提高学生的写作技能，就需要改进课堂教学，加强写作指导。

在写作过程中，无论是哪种形式的写作训练，教师都需要给学生提供必要的帮助，加强写作指导。例如，在进行语篇写作训练时，指导学生认真审题，明确写作要求和题目主旨。和学生一起讨论题目，帮他们确定文章的主题，思考与主题相关的要点，让学生列出提纲和选材清单，删去与主题无关的细节，然后把筛选的素材按照内容的逻辑顺序进行排列，确定写作提纲和篇章结构。对于在时态、语态、语气、关联词和过渡句的使用、句型表达等方面的知识，只要学生有难点、有疑问，教师都要及时答疑解惑。

教师要加强写作指导，不断改进写作课的课堂教学。通过系统讲解各种文体的结构特点和写作技巧，让学生掌握各类文章的写作方法，提升课堂教学效果。熊丽君和殷猛（2009）指出本科阶段要培养学生英语写作的意识，掌握写作基本知识和框架。在写作过程中适时地对学生进行写作策略指导，给学生提供更多训练写作策略的机会，使其对英语写作的各种技巧和策略的认识更明确、更深刻。例如，撰写记叙文体裁，教师要强调记叙文写作的时间、地点、人物、情节等要素，讲解记叙文的语言形式和结构特点。议论文要明确论点，有理有据地对论点进行充分合理的论证。教师要系统地指导学生对各种文体进行训练，布置各种文体的练习任务，如议论文、说明文、记叙文及常见的应用文，如日记、书信、游记、通知、便条、启事、邮件、求职信、推荐信等。各种文体都有不同的语体风格、写作要领和评分标准，学生需要通过实践练习达到熟练掌握，逐步提高写作能力。

4. 广泛阅读，以读促写

写作是一个语言输出的过程，而输出是建立在输入的基础上的。阅读是意义的理解过程，写作是意义的创造过程。古人云“熟读唐诗三百首，不会作诗也会吟”，这是汉语的一种学习方法，英语写作同样可以借鉴。“读书破万卷，下笔如有神”，这句话生动说明了书面表达和广泛阅读的关系。扩大阅读量是学生接触英语语言材料、接受信息、活跃思维、提高思辨能力的一种有效途径。同时也可以培养学生的英语思维、增强语感、巩固和扩大词汇量，有利于英语写作能力的提高。由此可见，提高写作能力的根本途径之一就是大量阅读，以读促写，才能取得较好的效果。

写作者可以通过阅读积累语言、内容、篇章、修辞等方面的知识，为写作打下扎实的语言基础。二语习得研究表明，阅读能力强的学生写出的文章在句法、词汇、内容及篇章结构方面比阅读能力差的学生更趋成熟，写作能力强的学生往往阅读能力也强（Krashen，1984）。因此，提高写作技能首先应该培养学习者的阅读兴趣。制订详细的阅读计划，并进行有效的阅读训练，积极积累阅读中的语言知识。教师可以将“阅读”与“写作”创造性地进行深度结合，选取合适的素材设计读后续写题型，对材料进行积极阅读、理解领悟，之后根据内容的逻辑发展和创设的情境续写。这样的续写训练能够有效地考查学生的语言综合运用能力、逻辑思维能力、想象力和书面表达能力，反映学生探索问题的能力、有效整合语言知识的能力、在正确的价值观指导下分析问题和解决问题的能力。

摘要写作也是提高英语写作能力的有效途径。教师可以将选取的文章先作为阅读任务布置给学生，要求学生认真阅读，理解内容。然后同学之间互相交流讨论，再布置摘要写作任务。布置摘要写作时，要明确要求学生用自己的语言独立撰写摘要，使之独立成篇。摘要是把一篇文章的内容要点概括总结出来，不是简单的摘录，而是忠于原文内容的再创作。摘要写作有利于学生了解原文的文化背景、理解原文的中心内容、理清原文的篇章结构，从而提高学生的行文谋篇能力和书面表达的写作能力。

采用“以读促写”的教学方式时，教师可以充分利用现有的精读、泛读材料，将文中一些精彩段落、经典句型、贴切表达、习惯用语、优美词句段篇挑选出来，要求学生熟记背诵。背诵也是语言输入的一种形式，而且是一种有效的强化输入形式。同时鼓励学生对背诵的内容活学活用，在写作中有意识地运用。阅读时积极学习所读文章的结构形式、布局谋篇、语言风格，并学以致用，写作时先构思好作文的结构框架和主题，拟好提纲再动笔撰写。

同时，倡导学生坚持课外广泛阅读，让学生诵读、学习、借鉴，从而培养良好的英文语感。注意收集和背诵优美、经典的例句、谚语、习惯用语等，注重做好读书笔记，吸取其中的语言精华。通过阅读增加语言输入和语篇构建等知识，学习好的写作手法及技巧，耳听口诵，才能厚积薄发，轻松写出满意的文章。在阅读训练中，教师要对阅读方法多加指导，分析文章结构、中心思想、段落中心句、写作方法等，帮助学生掌握各种题材文章的结构及写作方法。通过仔细推敲优秀的文章来学习文章结构、写作方法和遣词造句的技巧。通过大量阅读，学生也可以接触到许多所学语言国家的知识与文化，增加语言知识和文化信息的输入量，有效地学习文化知识、拓宽文化视野、提高跨文化的语言交际能力。总之，在英语写作教学中，渗透和贯穿文化差异的教学和学习，对提高学生语言能力和写作技能有着积极、重要的意义。

5. 重视写作过程，改革教学方法

关于如何提高学生的英语写作能力的研究开始于 20 世纪 70 年代，国内的写作教学也出现了有关成品法、过程法、任务法和体裁法等诸多理论的讨论和研究，更有学者把计算机技术和语料库的研究成果也引入了写作教学领域（田海龙，2001）。长期以来写作教学多采用传统的成果教学法，教师通常根据写作的成品来衡量写作的水平，重视写作的格式、拼写、语法等细节，却忽视写作过程的指导。要有效提高学习者的写作技能，需要改革这一传统的教学模式。

随着研究的不断深入，研究者们主张写作教学法应由成果教学法转向过程写作教学法，注重写作过程，给学习者提供系统的全程指导。过程写作教学法从一稿制转向两稿或多稿制，鼓励学生不断反思、反复修改自己的作品；同时大力加强教师对学生写作全过程的技巧训练和有效指导，注重学生的个体差异，充分利用教学资源设计、实施个性化的教学和测评；鼓励学生与教师、同伴之间通过一系列交互、讨论、修改活动提高写作能力；采取预写交互、以说带写、同伴互评和师评等措施培养学生的写作能力，提高学习的积极性和主动性。

过程写作教学法重视写作过程中的指导和交互。首先，在写作的准备阶段（pre-writing），指导学生先构思审题然后再进行讨论（brainstorm），之后进入初稿阶段（first drafting），完成后同伴之间对初稿进行互评（peer-evaluation）并提出修改意见。之后教师评阅初稿提出修改建议，学生在修改阶段（revising）对初稿进行修改、完善，形成二稿。对二稿可以同样进行同伴互评和教师评阅，通过师生交流（S-T sessions）和合作评议（peer review）提出二稿的修改建议，学生对二稿进行认真修改，充实内容、丰富思想，提交后进入编辑阶段，教师指导学生进行文字校读、措辞润色等进一步完善表达，形成定稿。教师选出优秀作文并分享给学生，供大家相互学习。

过程写作教学法将写作视为一种社会交际活动，这一交际过程是通过课堂讨论的方式实现的。Weissberg（1994：123）认为："课堂讨论不仅有助于母语写作者而且有助于二语写作者挖掘写作主题、进行文字编码，并进一步意识到写作过程的方方面面。"写作前学生普遍存在写作障碍，面对一个作文题目通常感到无从下手，而预写交互模式可以帮助学生克服预写阶段的障碍。作文题目布置之后，教师指导学生如何挖掘主题、搜集素材、构思篇章结构，训练发散性思维。学生围绕题目分组讨论，集思广益，互相启发，开拓思路。这种以说带写的写前交流讨论可以帮助学生树立信心，使学生的写作思路更清晰、写作兴趣动机也更强烈，为写作过程的顺利展开扫除了障碍，同时还有助于提高口语表达能力。

写作过程中，教师重在指导学生如何紧扣主题、运用正确的写作方法等。教师详细讲解不同体裁文章的结构特点和写作要求，介绍实用的写作方法和技巧，督促学生理解掌握，并通过写作实践熟练运用。评估与反馈也是一种积极的交互活动，同伴互评和教师评阅相结合的修改方式具有多边互动性，增强了学生的参与意识和合作意识，通过共同讨论进行合作学习，互相取长补短。Storch（2005）的研究表明，合作学习在写作中发挥了重要作用，学习者可以更好、更有效地完成写作任务，提高了文法的准确度和得体性，扩充了写作思想并得到了及时的反馈和建议。对同学的作文进行认真阅读和评价，并清晰表达自己的看法和修改建议，既改正了同学作文中的错误，同时也培养了自己的批判性思维能力。在师生评阅时，主要对作文的结构、内容的充实性、是否紧扣主题、语言表达的准确性等方面进行评价、提出修改意见。在点评时特别是指出错误、不足时建议教师语气委婉，多使用鼓励性语言，少使用打击性的、批评性的语言。

在写作前、写作中及写作后通过生生、师生间的交互以及学生的自我监控等活动，使学生在写作过程中变被动为主动，明确写作动机，实现书面交际的目的。过程写作教学法更加强调学生在学习中的主体地位，以便充分发掘他们的主动性和能动性，这将从根本上提高他们的写作水平。教师在写作过程中充当组织者、协调者、答疑者和信息提供者，引导学生顺利完成写作的全过程，鼓励学生挖掘写作内容、积极掌握写作技巧并逐步熟练运用，充分发挥学生的主观能动性，使学生真正领会写作的实质和意义，有效提高写作能力（邓鹂鸣等，2004）。通过以说带写、讨论互评等途径，采用预写交互、评价与反馈等策略，在写作过程中进行扎扎实实的训练，不断提升写作技能。通过对实例和范文的分析使学生真正领会、扎实掌握写作技能，以便在写作时灵活运用。

6. 借助计算机和网络技术，培养学习者自主写作的意识和能力

计算机和网络技术的飞速发展，为学习者提供了丰富的学习资源和便捷高效的学习模式。网络教学环境以及自主学习模式不断改善，外语写作教学也发生了深刻的改变。网络自主学习作为外语教学的一种手段，以其良好的开放性、广域性和交互性显示出传统课堂所不具备的优势（华立群，2009）。网络自主学习为外语教学提供了广阔的空间，以网络技术为手段的写作教学突破了时间和空间的限制，强调写作的过程和结果相结合，同时融入合作学习的理念，师生、生生之间及时进行信息交流和反馈。与传统的课堂相比，网络自主学习极大地丰富了信息量，增强了时效性，并能提高学生与教师之间、学生与学生之间的互动交流（张艳红、程东元，2007）。在写作过程中，教师通过网上论坛或者留言的形式给学生及时的指点和帮助，必要时以问题的方式引导学生选择运用写作技巧和策略。教师充分运用网络平台设计写作目标和任务，分析写作情境。也可以通过网络给学生提供写作素材，呈现写作过程，展示写作范例。学生通过自主学习、感知、理解、模仿、分析、比较、归纳等方式，逐步完成写作任务。

网络自主学习过程中，通过多种途径的互动交流，教师和学生的角色都发生了转换。教师的角色从传授知识为主，转变为设计教学并监控学生的自主学习过程为主，而学生则在网络自主学习中变被动接受式学习为主动发现式学习。基于网络自主学习模式的写作教学，有利于培养学生的自主性和自主学习能力。网络平台可以使学生很好地进行自我评价、相互评价。学生从写作的语言表达、思想内容、篇章结构等方面积极思考，并对自己的语言表达和写作策略进行反思，从而有所提高。教师要求学生填写互评表、自我评改心得，以了解学生的互评及自评情况，引导学生对反馈的信息进行反思。而学生也可以通过留言、邮件、发帖等方式与老师、同学进行交流与讨论，从而实现反馈的多方性与有效性。

为提高学习者的写作能力，网络自主学习应立足于教学目标和教学手段，重点训练学生使用写作策略的意识，使其灵活、恰当地使用写作策略。首先，教师可以将课堂写作策略知识的讲解录制为视频，并上传到网络平台，供学生课下继续学习巩固，同时提供线上写作技巧、写作策略的指导。借助网络平台的学情记录和分析，培养学生自主写作的意识和能力，自觉监控和管理写作过程。之后，借鉴过程写作法理论，在写作策略训练中遵循写前启发、写作成文、修改润色三步走的原则，尤其是加强写作策略的培养，使学生逐步提高策略意识。

随着生成式人工智能和大数据等技术的发展，很多智慧教学平台也不断推出，并引入写作智能评阅引擎。智慧平台为学习者提供丰富的学习资源和写作题库，还为学习者提供 AI 答疑、AI 学情分析等，为学习者带来全新的学习体验。学习者要充分利用人工智能和大数据等技术带来的优势，借助丰富的数字资源，从题库选择难度合适的写作素材和题目进行练习，有意识地选择、运用有效的写作策略，提交作文后根据智能评阅的建议进行修改，经过多次评阅、多次修改使作文不断完善。作为一项语言实践技能，写作技能的提高离不开大量的写作练习。学习者要摒弃一蹴而就的侥幸心理，只有经过大量的实践训练，写作技能才能逐步提升。

综上所述，写作过程是一个非常复杂的思维创造过程、心理认知过程和信息交互过程。写作教学应采取灵活而合理的教学手段，采用以说带写、以读促写等教学策略，实现写作教学的系统化、科学化，促进学习者写作技能的提高。学习者在写作实践过程中要勤写多练，并不断总结经验，才能使英语写作技能逐步得到培养和提高。同时，在写作训练和实践中学习者应采用主动学习、自主规划、自我评价监控等自主学习策略，在提高写作技能的同时培养和发展自主性。

总而言之，语言学习是一个复杂而漫长的过程，这个过程由语言输入、语言吸收、语言输出三个阶段组成。习得一门外语，既要重视输入也要重视输出。语言学习离不开大量的语言输入和知识的有效吸收，然后运用内化的知识进行语言的输出。三者互相影响，彼此促进，相辅相成，在语言学习中均发挥着至关重要的作用。语言输入是语言输出的前提和基础。若没有足够的有效输入，语言输出就是无源之水。但是如果只有语言输入而不输出，学习者就无法达到学以致用这一语言学习的最终目的。通过语言输出，学习者将所学的语言知识和已有知识进行整合，再以口语或者写作的形式传递信息。学习者借助网络发现自己的不足，检验学习效果，实现语言的交际功能。教师应以课堂教学为平台构建平衡的语言输入与输出体系，有效提高课堂教学效果，鼓励学生积极探索、获取知识，主动思考，自信表达，有效输出。因此，语言输入、知识吸收、语言输出三者之间的有效互动才能促进语言的习得，提高学习者的交际能力。

第五章　转型期大学生学习者自主性发展的认知与实践

作为新时代转型期的大学生，已有多年的英语学习经验，在一定程度上具备了自主学习英语的条件。本章在介绍研究框架与方法的基础上，分析新时代转型期大学生学习者自主性的认知、发展实践、存在的问题，以及影响其自主性发展的因素。针对转型期大学生学习者自主性发展存在的问题和需求，探讨外语教师在教学中如何进行相应的指导和帮助，以促进和培养学习者自主性的发展。

第一节　研究框架与方法

从研究框架、研究问题、研究参与者、研究工具、研究的信度与效度、研究数据的分析方法等几个方面，简述课题研究的研究方法和相关信息。

一、研究框架

本研究缘于对发展新时代转型期大学生学习者自主性的现实需要，以及多年来从事英语教学产生的兴趣而提出的研究问题。然后，通过梳理、分析和研究国内外学习者自主性相关文献，从概念内涵、影响因素、教师的角色和作用等几个方面，进行逻辑思辨，形成本研究的研究框架（图 5–1）。

接下来，根据研究框架和研究问题，设计研究方法，通过调查研究与个案研究，考察和分析转型期大学生学习者自主性发展的现状、存在的问题以及影响因素。

在理论研究与实证研究的基础上，建构出转型期大学生学习者自主性发展的机制。依据学习者自主性发展机制和模式，针对转型期大学生学习者自主性发展存在的问题，帮助外语教师通过探索实践路径，有针对性地促进和培养学习者自主性的发展。

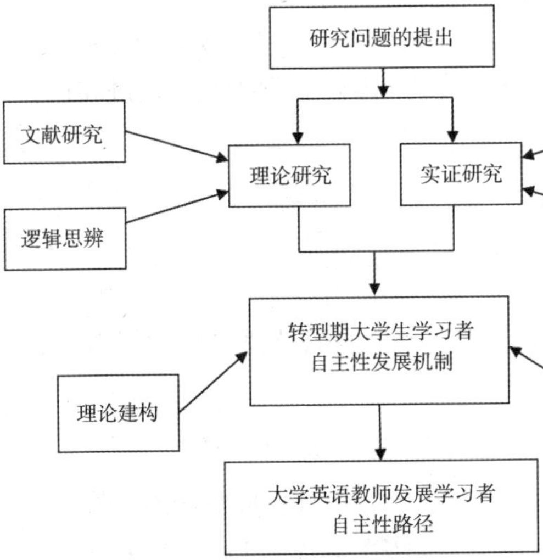

图5-1　研究框架图

本研究采用实用主义（pragmatism）的研究方法，运用调查研究和个案研究，考察和分析转型期大学生自主性发展的认知与实践。

在研究设计模式方面，采用并行三角互证设计（concurrent triangulation design）（Creswell，2008，2009）。数据收集与分析的模式如研究设计图（图5-2）所示。

具体而言，通过个案研究和调查研究，分别收集研究数据，进行数据分析，再将数据分析结果进行比较。然后把这些信息整合到对整个研究问题的理解之中。

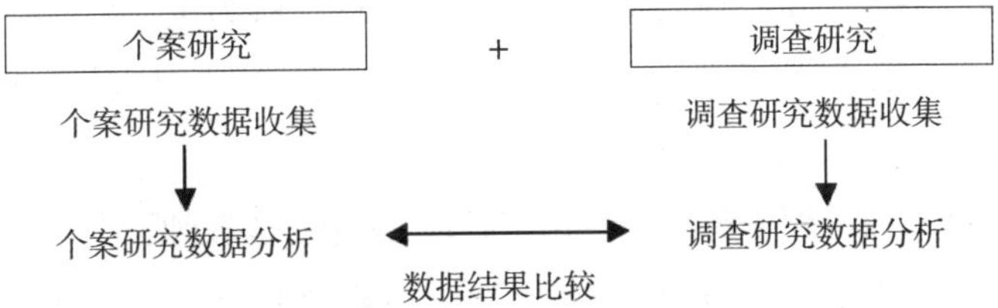

图5-2　研究设计图

研究的具体步骤包括以下几个部分：

（1）根据研究框架和研究问题，研制调查问卷和访谈提纲。在大学新生入学初，进行问卷调查，选取部分学生参加个案研究。

（2）根据问卷调查和访谈数据分析结果。外语教师在教学过程中，进行有针对性的帮助和指导，学生记录其自主性发展过程。对个案研究参与者，定期进行访谈，并撰写反思日志。

（3）教师根据数据统计和分析结果，改进教学措施，促进和培养学习者自主性发展。

二、研究问题

本研究的研究问题包括四个方面：

（1）新时代转型期大学生是否具有一定的外语自主学习能力，体现在哪些方面？

（2）新时代转型期大学生学习者自主性发展存在哪些问题？

（3）影响新时代转型期大学生学习者自主性发展的因素有哪些？

（4）外语教师如何促进转型期大学生学习者自主性发展？

三、研究参与者

如本研究的研究设计图（图 5–2）所示，本课题研究的参与者包括两大部分：参与案例研究的三位大学英语教师，和从三位教师所教班级中选取的 27 名各专业的同学；参与调查研究的非英语专业的大一学生。下面将分别描述研究参与者的情况。

（一）案例研究参与者

参与案例研究的 W 教师、G 教师和 H 教师都任教于河北省的 HD 大学。HD 大学创建于 1958 年，是教育部直属全国重点大学、国家“211 工程”和“985 工程优势学科创新平台”重点建设大学，是一所以理工科为主，理、工、文、经、管、法等学科专业协调发展的综合性大学。HD 大学一直秉承“自强不息、团结奋进、爱校敬业、追求卓越”的精神。

W 教师，副教授，硕士研究生学历，教龄 25 年。G 教师，副教授，本科学历，教龄 25 年。H 教师，讲师，硕士研究生学历，教龄 17 年。三位案例研究参与者都具有多年丰富的大学英语教学经验，均在 HD 大学各教授一个班的大学英语课程。

三位案例教师分别从各自的教学班级，采用自愿报名的形式，选取各专业的 9 名同学作为案例研究的参与者。每位案例教师对这 9 名学生进行了三次访谈或笔谈，了解学生的自主性发展现状和实践情况。

（二）调查研究参与者

在大学一年级结束时，著者设计了一份“大学生英语自主学习情况调查问卷”（附录1），通过问卷星平台进行问卷的填写和收集。共有555名同学参与了在线问卷的填写，皆为有效问卷。

四、研究工具

本研究旨在考查新时代转型期大学生学习者自主性的结构、状况、认知与实践，分析影响其学习者自主性发展的因素，采用个案研究与调查研究相结合的研究方法。个案研究设计了三次访谈提纲，调查研究采用网络调查问卷的形式，分别收集研究数据。通过分析教师培养方案、反思日志和访谈的形式，探究外语教师促进学习者自主性发展的实践。

针对每一个研究问题，采用的研究工具如表5–1所示。

表5–1　研究问题和相应的研究工具

研究问题	研究工具	
	个案研究	调查研究
研究问题1：新时代转型期大学生是否具有一定的外语自主学习能力，体现在哪些方面？	个案学生访谈	1. 调查问卷封闭式问题 2. 调查问卷开放式问题1
研究问题2：新时代转型期大学生学习者自主性发展存在哪些问题？	个案学生访谈	调查问卷封闭式问题
研究问题3：影响新时代转型期大学生学习者自主性发展的因素有哪些？	个案学生访谈	1. 调查问卷封闭式问题 2. 调查问卷开放式问题2
研究问题4：外语教师如何促进转型期大学生学习者自主性发展？	案例教师反思日志、访谈	调查问卷开放式问题3

（一）个案研究的研究工具

在案例教师所教班级，根据学生专业不同，选取了27名大一新生作为个案研究的参与者。在大一第一学期，分别与27名个案研究的参与者进行了三次访谈（笔谈）。个案研究的三次访谈提纲如下：

学生访谈提纲（1）

请根据自己的情况，详细回答以下几个问题。越详细越好。

（1）你觉得什么是英语自主学习？

（2）在高中阶段，你如何进行英语自主学习？

（3）你认为大学阶段和高中时的英语自主学习，有何异同？体现在哪些方面？

（4）你在大学阶段，如何进行英语自主学习？存在哪些问题？

（5）你觉得影响你进行自主学习的因素有哪些？这些因素如何影响你的英语自主学习？

学生访谈提纲（2）

请根据自己的情况，详细回答以下几个问题。越详细越好。

（1）你在前一阶段如何进行的英语自主学习？取得了哪些成效？

（2）你在自主学习英语过程中，遇到哪些困难和问题？

（3）你希望英语老师在哪些方面，对你的自主学习进行帮助和指导？

（4）你觉得老师在你的自主学习发展过程中，承担怎样的角色和作用？请举例说明。

学生访谈提纲（3）

请根据自己的情况，详细回答以下几个问题。越详细越好。

（1）你在前一阶段如何进行的英语自主学习？有哪些成效？

（2）你英语自主学习过程中，仍存在哪些困难和问题？

（3）你认为本学期英语老师在哪些方面，对你的自主学习能力发展有影响？请举例说明。

（4）你希望英语老师在哪些方面，继续对你的自主学习进行帮助和指导？

（二）调查研究的调查问卷

从学生自主学习的观念、学生自主学习的行为、教师对学生自主学习的影响，以及影响学生自主学习的其他因素四个维度，进行“大学生英语自主学习情况调查问卷”的编制，调查问卷见附录1。具体的项目测量内容和相应的项目编号见表5–2。

表5–2　“大学生英语自主学习情况调查问卷”设计维度及项目说明表

维度	项目测量内容	项目编号
（一）学生自主学习的观念	对自主学习的认知	23
	学习态度	1、21
	情感因素	2、13
	学习动机	3、8、18、19

续表

维度	项目测量内容	项目编号
（二）学生自主学习的行为	主动性	7、14、20、25、33
	学习策略	4、5、6、10、11、15、27、32
	利用资源	9、12
	自我管理	26、28
（三）大学教师对学生自主学习能力发展的影响	情感因素	17
	帮助培养自主学习意识	16、22
	课堂组织管理	29
	语言应用	30、31
	培养语言学习能力	24
（四）其他影响	外部环境	35
	家庭影响	34

五、研究的信度与效度

在大一第一学期末，通过问卷星平台发放“大学生英语自主学习情况调查问卷”。共收回问卷 555 份，皆为有效问卷。

使用SPSS 25.0软件对“大学生英语自主学习情况调查问卷”进行了信度分析。如表 5–3 所示，“大学生英语自主学习情况调查问卷”的 35 个封闭式问题项目的 Cronbach's alpha 信度系数达到了 0.908，表明这 35 个项目之间的内在一致性很好，即它们测量的是同一结构。

表5–3　“大学生英语自主学习情况调查问卷”信度分析结果表

Cronbach's alpha	0.908
N of Items	35

同样，也使用 SPSS 25.0 软件对“大学生英语自主学习情况调查问卷”的 35 个封闭式问题项目进行了结构效度分析（因子分析）（表 5–4）。调查问卷的 KMO 的值为 0. 921，远大于 0.60 的最低要求值，而且 Bartlett 球体检验也达到了显著水平（$P \leqslant 0.05$），说明本研究数据适合进行因子分析，具有较高的结构效度（秦晓晴，2003）。

表5-4　KMO测度和Bartlett球体检验表

Kaiser-Meyer-Olkin Measure of Sampling Adequacy		0.921
Bartlett's Test of Sphericity	Approx. Chi-Square	8844.482
	df	561
	Sig.	0.000

以上数据分析表明，“大学生英语自主学习情况调查问卷”具有较好的信度和效度。

六、研究数据的分析方法

（一）定量数据的分析方法

本研究的定量数据，是通过调查问卷中设置的封闭式问题所收集的数据。收集的定量数据，利用 SPSS 25.0 软件进行数据管理。在描述统计中，用百分比来描述数据的集中趋势。

（二）定性数据的分析方法

本研究的定性数据，主要包括以下几个部分：个案研究中的访谈录音；“大学生英语自主学习情况调查问卷”中，通过设置开放式问题所收集的数据；案例教师课程培养方案和反思日志。下面简要论述定性数据的分析方法。

1. 个案研究中的访谈录音

采用主题和内容分析法（thematic analysis and content analysis）（Patton，2002）进行分析。分析过程主要包括以下几个步骤：

（1）数据整理。将访谈录音整理、转写成文字，仔细校对无误。

（2）数据通读。反复阅读和理解转写文本，梳理、寻找主题和特征。

（3）数据初步分类与编码。采用归纳法与推理法相结合的方法。首先，对数据持有开放性的态度，深入和渗入数据，发现规律和概念。在此基础上，建立初步分类，进行开放式编码（open-coding）。其次，在不断发现的观点或主题的基础上，进一步提升概念、找到规律。最后，进行分层、逐级编码。

（4）形成分类体系。对初步分类不断地进行修正和补充，形成分类体系，提升概念，逐渐提炼、形成观点或主题。

2. 调查问卷中的开放式问题所收集的定性数据

利用 Excel 2019 软件进行数据管理，采用内容分析法（content analysis）

（Dörnyei, 2003；Gillham, 2007；秦晓晴, 2009）进行分析、汇总。参照 Gillham(2007）和秦晓晴（2009），本研究对调查问卷中通过开放式问题所收集的定性数据的分析过程主要包括以下几个步骤：

（1）创建一个 Excel 文件（表 5-5），整理、录入、管理原始数据。

表5-5 调查问卷中开放式问题内容分析范例

参与调查者	数据	类别1	类别2	类别3	类别4	类别5	类别6	……
1	原始数据							
2	原始数据							
3	原始数据							
……								

（2）分类与标示。找出一份回答得比较全面、有代表性的问卷，从中找出关键词、句，进行分类与标示。

（3）对分类简单命名。如表 5-5 所示，给每一分类进行简单命名，如类别 1、类别 2 等。分类的原则是，在不损害数据结构的前提下，分类数目越少越好。

（4）根据分类表，分析下面的调查数据。找出相同类别的句子，在表格相应类别下进行标记。分类是一个逐步清晰的过程，也是一个动态的过程。需要不断地调整，如合并、重新标示等。

将所有的分类数据填入表格并进行标记以后，就可以进行汇总、量化处理了。

第二节 转型期大学生学习者自主性发展的认知与现状

在大一第一学期结束时，通过问卷星平台发放了“大学生英语自主学习情况调查问卷”。共收回 555 份问卷，全部为有效问卷。其中，男生 403 人，占 72.61%，女生 152 人，占 27.39%。

一、转型期大学生学习者自主性认知

如前面表 5-2“大学生英语自主学习情况调查问卷”设计维度及项目说明表所示，本调查问卷设计了 9 个题目，分别从对自主学习的认知（项目 23）、学习态度（项目 1、21）、学习动机（项目 3、8、18、19）和情感因素（项目 2、13）四个方面，考察转型期大学生学习者自主性的观念。分析结果如表 5-6 所示。

表5-6　转型期大学生学习者自主性观念

题目	完全不符合（%）	基本不符合（%）	不确定（%）	基本符合（%）	完全符合（%）
23. 自主学习就是课下自己学习英语	3.07	13.36	25.81	46.03	11.73
1. 我喜欢学习英语	4.32	11.71	22.16	44.68	17.12
21. 我不满意自己的英语水平	2.17	5.6	13.18	47.29	31.77
3. 我努力学习英语是为了考试取得好成绩	2.71	13.72	12.64	50.72	20.22
8. 我学习英语是为了更好地了解英语国家的文化和风土人情	10.65	20.22	30.32	29.24	9.57
18. 我努力学习英语是为了毕业找到一份好工作	4.69	11.73	25.81	42.6	15.16
19. 我努力学习英语是为了打好基础，为将来（考研、留学）做准备	1.44	1.99	11.73	54.87	29.96
2. 我相信自己能够学好英语	2.17	4.87	23.83	45.49	23.65
13. 我用英语交流时会紧张、焦虑	5.23	19.86	24.37	37.91	12.64

在对自主学习的认知方面，过半数的学生（57.76%）认为自主学习就是课下自己学习英语，只有少数学生（16.43%）不这样认为。这说明很多同学对于自主学习的理念没有清楚的认知。

在学习态度方面，多数学生（61.8%）喜欢学习英语，但是大部分学生（79.06%）不满意自己的英语水平。

在学习动机方面，70.94% 的学生认为，努力学习英语是为了考试取得好成绩。另外，有 57.76% 的学生认为努力学习英语是为了毕业找到一份好工作。还有 84.83% 的学生认为，努力学习英语是为了打好基础，为将来（考研、留学）做准备。这说明大多数的学生具有工具性的学习动机，为了考试取得好成绩、获得好的就业机会或者进一步求学深造而努力学习英语。仅有少部分学生（38.81%）努力学习英语是为了更好地了解说英语国家的文化和风土人情，具有融入性的学习动机。

在自主学习的情感因素方面，69.14% 的学生相信自己能够学好英语，但是有 50.55% 的学生在使用英语交流时会紧张、焦虑。这说明多数学生持有积极的语言学习情感，有信心能够学好英语，但一些学生的紧张、焦虑等消极情感因素，会影响学生的语言应用和提高。

在调查问卷第三部分，第一个开放式问题旨在了解参与调查的转型期大学生对英语自主学习的看法和认识。在 555 份有效问卷中，有 545 名学生对此问题进行了作答，作答率为 98.2%。通过内容和主题分析（Dörnyei，2003；Gillham，

2007；秦晓晴，2009），将其进行归纳、汇总，数据整理、分析的结果如表 5-7 所示。

表5-7　转型期大学生对英语自主学习的认知

因素	英语自主学习认知特征和表现	频数（次）	百分比（%）
自主的学习态度	主动性、自觉性高	374	68.6
	学习态度积极	47	8.6
	英语学习兴趣高	25	4.6
	学习目标（目的）明确	13	2.4
	喜欢英语和西方文化	7	1.3
自主的学习能力和行为	制订、实施学习计划	53	9.7
	好的学习方法、学习策略	34	6.2
	自控、自律性强	24	4.4
	反思、自我评估	10	1.8
	利用课内外资源	73	13.4
	提高外语能力（词汇、听、说、读、写）	133	24.4
合计：545			

参与调查研究的转型期大学生，对什么是英语自主学习的看法不一。按照“自主的学习态度”“自主的学习能力和行为”两个类属进行描述。

1. 自主的学习态度

“英语自主学习的特征和表现”体现在“自主的学习态度”方面，转型期大学生的认识和看法比较集中于以下两点。

（1）英语自主学习是学习者“主动”“自觉”“自己”进行英语学习（68.6%）。参与调查的学生用“主动学习”“自己主动学习英语”等词语描述对英语自主学习的认识。比如，参与调查的学生如此回答：“主动想去学习英语文化主动去获取课外知识”（序号 13）；“自己主动学习英语，制定学习计划”（序号 63）；“主动学习、有计划有目的有方法的课下英语学习”（序号 164）。

在对个案研究中的学生参与者进行访谈时，发现学生也用“主动”“自发”等词语来描述对自主学习的理解。例如：

我认为英语自主学习就是主动去学习去接触英语。例如平时和朋友闲时讲讲英语，或者有意识地去看英语新闻，又或者是看一些公众号，或者教学视频。主动地利用空闲时间去学习英语。（LXP，2020-10）

我觉得是学生主动地学习英语，认识到英语的重要性与趣味性，从而主动地记忆单词。（YS，2020-10）

英语自主学习应该是以自身为核心，不受他人驱动，充分发挥自主能动性的英语学习方式。了解自己为什么要学，该怎么学，该如何去学习好英语。自主学习的出发点应为自己了解到英语学习的必要性，摆脱了“英语这科目是学校要求，是门考试”的消极想法。过程在于自发地寻找资料，主动解决遇到的困难等。总体概括是：知道自己想要什么，所以要去学习。（HHN，2020-10）

自发地进行英语的相关学习，在无人监督的情况下。（MYR，2020-10）

（2）具有积极的学习态度（8.6%）和较高的学习兴趣（4.6%），有明确的学习目标（目的）（2.4%）。参与调查的学生用“积极”“积极主动学习”“对英语热爱”“浓厚兴趣”等词语描述对自主学习的理解。例如，“自己主动学习英语的态度，主动通过各种方式学习英语”（序号 224）；“主动愿意以各种方式学习英语”（序号 297）；“有对英语的热爱，所以自发地学习英语”（序号 139）；“是一种兴趣”（序号 268）；“能够在课下主动学习英语，能够对自己学习英语有一个明确的计划与目标”（序号 233）。

2. 自主的学习能力和行为

“英语自主学习的特征和表现”体现在“自主的学习能力和行为”方面，转型期大学生的认识和看法比较集中于以下三点。

（1）制订、实施学习计划（9.7%）、选择适合自己的学习方法和学习策略（6.2%），利用课内外的学习材料和资源（13.4%）。参与调查的学生如此描述：

能够制订明确的学习计划。（序号 14）

有意愿学好英语，然后有明确的计划和切实的行动。（序号 76）

自己学习英语，充分利用课外资源，制定符合自己的学习计划。（序号 93）

自己通过自己的方法提高英语水平。（序号 185）

英语自主学习就是有自己的方法规划学习英语。（序号 221）

自己主动寻找利用相关资源学习提高英语。（序号 15）

能够利用各个方面的资源，在听说读写方面加以练习，自主进行个人的提高和检测。（序号 70）

参与访谈的学生也有类似的表述：

英语自主学习就是能够及时自主地预习、复习，老师的课堂只是辅助作用。每天有计划，有目标地记背单词，学习语法。课余时间能够自行看一些英语电影、听一些国外新闻、听英文歌、看英文名著等，并以兴趣为基础自主学习单词、语音语调。能够自我反思发现问题，并及时通过与老师沟通交流等方法解决。生活中能抓住机会训练英文水平，如写英文日记、主动与外国友人交谈等。（CZW，

2020–10）

（2）具有比较强的自控、自律性（4.4%），能够对自己的学习进行反思、自我评估学习情况（1.8%）。例如，“以自律的方式，对英语内容不断提升进步”（序号 87）；“在没有他人监督的情况下，自己制订学习计划，并完成英语的学习计划”（序号 125）；“我认为应该是自觉地学习英语知识，自我学习，自律”（序号 182）；“自觉查漏补缺”（序号 436）。

同样，参与访谈的学生也用“自律”“自我监督”来描述：“靠自律，主动寻找资源每天有计划有目标地学习”（SJK，2020–10）；“自我监督地去学习一些课堂以外的与英语相关的内容，而不仅限于完成老师安排的作业与任务”（ZYH，2020–10）。

（3）提高外语能力（词汇、听、说、读、写）（24.4%）。有 133 名学生认为自主学习是学习和提高外语能力。例如，“主动练习英语听说读写，看英文短片”（序号 8）；“在课外进行听说读写计划和练习”（序号 37）；“自己背单词练习听力阅读”（序号 41）；“提升自己的英语能力”（序号 68）；“在课堂之外自己寻找适合自己的英语学习资料进行听说读写方面的训练”（序号 85）。

通过对比学生对封闭式题目，和学生关于英语自主学习认识的开放式问题的作答情况，发现学生关于自主学习概念的认识缺乏系统性、完整性。学生关于自主学习的看法不一、认识总体比较分散。尽管有少数学生对自主学习知之甚少，有的学生甚至将其等同于自学，但多数学生已经意识到英语学习是学习者自己的责任，并且愿意为自己的学习负责，而且也有信心通过自己的努力学好英语。

二、转型期大学生学习者自主性发展实践

本调查问卷设计了 17 个题目，分别从自主学习的主动性（项目 7、14、20、25、33）、学习策略（项目 4、5、6、10、11、15、27、32）、利用资源（项目 9、12）、自我管理（项目 26、28）四个方面，考查转型期大学生学习者自主性发展实践。分析结果如表 5–8 所示。

表5–8　转型期大学生学习者自主性发展实践

题目	完全不符合（%）	基本不符合（%）	不确定（%）	基本符合（%）	完全符合（%）
7. 我积极参加老师组织的各种课堂讨论活动	3.79	14.62	32.31	39.17	10.11

续表

题目	完全不符合（%）	基本不符合（%）	不确定（%）	基本符合（%）	完全符合（%）
14. 我喜欢用英语与班级其他同学交流	13.54	45.49	26.35	10.83	3.79
20. 我很少主动学习英语	11.37	31.95	28.52	22.92	5.23
25. 我课外尽量和其他同学一起练习英语	7.76	33.39	35.38	19.13	4.33
33. 英语课上，我会主动表达自己的观点	5.6	22.92	35.2	28.34	7.94
4. 我会制定每一阶段的英语学习目标	4.87	24.73	37.73	26.71	5.96
5. 我会选择适合自己水平的英语学习材料进行学习	3.25	10.11	22.2	47.29	17.15
6. 我会经常反思自己的学习效果，进行自我评估	3.43	14.26	35.2	36.82	10.29
10. 我不知道怎么提高英语听、说、读、写能力	7.94	33.21	25.63	24.91	8.3
11. 我每天听英语30分钟以上	13.54	33.57	29.42	19.13	4.33
15. 我每天用英语阅读30分钟以上	13.9	36.28	33.21	13.18	3.43
27. 我会定期检测自己的单词学习情况	4.69	20.76	29.96	37.18	7.4
32. 我在小组讨论时，经常用英语表达自己的观点	6.5	19.31	38.81	27.26	8.12
9. 我会利用学校良好的课外学习资源进行学习	3.79	11.01	31.41	42.42	11.37
12. 我会在课外寻找一切机会使用英语交流	16.25	37	29.06	12.64	5.05
26. 我会订立作息表，以使自己有足够的时间学习英语	8.66	30.69	33.39	22.74	4.51
28. 我会制订每周和每天的英语听、说、读、写学习计划	7.58	31.23	36.82	20.22	4.15

在自主学习的主动性方面，只有 49.28% 的学生积极参加老师组织的各种课堂讨论活动。仅有 14.62% 的学生喜欢用英语与班级其他同学交流，59.03% 的学生表示不喜欢用英语与班级其他同学交流。仅有 23.46% 的学生会在课外尽量和其他同学一起练习英语。英语课上，只有 36.28% 的学生会主动表达自己的观点。这说明很多学生缺乏自主学习的主动性。无论是在英语课堂内还是课外，多数学生较少使用英语进行交流、讨论和练习。

在英语学习策略方面，只有 32.67% 的学生会制定每一阶段的英语学习目标，

29.6% 的学生表示未能制订每一阶段的英语学习目标；有 64.44% 的学生会选择适合自己水平的英语学习材料进行学习，但只有 47.11% 的学生会经常反思自己的学习效果，进行自我评估；有 33.21% 的学生不知道怎么提高英语听、说、读、写能力。这说明很多学生在制定每一阶段的学习目标、选择适合自己的英语学习材料进行学习，以及如何反思自己的学习效果并进行自我评估方面，存在一些问题，需要教师的指导和帮助。而且还有少部分同学没有掌握合适的学习方法和学习策略，不清楚如何提高英语听、说、读、写技能。

在日常的英语学习与训练方面，只有 23.46% 的学生每天会听英语 30 分钟以上，47.11% 的学生没有做到课下每天听英语 30 分钟以上。同样，仅有 16.61% 的学生会每天用英语阅读 30 分钟以上，50.18% 的学生未能做到每天用英语阅读 30 分钟以上。只有 35.38% 的学生在小组讨论时，经常用英语表达自己的观点。可以看出，学生在日常学习时，缺乏时间投入来进行英语的语言输入和训练，在课堂上也需要加强教师的引导和督促，使学生积极用英语进行语言训练，从而提高交际能力。

在利用资源进行英语学习方面，53.79% 的学生会利用学校良好的课外学习资源进行学习，但只有 17.69% 的学生会在课外寻找一切机会使用英语交流，53.25% 的学生表示在课外未能寻找机会使用英语交流。这说明多数学生会在课外利用英文书籍、报刊、网络和手机等英语学习资源进行英语学习，但还有很多学生在课外较少使用英语进行交流和训练来提高口语表达能力。

分析参与个案研究的学生访谈数据，也发现学生会在课外积极利用手机应用、短视频、网络资源等背单词、练习听力和口语、进行英语阅读，开展英语自主学习。

自己通过 App 浏览英语新闻或者背单词。或者去 b 站看英语教学视频。（LXP, 2020–10）

灵活运用空闲时间进行单词的背诵，观看一些英语视频，手机上的英语相关软件，在软件上加强学习，例如口语和听力。（MYR, 2020–10）

坚持高中的背单词、练听力、改进口语的习惯，但还要抽时间阅读英文版书籍，观看一些国外英语纪录片，了解更多的英语国家文化。（ZYH, 2020–10）

利用各类网络资源，如每日英语听力、百词斩、u 校园等。（SJK, 2020–10）

在英语学习自我管理方面，只有 27.25% 的学生会订立作息表，以使自己有足够的时间学习英语，而 39.35% 的学生没有做到订立作息表以保障有足够的时间学习英语。仅有 24.37% 的学生会制订每周和每天的英语听、说、读、写学习计划，有 38.81% 的学生没有做到制订每周和每天的英语听、说、读、写学习计划。这表明，很多学生缺乏自我管理，没有制订每周和每天明确的学习计划和作息表，需要教师的指导、帮助和督促，提高自我管理的能力。

三、影响转型期大学生学习者自主性发展的因素分析

调查问卷设计了 9 个题目，分别从教师对学生自主学习能力发展的影响（项目 17、16、22、29、30、31、24）和其他因素（项目 34、35）两个方面，考察影响转型期大学生学习者自主性发展的因素。分析结果如表 5–9 和表 5–10 所示。

表5–9　教师对转型期大学生学习者自主性发展的影响

题目	完全不符合（%）	基本不符合（%）	不确定（%）	基本符合（%）	完全符合（%）
17. 老师经常鼓励我，帮助树立学习英语的信心	2.35	6.14	24.91	44.77	21.84
16. 老师会帮助我培养自主学习的意识	2.35	6.5	24.37	46.93	19.86
22. 老师会指导我怎样进行自主学习	2.53	6.32	27.44	43.86	19.86
29. 老师经常在课堂上组织小组讨论	12.89	14.26	24.19	36.46	22.2
30. 小组讨论时，有的同学用汉语交流	2.35	9.93	25.45	44.4	17.87
31. 小组合作学习时，每个人有明确的任务分工	2.89	12.45	40.07	34.84	9.75
24. 老师在课上会讲一些英语学习方法	1.08	5.05	10.29	53.97	29.6

表5–10　影响转型期大学生学习者自主性发展的其他因素

题目	完全不符合（%）	基本不符合（%）	不确定（%）	基本符合（%）	完全符合（%）
34. 如果我英语学得不好，会让父母失望的	9.03	17.15	28.52	33.94	11.37
35. 学校有很好的英语学习资源	4.15	5.05	28.52	44.58	17.69

为了探究教师对转型期大学生学习者自主性发展的影响，从对学生情感因素影响、帮助培养自主学习意识、课堂组织管理、语言应用和培养语言学习能力几个方面进行分析。

在教师对学生情感因素影响方面，有 66.61% 的学生认为，教师会经常鼓励他们，帮助树立学习英语的信心。

在教师帮助培养学生自主学习意识方面，有 66.79% 的学生认为，教师会帮

助其培养自主学习的意识。63.72% 的学生表示，教师会指导其如何进行自主学习。

在课堂组织管理方面，58.66% 的学生表示，教师经常在课堂上组织小组讨论。然而，在语言应用方面，有 62.27% 的学生认为，小组讨论时有的同学用汉语交流。并且，只有 44.59% 的学生认为小组合作学习时，每个人有明确的任务分工。这说明，虽然教师在课堂上组织小组讨论进行语言训练，但是需要指导、鼓励和监督学生使用英语进行交流、讨论。另外，学生需要提高语言交际能力和用英语表达、交流的信心，减少对母语的依赖。此外，教师在组织小组合作学习任务时，应帮助学生明确具体的任务分工，这样才能让每位小组成员都积极参与、分工合作完成学习任务。

在培养语言学习能力方面，大部分学生（83.57%）认为，教师在课上会讲一些英语学习方法。

家庭影响和学校环境是影响学习者自主性发展的两个外部因素。45.31% 的学生认为，努力学习英语是为了不让父母失望。62.27% 的学生认为，学校有很好的英语学习资源，有助于其英语学习。

在调查问卷第三部分，第二个开放式问题旨在了解影响转型期大学生学习者自主性发展的因素有哪些，这些因素如何影响学习者自主性的发展。

在 555 份有效问卷中，有 533 位学生对此问题进行了作答，作答率为 96%。通过内容和主题分析，将其进行归纳、汇总，数据整理、分析的结果如表 5-11 所示。按照影响学习者自主性发展的内部因素、外部因素两个类属进行描述。

表5-11　影响转型期大学生英语自主学习的因素

因素	影响因素的特征和表现	频数（次）	百分比（%）
学习者内部因素	学习动机	65	12.2
	学习态度	48	9
	学习目标	11	2.1
	学习策略	94	17.6
	自我效能感	32	6
	意志控制	114	21.4
	时间管理	181	34
学习者外部因素	外语教师	13	2.4
	手机和网络因素	39	7.3
	环境、其他课程作业等其他因素	165	31
合计：533			

1. 内部因素

（1）影响转型期大学生学习者自主性发展的内部因素方面，学生认为时间管理（34%）和意志控制（21.4%）是影响其自主学习的两点主要因素。例如，学生如此表述：“自己的惰性。总是拖延”（序号 2）；“惰性太强”（序号 17）；“不够自律”（序号 63）；“自律与时间分配；自律有利于更好自主学习，班级以及社团活动可能会挤占自主学习的时间”（序号 110）。

相类似，参与个案研究的学生同样认为时间管理和意志控制是影响其英语自主学习的因素。例如，偶尔会忘记学习，没有了以前高中那样老师的督促，更需要自己的自律性，但我会努力坚持每天打卡的。（MYR，2020–10）

意志力较为欠缺，偶尔无法完成自己定的学习目标。（YJX，2020–10）

最主要的因素是懒惰。自律使人进步，但由于过去不自控的生活让自己难以调整学习状态。（HHN，2020–10）

（2）学生认为学习策略（17.6%）、学习动机（12.2%）、学习态度（9%）也是影响其英语自主学习的因素。例如，学生如此表述：“……方法，不知道怎样才能高效有效学习英语……”（序号 65）；“主动性不够，使我没有非常积极地去学习”（序号 117）；“……不知道怎么学”（序号 145）；“兴趣会影响学习的积极性、主动性和效率……”（序号 253）。

2. 外部因素

影响转型期大学生学习者自主性发展的外部因素方面，学生认为（语言、宿舍、资源等）环境因素和其他课程学习、作业繁多等因素（31%），是影响其自主学习的主要因素。例如，学生如此表述：“氛围，无法完全沉浸英语阅读与背诵”（序号 111）；“宿舍氛围”（序号 9）；“英语资源，巧妇难为无米之炊”（序号 52）；“其他科目占用时间多，自身学习能力低。导致自身学习时间少，效率低”（序号 9）；“其他科目作业较多，使我没有太多时间学习英语”（序号 135）。

参与个案研究的学生，也有同样的表述：

周边的英语学习氛围不是很好，周边的学习氛围使我学习积极性较低。（CZW，2020–10）

环境因素，身边人没有一起学习英语时会没有氛围，旁边人玩的时候会影响学习。（YJX，2020–10）

其他学科的压力，高数、线性代数、工程制图等科目难度大，投入了过多时

间，英语每天练习时间少。（SJK，2020–10）

此外，还有一部分学生（7.3%）认为手机游戏、网络及短视频应用，影响其进行英语自主学习。学生这样表述："手机游戏"（序号 49）；"手机，占用时间使无时间学英语"（序号 61）；"手机转移注意力"（序号 72）；"网络游戏"（序号 197）；"来自外界的网络游戏，短视频 app 等的因素"（序号 242）。

参与个案研究的学生也有同样的困扰，认为手机和网络是影响其英语自主学习的诱因：

平时自主学习通常是在手机上，很容易被手机上其他信息所影响，学习时间或许碎片化，或许碎片化的学习导致对所学内容印象不深，导致学习时间过短。（LXP，2020–10）

英语软件上进行学习时，偶尔会受到手机所弹出消息的影响。现在，我在学习时会将其他软件进行锁屏，所以无法看到那些容易影响的消息了。（MYR，2020–10）

电子产品的使用可能使我花费较多时间在电子产品上，而投入较少的时间去学习。（CZW，2020–10）

其他课程的安排以及作业布置，会影响到英语学习的时间。（HHN，2020–10）

第三节　转型期大学生学习者自主性发展存在的问题与分析

一、转型期大学生学习者自主性认知缺失与分析

通过数据分析发现，转型期大学生学习者自主性的认知，存在以下几个方面的问题。

第一，过半数（57.76%）的学生对学习者自主性的概念缺乏清楚的认知。学生对自主学习的概念有其个体的理解和认识，不一定准确、全面。学生需要在教师的指导和帮助下，了解学习者自主性的概念内涵、发展的机制和模式，并且加以训练，逐渐提高其自主性发展水平。

第二，学生在英语交际能力和技能提高方面，需要接受更多教师的指导和帮助。多数学生（79.06%）不满意自己的英语水平。一方面，学生可能缺少有效的提高英语听、说、读、写的策略和方法。外语教师在课堂教学活动中，应当加强

对各项语言技能的学习方法和策略的讲解和训练。例如，在提高阅读理解方面，教师可以通过讲授有效阅读的策略（略读与寻读），介绍一些有效阅读的方法，比如SQ3R（Survey, Question, Read, Recite, Review）阅读方法。另一方面，由于缺乏自然的语言学习和训练的英语环境，加上其他课程的学习任务繁多，学生在英语课堂教学活动之外，投入英语学习和训练的时间有限，也会影响其英语水平的发展。

第三，在自主学习的情感因素方面，半数（50.55%）的学生在使用英语交流时会紧张、焦虑。一些学生的紧张、焦虑等消极情感因素，会影响其自主性的发展、语言的应用和英语能力的提高。外语教师需要了解学生的个体差异，鼓励和调动学生学习的积极性，帮助克服影响学生英语学习的消极情感因素。

二、转型期大学生学习者自主性发展实践缺失与分析

转型期大学生学习者自主性在发展实践方面，存在以下几点问题。

第一，在自主学习的主动性方面，很多学生缺乏英语自主学习的主动性，许多学生较少使用英语进行交流、讨论和练习。体现在在英语课堂内仅半数学生（49.28%）积极参加老师组织的各种课堂讨论活动，许多（59.03%）学生不喜欢用英语与班级其他同学交流。在课外，仅有少部分（23.46%）的学生会在课外尽量和其他同学一起练习英语。外语教师可以通过学生小组或个人访谈等形式开展需求分析，了解和分析学生自主学习缺乏主动性的原因，进而采取针对性的措施。

目前，我国大学英语教学在不少学校都采取大班教学的模式，英语教师根本不可能有足够的精力去照顾班上的每一个学生。而要促进学习者自主性发展，教师必须对每个学习者的语言水平、个体特征、学习需求等有明确的认识和了解，才能够提供有效的指导和帮助。因此，正如徐锦芬与占小海（2004）指出，研究在大班教学环境下如何促进学习者自主性发展，是一个现实的、崭新的、艰巨的任务。

第二，在英语学习策略方面，少部分（29.6%）的学生未能制定每一阶段的英语学习目标，很多学生不会经常反思自己的学习效果，进行自我评估，还有一部分（33.21%）学生不知道怎么提高英语听、说、读、写能力。这表明学生在自主性发展的选择性（学习方法、学习策略）和创造性（听、说、读、写、译等语言技能）方面，需要教师的指导和帮助。

第三，在利用资源进行英语学习方面，多数学生会在课外利用英文书籍、报

刊、网络和手机等英语学习资源进行英语学习，但还有很多学生在课外较少使用英语进行交流和训练来提高口语表达能力。需要外语教师提供适合个体英语发展水平的学习材料和资源。

第四，在英语学习自我管理方面，很多学生缺乏自我管理，没有制订每周和每天明确的学习计划和作息表。学习者自主要求学习者具备三方面的能力，即学习者的自我管理、自我监察和自我评估（Benson，2011）。针对学生缺乏自我管理的能力，需要外语教师的指导、帮助和督促，逐渐提高学生自我管理的能力。

三、转型期大学生学习者自主性发展的需求分析

在调查问卷第三部分，第三个开放式问题旨在了解转型期大学生期待教师如何帮助其进行英语自主学习。学生从主观感受的角度，描述了自主性发展的需求。

在 555 份有效问卷中，有 492 位学生对此问题进行了作答，作答率为 88.6%。通过内容和主题分析，将其进行归纳、汇总，数据整理、分析的结果如表 5-12 所示。

表5-12　转型期大学生期待教师如何帮助其进行英语自主学习

学生的期待		频数（次）	百分比（%）
增进积极情感因素	鼓励、激发、培养学习兴趣	30	6.1
课堂教学	教授、指导学习方法和学习策略	102	20.7
	指导自主学习的方法	41	8.3
	语言技能的培养（语法、词汇、听力、口语、阅读、写作）	253	51.4
	组织学生陈述、小组讨论等课堂活动	17	3.5
	推荐、布置看英文电影、视频	9	1.8
	布置学习任务和作业	17	3.5
	监督、检查、督促（完成作业）	29	5.9
	推荐和指导课外学习资料和资源	56	11.4
其他	准备四级考试、讲解答题策略	15	3
合计：492			

在增进英语学习积极情感因素方面，有 6.1%（30 人次）的学生认为，希望教师鼓励、激发、培养其对大学英语的学习兴趣。例如："希望老师多多鼓励"（序号 135）；"提高对英语的兴趣"（序号 183）；"在学习过程中引导我们形成良好的自学习惯，调动学习英语的积极性"（序号 249）。

在课堂教学中，有 20.7%（102 人次）的学生希望教师教授、指导学习方法

和学习策略；有 8.3%（41 人次）的学生希望教师指导自主学习的方法。例如：

介绍一些学习方法。（序号 2）

学习英语的有效方法。（序号 14）

推荐一些自主学习方法。（序号 46）

希望老师可以提供方法以及一些资源。（序号 54）

希望她告诉我们就各个方面，我们应该如何去自主学习以及，怎么提高自己的综合英语水平。（序号 150）

提供一些自主学习英语的良好方法。（序号 233）

参与个案研究的学生，也表明希望教师可以在学习方法上进行指导和帮助。例如：

学习方法上，能够提供一些高效且有趣的学习法。思想上引导我们找寻学习动力。（CZW，2020–11）

更多的是方法方面的指导，如如何贴切地翻译一段句子等等。有效的方法能使学生走更少的弯路。（HHN，2020–11）

此外，多数学生（51.4%，253 人次）期待教师能够帮助其提高语法、词汇、听力、口语（发音）、阅读、写作等语言技能。学生如此描述：

拓展词汇量，练习语法，口语训练。（序号 17）

英语听力和口语。（序号 22）

对写作方面希望老师能帮我提高。（序号 31）

提高英语用词的准确度。（序号 52）

口语，尤其是发音与断句。（序号 57）

我希望老师可以多从语言的应用及英语写作的方面来帮助我。（序号 242）

参与个案研究的学生在访谈中，如此描述：

在英语阅读的长难句理解，如何确认每段大意，准确定位语句出处给予指导。（YJX，2020–11）

让学生拥有更多练习口语的机会，我认为角色扮演和情景对话是比较好的方法。对英语的写作进行一些讲述和练习。（ZYH，2020–11）

在推荐学习资源方面，有 11.4%（56 人次）的学生希望教师可以推荐和指导课外学习资料和资源。例如：

提供课外英语读物。（序号 56）

督促我自主学习，提供一些学习资源，可以指导我一些方法。（序号 101）

推荐一些适合基础差点的学生的学习资源。（序号 125）

多多提供英语学习资源 多给予英语练习、口语表达的机会。（序号 134）

我该用哪些资源学习，比如说参考书、App 等。（序号 136）

推荐一些有关学习英语的资料与网站。（序号 142）

第四节　研究结论

转型期大学生学习者自主性在认知与实践方面，有一定的发展，但也存在着一些问题和缺失。

学生专业课学习时间、精力投入较多，而英语学习的时间投入相对较少。在大学期间，学生除了大学英语课程学习以外，还有许多其他公共基础课和专业课程的学习，故而不能保障有许多时间用于英语学习。

此外，由于社会就业要求学生拥有各种各样的证书，这其中也包括大学英语四级、六级考试证书（成绩单），许多学生将通过大学英语四、六级考试，作为大学英语学习的目标。实际上，英语考试是一把双刃剑。考试可以给学生一定的压力和动力，使学生克服惰性，积极主动地进行英语学习。而且，考试还可以帮助学生巩固语言基本功，夯实基础。但是，单纯地把通过大学英语四级、六级考试作为英语学习的目标，可能会影响学生英语学习的兴趣和积极性，阻碍其自主性的发展。

研究表明，学生在其自主性发展的核心方面，即语言学习自为性（学习兴趣、动机）、自觉性（积极主动）、选择性（学习方法、学习策略、学习材料和资源）和创造性（听说读写译等语言技能），需要得到教师的指导和帮助。

外语教师可以有针对性地从以下几个方面，帮助和促进学生自主性发展。

第一，激发学生英语学习兴趣，调动学生学习积极性，帮助克服影响学生英语学习的消极情感因素。原因很简单：学习者如果缺乏学习动力，又怎能够开展自主学习，实现其语言学习自主性发展?

第二，针对学生个体差异，指导如何进行自主学习。包括：指导学生选择适合自己的学习材料和学习资源；针对学生的个体差异给予学习方法和学习策略的指导；在课外适时和学生交流、沟通，了解学生自主学习中遇到的困难和问题并给予指导和帮助。

第三，需要加强培养学生听、说、读、写、译等方面的语言技能。语言学习自主性的独特之处，就在于英语学习的独特性。学习者自主性的发展和提高，需要一定的语言知识和技能作为基础。外语教师可以在教学过程中，将学习策略的讲解和训练与具体的英语学习情景结合起来。例如，教师教授学生在阅读活动中采用组织策略，通过阅读文章题目、段落的主题句、文章中的关键词，找出、抓住重要信息。然后采用精加工策略，对词汇和短语的意义、段落的主要思想等进行篇章理解。教师要指导学生在阅读活动中进行自我监控、调节、评价，提高自己解决问题的能力。

第四，提高课堂教学活动的效果。大学英语课堂是学生语言学习自主性展现（exercise）与提高的重要场所。受维果茨基（Vygotsky）提出的社会文化理论所影响，Little（2008）指出，学习者自主性的发展不是孤立的，而是在与他人的语言交际互动中得以提升。因此，在外语课堂教学中，教师与整个班级、教师与学习者个体、教师与小组、学习者成对或结成小组等不同形式的语言交际互动，对于学习者自主性的展现与发展具有重要意义。教师需要对组织的如个人陈述、小组任务和讨论等课堂教学活动进行反思，进一步提高教学活动的效果。

总之，外语教师需要从多方面反思其发展学习者自主性的实践，对学生进行自主性发展的个体需求分析，了解、协调影响转型期大学生学习者自主性发展的主观、客观因素，通过开展教学行动研究，更好地培养和促进学习者自主性的发展。

第六章　发展学习者自主性的路径与实践探索

在发展学习者自主性的路径方面，通过两项实证研究，描述、分析在课堂教学中应用阅读圈和通过合作学习，促进学习者自主性发展的有效性。本章在简要介绍行动研究的定义和模式的基础上，探讨外语教师可以通过开展基于校本和课堂的教学行动研究，进行培养和发展学习者自主性的实践路径探索。

第一节　应用阅读圈促进学习者自主性发展的实证研究[1]

一、引言

20 世纪 60 年代末，通过欧洲和北美的成人教育（adult education movement）运动，学习者自主性的概念被引入语言教学中（Benson，2004）。从那时起，世界上许多国家都将培养学习者自主性作为语言教学的重要目标之一。Little（1991）认为，发展学习者自主性逐渐被公认为语言教育的理想目标，是有效语言教学的主要表现。

许多学者和研究人员普遍认为，语言教学中学习者自主性的研究可以追溯到 20 世纪 70 年代中期。自那以后，人们进行了许多理论探讨和实证研究，以探索在不同教育背景下培养学习者自主性的有效性。

20 世纪 80 年代，一位美国教师将阅读圈应用于小学课堂，发现其对学生自主学习能力、合作学习能力和阅读能力的提高具有促进作用（Short & Pierce，1990）。研究者们发现，阅读圈对外语学习具有积极效果，主要包括提升学生的语言理解和表达能力、阅读动机、自主学习和合作学习能力（Shelton-Strong，

[1] 本研究已经以学术论文的形式发表于国外学术期刊《英语教学》（*English Language Teaching*）2022 年第 7 期。

2012）。然而，探讨将阅读圈法（reading circle method）应用于发展和培养学习者自主性的教学实践的研究，仍比较缺乏。

本研究在简要回顾阅读圈法以及中国教育背景下发展学习者自主性的研究的基础上，重点研究了阅读圈法在一所中国综合性大学"学术英语"课程中的应用，考查阅读圈法对促进学习者自主性发展的作用和影响。

二、研究背景

（一）阅读圈理论简述

阅读圈在美国、加拿大和其他一些国家的图书馆、教育机构非常流行。阅读圈（reading circle）是一种以学生为主导、以小组为基础的阅读、分享和讨论活动（Shelton-Strong，2012）。在大多数情况下，阅读的内容是文学作品或故事类型的作品。因此，阅读圈有时被称为"文学圈"（literature circles）。

阅读圈最早是由巴西著名教育家保罗·弗莱雷（Paulo Freire）提出的。它是指由同行领导的小型、异质的讨论小组，所有成员在其中讨论所选择和阅读的相同文本（Daniels，2002）。

具体而言，在一项阅读任务中，学习者通常被分为不同的小组，每个小组成员扮演不同的角色。常用的阅读圈角色包括"讨论组长（discussion leader）、总结者（summarizer）、文化收集者（culture collector）、生活联系者（connector）、单词大师（word master）和文段分析者（passage person）"（Daniels，2002；Furr，2003；Shelton-Strong，2012）。从角色的名称可以看出，每个成员在整体理解的基础上关注所阅读文本的不同方面，包括语言（单词大师和文段分析者）、文化元素（文化收集家）、对所读内容的总结（总结者）、基于自身经历的文本分析和评鉴（生活联系者）。

Bookworms Club 的阅读圈任务手册提供了针对每个角色的任务单，具体描述了每个角色及其任务职责要求（表 6-1）。

表6-1　阅读圈的主要角色和任务职责

角色	任务职责
讨论组长	根据文本，提出问题进行小组讨论，并负责组织成员进行讨论
总结者	总结文章的大意和文章中值得注意的要点
文化收集者	探究文本中的文化元素，并将其与本土文化进行比较，邀请同伴进行评论
生活联系者	联系文本中与自己生活经历相近的内容，并邀请同伴分享
单词大师	鉴赏并选择文本中的好词、关键词和难词，解释原因并作出评价
文段分析者	鉴赏并选择文中好句、好段或重要的段落，解释原因并作出评价

阅读圈任务的角色数量和任务设置，可以根据教学目标、文本与语篇特点和学生水平进行灵活调整。如果文本并未涉及明显或典型的文化要素，可以在分配角色时舍去文化收集者角色。

阅读圈要求各位成员在独立阅读同一文本的基础上，就文本的不同侧面进行分工研究，然后再分享讨论（Daniels，2002）。阅读圈不同的角色分配可以使学生在独立阅读时有更加明确和细致的目标，阅读后的小组讨论活动可强化学生对阅读材料的深层理解（罗少茜、张玉美，2020）。学生在阅读圈中既有分工又有合作，并且兼顾语言和意义（Shelton-Strong，2012）。

（二）中国教育背景下培养学习者自主性的意义

由于学习者自主性的概念起源于国外，直到2000年，我国在这方面的研究才进入繁荣阶段。已发表的关于学习者自主性的文章主要是理论介绍和关于如何在中国教育背景下培养学习者自主的文章（例如，高吉利，2005；何莲珍，2003；华维芬，2001；李广凤、郭芳芳，2015；谭红，2001；王笃勤，2002；魏玉燕，2002；徐锦芬、朱茜，2013；尹华东，2014）。

我国研究人员经常使用“自主学习”和“自主学习能力”来指代学习者自主性的概念。尽管名称不同，但中国研究人员和学者普遍认为，学习者自主性是学习者独立、自主学习的能力或学习行为，其内涵与Holec（1981）提出的定义一致（Qu，2017）。事实上，Benson（2005，2011）指出，学习者自主性和自主学习的概念内涵存在差异。

在我国大学英语课程教学改革中，一直强调培养大学生的自主学习能力。2020年，教育部高等学校大学外语教学指导委员会发布了新的《大学英语教学指南》，指出大学英语的教学目标是“培养学生的英语应用能力，增强跨文化交际意识和交际能力，同时培养自主学习能力，提高综合文化素养”。此外，教学方法的运用应“注重培养学生的自主学习能力，引导和帮助他们制定学习策略”。很明显，大学英语教学的课程改革仍然要求外语教师在教学目标和教学方法上注重促进学生外语自主学习能力的发展。

（三）一所综合性大学的“学术英语”课程简介

“学术英语”课程是为以理工科专业为主的一所综合性大学的大学生，在大一学年第二学期开设的必修课程。在课程介绍环节，教师解释了阅读圈的概念，以及角色设置和任务职责。在本研究中，阅读圈包括一个小组阅读活动和展示任务，即学生在一个小组中阅读相同的文本，而小组中的每个成员在对阅读材料的整体理解中扮演不同的角色。

具体而言，首先，四至五名同学自愿结成一个小组。小组成员选出一位组长并由组长分配各自的角色，如讨论组长、总结者、单词大师、文段分析者、说明者。

其次，教师详细阐述小组每个成员的角色和任务。对于单词大师来说，需要在阅读文章中寻找关键词和表达方式，解释新词和表达方式的含义、搭配并举例说明用法。对于讨论组长来说，会根据阅读内容提出一些批判性思维问题，以检查其他成员对文本的理解情况和程度。对于总结者来说，负责以概念图或思维导图的形式创建视觉辅助，说明文章框架结构、中心思想和支撑细节，并解释文章的主要思想是如何结构化组织的。对于说明者来说，与其他成员讨论文章与外部资源信息的关系，记录小组讨论，并制作 PowerPoint，准备小组成员向全班同学报告、分享。

接下来，教师解释和说明小组阅读任务，并分配要阅读的文章。小组阅读任务如下：

（1）略读文本，确定关键词，分析写作目的和写作方法。

（2）仅用一句话概括每一段 / 每一节的大意，并在分析文章组织结构的基础上制作思维导图，清晰展现文章的组织结构。

（3）撰写一篇约 120 字的总结概要，总结文章的大意。

（4）提出两到三个关于文本或主题的批判性问题，在与班上其他同学讨论后分享小组成员的观点和看法。

（5）搜索、提供一些与文本主题相关的外部资源信息。

最后，小组将在课堂上报告、展示对所阅读文章的学习情况。小组分享结束后，教师和其他学生将对小组报告的内容和展示形式，提出问题或加以评论。

三、研究方法

（一）研究问题

为了探究阅读圈法对学习者自主性发展的影响和作用，提出了以下研究问题。

- 阅读圈的应用是否影响学习者自主性的发展？
- 阅读圈在哪些方面促进了学习者自主性的发展？

· 应用阅读圈在培养学习者自主性方面，有哪些优点和问题？

（二）研究参与者

本研究是在 116 名大一本科生中进行的，他们来自三个教学班级，所学专业主要是理工科专业。这三个教学班级由同一位教师教授，使用相同的教材。每个班级的每周教学时间为 4 学时。课程结束时，学生们填写完成一份在线问卷。

（三）研究工具

基于韩立刚（2013）研制的学习者自主性调查问卷，设计、编制了本研究的调查问卷（附录 2“阅读圈对学习者自主性发展的影响调查问卷”）。问卷包括三个部分：学生的个人信息、阅读圈（reading circle）小组活动的情况（20 个封闭式问题）、两个开放式问题。

（四）信度与效度

数据收集后，使用 SPSS 25.0 软件进行数据统计和分析。采用 Cronbach's alpha 系数来检测问卷的内在一致性。一般可接受的 Cronbach's alpha 信度系数不应低于 0.70（秦晓晴，2009）。本调查问卷 20 个题项的信度统计量 Cronbach's alpha 系数为 0.953，说明这 20 个项目之间的内在一致性很好，即它们测量的是同一结构。也说明本研究的调查问卷具有较高的信度。

检验问卷的结构效度，主要依靠的是统计证据。在社会科学领域，通过因子分析可以进行结构效度分析（秦晓晴，2009）。因子分析的一个标准是查看 KMO（Kaiser-Meyer-Olkin measure of sampling adequacy）的测量值。秦晓晴（2003；2009）指出，KMO 值越高（接近 1.0），说明变量之间可提取的共同因子越多，数据便越适宜做因子分析。KMO 的值最低不能低于 0.6。本问卷中的 KMO 值为 0.904，而且 Bartlett 球体检验的值（P=0.000）也达到了显著水平（$P \leqslant 0.05$）（表 6-2），这说明本问卷具有较高的结构效度。

表6-2　KMO测度和Bartlett球体检验表

Kaiser-Meyer-Olkin Measure of Sampling Adequacy		0.904
Bartlett's Test of Sphericity	Approx. Chi-Square	1198.232
	df	190
	Sig.	0.000

四、结果与讨论

（一）研究结果

“学术英语”课程结束时，利用问卷星平台对三个班的学生进行了在线问卷调查。共有 116 名学生填写完成了调查问卷，所有问卷都是有效的。其中，58 名（50%）为男性，58 名（50%）为女性。

关于阅读圈对学习者自主性发展的影响，学生对 20 个封闭题项的回答如表 6-3 所示。

表6-3　阅读圈对学习者自主性发展的影响情况

题项	完全不符合（%）	基本不符合（%）	不确定（%）	基本符合（%）	完全符合（%）
1. 我之前参加过阅读圈（Reading Circle）小组活动	25	6.03	19.83	4.31	44.83
2. 我们小组能够分角色完成小组活动	8.62	7.76	14.66	21.55	47.41
3. 通过参加小组活动，我增强了与他人沟通的能力	7.76	4.31	18.97	28.45	40.52
4. 我积极同小组其他成员合作完成任务	7.76	1.72	12.93	28.45	49.14
5. 我课下用英语与小组成员交流、沟通完成任务	13.79	26.72	22.41	19.83	17.24
6. 通过参加小组活动，我提高了做PPT的水平	5.17	6.9	19.83	32.76	35.34
7. 小组汇报展示，使我提高了在教室前面做课堂陈述的能力	6.03	7.76	16.38	31.03	38.79
8. 通过参加小组活动，提高了学术词语的使用能力	4.31	8.62	25	31.03	31.03
9. 通过参加小组活动，对一篇新文章的结构知道了如何去分析	7.76	4.31	18.1	33.62	36.21
10. 通过参加小组活动，提高了绘制思维导图的能力	4.31	11.21	21.55	37.07	25.86
11. 通过参加小组活动，提高了略读（skimming）与寻读（scanning）的能力	7.76	4.31	10.34	41.38	36.21
12. 通过参加小组活动，提高了写文章总结（summary）的能力	5.17	9.48	10.34	38.79	36.21
13. 有的小组成员不积极参加讨论，准备汇报的材料	26.72	19.83	17.24	17.24	18.97

续表

题项	完全不符合（%）	基本不符合（%）	不确定（%）	基本符合（%）	完全符合（%）
14. 通过参加小组活动，提高了我的批判性思维（critical thinking）能力	6.03	4.31	16.38	38.79	34.48
15. 今后自己能像小组活动那样，对一篇新文章进行批判性阅读了	4.31	6.9	22.41	41.38	25
16. 通过参加小组活动，提高了英语学习的兴趣	2.86	11.43	32.86	31.43	21.43
17. 做完小组课堂分享之后，我会反思一下做的效果	1.43	8.57	35.71	30	24.29
18. 我喜欢做小组活动	4.29	7.14	40	20	28.57
19. 我从其他同学的小组展示中，学到了很多	2.86	7.14	32.86	35.71	21.43
20. 做小组活动，有助于提高我的自主学习能力	2.86	4.29	28.57	31.43	32.86

（二）研究讨论

本研究的研究目的是探讨阅读圈如何影响学习者自主性的发展。将针对三个研究问题，采用描述性统计分析、讨论研究发现。

1. 阅读圈对学习者自主性发展的影响

前两个研究问题是探讨阅读圈的应用是否会影响学习者自主性的发展，以及阅读圈如何促进学习者自主性的发展。

首先，从数据分析来看，通过参与阅读圈小组活动，学生的学习态度和兴趣得到了提高。根据分析，大多数学生（77.59%）积极配合其他小组成员完成阅读圈的任务。另外，超过一半（52.86%）的学生认为，通过参加阅读圈活动，他们对英语学习的兴趣有所提高。此外，许多学生（64.29%）认为阅读圈小组活动有助于提高他们的自主学习能力。总之，通过完成阅读圈活动和任务，学生的学习态度和兴趣得到了提升。

其次，通过参与阅读圈小组活动，学生的英语学习能力和学习策略得到了提高和发展。例如，69.82% 的学生表示，他们在课堂上的陈述能力有所提高；62.06% 的学生认为通过参加阅读圈活动，他们的学术词汇使用能力得到了提高。此外，69.83% 的学生认为他们已经学会了如何分析新文章的结构，许多学生（62.93%）认为他们绘制思维导图的能力有所提高。在阅读策略方面，大多数学生（77.59%）认为他们的略读和寻读能力有所提高。值得注意的是，75% 的学生表示，他们撰写文章摘要的能力，通过阅读圈活动也得到了提高。简言之，参与阅读圈活动有助于学生提高英语学习能力。

再次，通过参与阅读圈活动，学生的合作、沟通和反思能力得到了提升。大多数学生（68.96%）能够在阅读圈活动中，扮演不同角色、讨论并完成小组任务。许多学生（68.97%）表示他们的沟通能力有所提高。此外，超过一半（54.29%）的学生在完成小组报告后，会反思小组报告的效果。

最后，通过参与阅读圈活动，学生提高了陈述能力和批判性思维能力。例如，68.1% 的学生表示，他们制作 PowerPoint 和陈述演讲的能力有所提高；73.27% 的学生认为他们的批判性思维能力也得到了提高。

在调查问卷第三部分，第一个开放式问题旨在了解学生参加阅读圈小组活动，对其英语自主学习还有哪些影响。在 116 份有效问卷中，有 58 位学生对此问题进行了作答（此题目的设置为自愿作答），作答率为 50%。通过内容和主题分析，将作答情况进行归纳、汇总，数据整理、分析的结果如表 6–4 所示。

表6–4　阅读圈小组活动对学生英语自主学习的影响

阅读圈小组活动对学生英语自主学习的影响表现	频数（次）	百分比（%）
提高英文表达能力	14	24.1
提高自信、积极性	5	8.6
提高团队沟通、合作能力	27	46.6
增进友谊	16	27.6
增强阅读理解文章的能力	3	5.2
发展思辨能力	3	5.2
合计：58		

在提高英文表达能力方面，有 24.1%（14 人次）的学生认为，参加阅读圈小组活动，提高了其英文表达能力。例如：“表达能力得到提高”（序号 14）；“提升自己的演讲能力”（序号 15）；“发现了自己在英语学习方面的长处与不足，提高了自己的汇报展示能力”（序号 40）。

此外，有 46.6%（27 人次）的学生认为，参加阅读圈小组活动，提高了其团队沟通、合作能力，并且有 27.6%（16 人次）的学生认为，活动增进了同学间的友谊。学生如此表述：

增强了团队合作能力和语言表达能力。(序号 19)

学会了团队合作。(序号 9)

增强了团队意识。(序号 55)

和同学之间的默契配合，以及从其他小组展示中学到了很多。(序号 31)

结交了更多的朋友。(序号 2)

除了学术上的收获外，通过小组合作的形式我也收获了很多友谊。(序号 43)

另外，通过参加阅读圈小组活动，学生还提高了自信、积极性（8.6%），增强了阅读理解文章的能力（5.2%），发展了思辨能力（5.2%）。例如，“敢说了，可以改变自己的固有思维”（序号 4）;“提高个人积极性，与展示、沟通能力”（序号 26）;“个人更加外向，至少敢在很多人前说自己有些蹩脚的英语了”（序号 27）;“不仅仅学会文章的内容还学会怎么读文章”（序号 13）;“知道了如何去通过不同的角度提问”（序号 11）;“开拓了思路”（序号 36）。

2. 应用阅读圈培养学习者自主性的优点与不足

第三个研究问题旨在调查阅读圈在培养学习者自主性方面，具有哪些优势和不足。

从上面阅读圈对学习者自主性发展的影响来看，阅读圈在培养学习者自主性方面的优势如下：第一，阅读圈有助于提高学生积极学习的态度和学习兴趣；第二，阅读圈有助于学生学习能力和学习策略的提高；第三，阅读圈的应用可以促进学生合作、沟通、反思能力和批判性思维的发展；第四，阅读圈的应用提高了学生阅读学术文章的语言意识。如表 6–3 所示，大多数学生（66.38%）表示，他们将来可以像在阅读圈小组中一样批判性地阅读一篇文章。

然而，在阅读圈的应用中，有几点不足之处是不可忽视的。

首先，一些学生（40.51%）没有使用英语与小组成员交流和完成课后任务，而只有 37.07% 的学生反馈使用英语进行交流。这可能是因为英语在中国是一门外语，一些学习者还没有养成在课堂学习环境之外使用英语进行交流的习惯。

其次，一些学生（36.21%）认为有的团队成员没有积极参与讨论并准备报告展示材料。今后教师应采取有效措施，鼓励和督促所有成员参与到阅读圈中，积极履行各自的角色和任务。

正如 Benson 与 Voller(1997）所言，学习者自主性的发展并非在没有教师参与的情况下学生自己进行学习。教师在促进学习者自我实现和定期为他们提供帮助方面发挥着至关重要的作用。同样，一些研究人员（例如，Arnold，2000；Benson，2011；Voller，1997）指出，语言教师在培养学习者自主性方面应该扮演“顾问”（counselor）和“促进者”（facilitator）的角色。语言教师应该了解学习者的需求，从而对每个学习者的持续需求作出回应。此外，语言教师应该充当“脚手架”（scaffolding）。当学生在语言自主学习过程中需要帮助时，教师应提供必要的支持。

此外，Arnold（2000）和 Aoki（2000）指出，语言学习者的情绪、兴趣、态度和焦虑等因素会影响他们的学习行为和结果。因此，作为“顾问”（counselor）、“促进者”（facilitator）和“脚手架”（scaffolding），语言教师应该意识到可能阻碍语言学习的不良因素，并帮助学习者及时减少和缓解这些负面影响。

五、研究结论

本研究探讨了阅读圈的应用对培养学习者自主性发展的影响。研究结果表明，阅读圈可以有效促进学习者自主性的发展，主要体现在帮助学习者增强学习兴趣和学习动机，促进学习者提高学习能力和学习策略。

基于研究结果，有以下几点建议。

首先，语言教师需要在课堂之外创设更有利的学习环境。由于缺乏自然的外语交际语境，语言教师可以组织一些活动，如英语角、英语演讲比赛、英语辩论等，以鼓励和激发学习者在课堂外使用英语进行交际的兴趣。

其次，语言教师需要了解什么是学习者自主性，教师应该扮演什么角色，以及如何扮演好这些不同角色，以满足每个学习者的学习需求。外语教师只有具备发展学习者自主性相关的知识和意识，并对上述问题具有较全面的理解，才能有效地促进学习者自主性的培养与发展。

最后，语言教师需要及时指导和监督学习者完成阅读圈各项活动与任务，以便在学习者有问题时提供帮助和支持。这有助于确保阅读圈在教学实践中应用的效果。

总之，本研究对今后应用阅读圈促进学习者自主性发展的相关研究，提供一些借鉴和启示。对于外语教师教育和培训项目，应设计和组织一系列课程、教师培训计划和教学实践，以促进外语教师学习和掌握发展学习者自主性的知识和方法，以便在外语教育教学实践中，创新方法和实践，更好地促进学习者自主性的发展。

第二节　通过合作学习促进学习者自主性发展的实证研究[1]

一、引言

20 世纪 60 年代以来，随着外语教育从以教师为中心向以学习者为中心转变，学习者自主性发展成为外语教学和研究的热点。许多研究人员和教育工作者（例如 Broady & Kenning, 1996；Benson, 1997；Benson, 2004；Allford & Pachler, 2007；Jiménez Raya & Lamb, 2008）注意到，教育中最重要的目标之一是培养学习者的自主性。正如 Little（1991）指出，发展学习者自主性逐渐被视为外语教育的理想目标，是有效教学的主要体现。

关于语言教学中学习者自主性的研究可以追溯到 20 世纪 70 年代中期（Holec, 1981；Gremmo & Riley, 1995；Broady & Kenning, 1996；Benson & Voller, 1997；Littlewood, 1999；Lamb & Reinders, 2008；Smith, 2008）。到目前为止，学习者自主性仍然是自我调节、学习动机、社会文化理论和教师发展相关研究的兴趣点（Benson，2005，2011）。学习者自主性研究热点问题包括自主性概念如何随着时代的变化而变化，以及如何与语言教学理论、教育实践和社会思想的更广泛发展相适应。

早期关于学习者自主性的研究大多集中在对其定义和内涵的讨论上（例如，Benson，2006；Dickinson，1987；Little，1991；徐锦芬，2006）。这可能是语言教学中关于培养学习者自主性最难回答的问题，因为任何答案都可能是主观的。

本研究在简要回顾学习者自主性理论发展、概念内涵的基础上，调查和分析了某综合性大学“英语听说”课程中，通过小组合作学习促进学习者自主发展的实践探索。

二、研究背景

（一）学习者自主性的概念内涵

语言教学中的学习者自主性概念起源于 20 世纪 60 年代末在欧洲和北美开展的成人运动。多年来，它一直与正规教育之外的成人学习者联系在一起（Benson,

[1] 本研究已经以学术论文的形式发表于国外学术期刊《英语教学》（*English Language Teaching*）2019 年第 8 期。

2004)。因此，早期关于自主性的研究主要关注那些独立学习的学习者。

1981 年，Holec 出版了《自主性与外语学习》(*Autonomy and Foreign Language Learning*)一书，标志着语言学习者自主性研究的开端。从那时起到现在的三四十年里，学习者自主性理论得到了发展，并成为研究的热点。一般来说，自主性可以解释为学习者对自己学习负责的能力。

学习者自主性的定义一直在随着时代的变化而变化，其中 Holec(1981)的定义仍然是被引用最广泛的定义。在外语学习的语境下，Holec 将自主性定义为“掌控自己学习的能力”。因此，自主学习者是指能够掌控自己学习的人。

韩立刚(2013)在回顾了学习者自主性的不同定义和内涵的基础上，结合束定芳和庄智象(2008)的观点，提出学习者自主性的定义如下：学习者自主性是指外语学习者为了获得外语知识和语言技能，在外语教学课堂内、外的语言交际活动中，能够积极管理自己的语言学习行为，自觉能动地选择适合自己的学习方式、学习内容和学习途径，反思学习效果，并创造性地解决外语学习过程中所遇到的各种问题。学习者自主性既是学习者在益于其语言学习的环境下，积极选择和利用课堂内、外的学习材料和资源，愿意对自己的语言学习负责且管控自己语言学习的一种潜能，也是一种能动地进行语言交际实践的行为。

学习者自主性具有以下三个重要特征。首先，学习者自主性是指语言学习者的学习态度和学习动机。语言学习者愿意对自己的语言学习采取积极的态度和动机，并主动对学习负责。其次，学习者自主性被视为学习能力。通过对学习者的培训和教师的支持，语言学习者可以发展独立学习的能力和掌握学习策略。最后，没有支持性的环境或背景，学习者自主性的发展是不可能实现的。这里的环境包括教师的指导、教学和学习设施，以及学习材料和资源。

基于以上讨论，我们认为学习者自主性既是语言学习者在支持性环境或语境中发展自主性的建构过程，又是一种学习能力。作为一种活动过程，自主性发展既需要内在的必要条件，也需要外部支持条件。建构主义理论认为，学生的学习不是被动接受的过程，而是主动建构的过程。自主学习的过程应该包含了三个方面的内容：一是对自己学习活动的事先计划和安排；二是对自己学习活动的监察、评价、反馈；三是对自己的活动进行调节、修正和控制(董奇、周勇，1994)。作为一种能力，学习者自主性是学习者与外部环境长期相互作用的结果，是个体在不同的情景中表现出来的一种相对稳定的学习特征。自主性是学习者在学习活动中表现出来的一种综合能力。

（二）培养学习者自主性在我国大学英语教学中的重要性

发展学习者自主性已成为现代语言教育的一个重要目标，不仅是在高校层面，也是中国语言学习者的一个人生目标。外语教师只有注重对学习者自主性的培养与发展，才能从根本上提高大学英语教学的成效。

2007 年，教育部高等教育司发布了《大学英语课程教学要求》，为高校非英语专业学生的英语教学提供了指导方针。根据《大学英语课程教学要求》，大学英语的教学目标是培养学生全面使用英语的能力，尤其是听说能力，以便在未来的工作和社会交往中，能够通过口语和书面渠道有效地交流信息。同时，他们将能够增强自主学习能力，提高文化素质，以适应中国社会发展和国际变化的需要（教育部高等教育司，2007）。此外，传统的教师在课堂上传授语言和技能的模式，将被培养学生使用语言的能力和自主学习的能力的新模式所取代。

（三）某综合性大学的“英语听说”课程简介

“英语听说”课程为某综合性大学在大一学年第二学期开设的必修课程。在课程的第一节课上，学生被分成四到五个人的小组，每个小组成员分别扮演不同的角色，如组长、资源提供者、提问者、演示者和秘书。

小组合作学习的过程如下。首先，小组的每个成员收听或观看美国之音（VOA）或英国广播公司（BBC）的新闻，并找到一条有趣和有启发性的新闻。其次，小组组长组织成员讨论并决定小组将在课堂上展示和分享哪条新闻。再次，小组使用视频剪辑、图片和新闻稿制作 PowerPoint。最后，小组在课堂上展示和分享此则新闻。小组展示结束后，其他学生和教师对小组的新闻分享提出问题或发表评论。

三、研究方法

本研究中的合作学习，指的是学生在英语学习过程中，通过共同合作、努力来实现和完成共同的学习目标和任务。

（一）研究问题

本研究旨在探讨合作学习是否影响学习者自主性的发展，围绕两个研究问题开展探究。

· 小组合作学习是否促进了学习者自主性的发展？如果是，体现在哪些方面?

· 小组合作学习在促进学习者自主性发展方面，有哪些优势和不足?

(二)研究参与者

本研究是在来自三个教学班的 168 名非英语专业大学一年级学生（年龄在 18 至 20 岁之间）中进行的。这三个教学班由同一名教师使用相同的教材教授，每周授课学时为 2 学时。课程结束时，学生们按要求填写一份在线调查问卷。

(三)研究工具

基于韩立刚（2013）设计的关于学习者自主性的调查问卷，研制了一份调查问卷（附录 3“合作学习对学习者自主性发展的影响调查问卷”），旨在了解小组合作学习对学习者自主性发展的影响。

调查问卷包括三个部分：学生的个人信息、合作学习对学习者自主性发展的影响（20 个封闭式问题）、两个开放式问题。其中，20 个封闭式问题从三个方面考察合作学习对学习者自主性发展的影响：学生的学习态度和动机（6 个题项）、学习能力和策略（10 个题项）以及学习环境和资源（4 个题项）。

(四)信度与效度

数据收集后，使用 SPSS 25.0 软件进行数据统计和分析。采用 Cronbach's alpha 系数来检测问卷的内在一致性。一般可接受的 Cronbach's alpha 信度系数应不低于 0.70（秦晓晴，2009）。本调查问卷 20 个题项的信度统计量 Cronbach's alpha 系数为 0.922，说明这 20 个项目之间的内在一致性很好，即它们测量的是同一结构。也说明本研究的调查问卷具有较高的信度。

检验问卷的结构效度，主要依靠的是统计证据。在社会科学领域，通过因子分析可以进行结构效度分析（秦晓晴，2009）。因子分析的一个标准是查看 KMO（Kaiser-Meyer-Olkin measure of sampling adequacy）的测量值。秦晓晴（2003；2009）指出，KMO 值越高（接近 1.0），说明变量之间可提取的共同因子越多，数据便越适宜做因子分析。KMO 的值最低不能低于 0.6。本问卷中的 KMO 值为 0.880，而且 Bartlett 球体检验的值（P=0.000）也达到了显著水平（$P \leqslant 0.05$）（见表 6-5），这说明本问卷具有较高的结构效度。

表6-5　KMO测度和Bartlett球体检验表

Kaiser-Meyer-Olkin Measure of Sampling Adequacy		0.880
Bartlet's Test of Sphericity	Approx. Chi-Square	1.402E3
	df	190
	Sig.	0.000

四、结果与讨论

（一）研究结果

在大一学年第二学期末，利用问卷星平台对这三个教学班进行了问卷调查。在 168 名学生中，118 名学生完成了在线问卷调查，所有问卷都是有效的。在完成在线问卷调查的 118 名非英语专业大学生中，46 人（39%）为男生，72 人（61%）为女生。

关于小组合作对学习者自主性发展的影响，学生对 20 个封闭式题项的回答如表 6-6 所示。

表6-6　小组新闻分享对学习者自主性发展的影响情况

题项	完全不符合（%）	基本不符合（%）	不确定（%）	基本符合（%）	完全符合（%）
1. 我喜欢做英语新闻分享	3.4	5.9	44.1	33.1	13.6
2. 我认真挑选和准备课堂上要分享的英语新闻	1.7	4.2	22.9	42.4	28.8
3. 做新闻分享时，我充满了信心	2.5	11.0	37.3	33.9	15.3
4. 通过做新闻分享，我学到了许多词汇和表达方式	0	11.0	31.4	34.7	22.9
5. 做完新闻分享之后，我会反思一下自己做的效果	3.4	11.0	26.3	32.2	27.1
6. 做完新闻分享之后，我还经常收听或观看英语新闻	7.6	37.3	35.6	12.7	6.8
7. 除了老师推荐的新闻网址外，我还主动寻找其他新闻资源	8.5	28.0	28.8	24.6	10.2
8. 我从其他同学的新闻分享中，学到了很多	1.7	12.7	34.7	37.3	13.6
9. 通过做新闻分享，激发了我学习英语的兴趣	1.7	17.8	37.3	27.1	16.1

续表

题项	完全不符合（%）	基本不符合（%）	不确定（%）	基本符合（%）	完全符合（%）
10. 新闻分享有助于提高我的英语听力水平	4.2	8.5	24.6	39.0	23.7
11. 新闻分享有助于提高我的口语表达能力	2.5	2.5	18.6	39.0	37.3
12. 新闻分享有助于提高我的阅读能力	2.5	10.2	24.6	40.7	22.0
13. 做新闻分享，促使我更积极主动地学习英语	4.2	7.6	37.3	33.1	17.8
14. 做新闻分享，使我学会批判性地看问题	2.5	10.2	30.5	38.1	18.6
15. 做新闻分享时，我很紧张	6.8	12.7	25.4	28.0	27.1
16. 做新闻分享，有助于提高我的自主学习能力	2.5	8.5	19.5	44.9	24.6
17. 我的手机上安装了英语新闻客户端	15.3	18.6	13.6	21.2	31.4
18. 我经常用手机看（听）英语新闻	13.6	36.4	29.7	11.0	9.3
19. 我希望老师推荐更多的英语新闻的资源	4.2	9.3	22.0	33.9	30.5
20. 老师的点评，使我更深入地反思所分享的新闻	4.2	5.9	21.2	38.1	30.5

本研究的主要目标是详细探讨学生通过新闻分享进行的小组合作学习如何影响学习者自主性的发展。在回答这两个研究问题时，使用了描述性统计学。

（二）小组新闻分享对学习者自主性发展的影响

根据分析，大多数学生（71.2%）会仔细选择、与其他小组成员讨论，并决定在课堂上分享哪些新闻。大约一半的学生（46.7%）喜欢做新闻分享，并对做小组作业表现出了信心（49.2%）。另外，43.2% 的学生表示，小组新闻分享激发了他们的英语学习兴趣。此外，一半的学生（50.9%）认为新闻分享有助于他们更积极地学习英语。总之，通过做小组新闻分享，提高了学生的学习态度、学习兴趣和学习动机。

小组新闻分享有助于提高学生的学习策略和语言能力。例如，57.6% 的学生认为他们通过新闻分享学到了很多新词和短语；50.9% 的学生认为自己从其他学生的新闻分享中受益匪浅；59.3% 的学生对新闻分享的效果进行了反思。此外，小组合作完成作业有助于提高学生的语言技能。例如，小组新闻分享有助于提高学生的英语听力（62.7%）、英语口语（76.3%）和英语阅读能力（62.7%），并且多数学生（68.6%）认为从老师对新闻分享的评论中获益。

在学习资源的使用方面，52.6% 的学生在手机上安装了英语新闻 App 以获取英语新闻。值得注意的是，64.4% 的学生希望老师能推荐更多的英语新闻资源。

（三）小组合作学习促进学习者自主性发展的优势和需要改进之处

如上所述，小组合作学习对学习者自主性发展的促进作用体现在以下三个方面。首先，小组新闻分享有助于提高和激发学生的英语学习态度、学习兴趣和动机。其次，小组合作学习有助于提高学生的学习策略和语言能力，也有助于培养学生的批判性思维。最后，小组合作学习促进了学生对学习资源的使用。

通过研究，在应用小组合作学习发展学习者自主性方面，有以下几点仍需要改进。首先，只有 19.5% 的学生在分享新闻后仍然会听或看英语新闻，而 44.9% 的学生可能不会继续收听英语新闻。其次，55.1% 的学生认为他们在做新闻分享时非常紧张；相比之下，只有 19.5% 的学生在做新闻分享时感到放松。最后，尽管超过一半的学生（52.6%）在手机上安装了英语新闻应用，但只有五分之一（20.3%）的学生经常在手机上听或看英语新闻，一半（50%）的学生可能不经常使用新闻应用听或看英语新闻。

正如研究人员（Benson，2005，2011；Cotterall，1995；Voller，1997；徐锦芬，2007）指出的那样，教师应该扮演好“促进者”（facilitator）的角色来促进学习者自主性的发展。因此，研究者和教师需要促进和帮助学生进一步激活主观主动性和学习动机，提高自主学习意识，制订学习计划，管理好时间，养成听英语新闻的习惯。

根据一些研究人员（例如 Arnold，2000；Benson，2005，2011；Voller，1997）的建议，在培养学习者自主性的过程中，教师还应该扮演“辅导员”（counselor）的角色，满足学习者的个体学习需求。在外语学习中，学习者的情感、情绪、兴趣、动机、态度和焦虑等因素会影响他们的学习行为和结果（Arnold，2000；Aoki，2000）。因此，作为“辅导员”，语言教师应该意识到可能阻碍学习的负面影响因素（如本研究中的紧张），并帮助学习者减少和缓解这些因素。

正如 Benson（2005，2011）所言，语言教师也应该是“学习资源”（resource）。外语教师不仅是学习资源的提供者，而且能够培养学习者有效利用学习资源的能力。就本研究而言，研究人员和教师需要了解学生的需求，并在未来提供更多的学习资源。

五、研究结论

外语学习者的自主学习不等于独自学习，而是独立学习与合作学习的结合。自主性的发展意味着学习者之间需要相互协作和相互依存（interdependence）（Little，1996，2000；Littlewood，1999，2002）。如孔子所言：“三人行，必有我师。”（《论语·述而》）学生在与其他学习成员一起交流协商、互相学习与合作中共同完成学习任务，发挥创造力和想像力，促进学习动机，提高学习策略和语言能力，实现自主性发展。

通过实证研究，可以得出如下研究结论——小组合作学习可以促进和提高学习者自主性。根据本研究的结果，有以下两点建议：

第一，应进一步提高和增强学习者自主意识。语言教师可以帮助学生学习、增加他们关于自主性发展的知识和对学习者自主性的认知。这样，学生就可以更清楚地意识到小组合作学习如何有助于提高他们的学习自主性。

第二，更重要的是，由于发展学习者自主性与语言教师对其角色和任务的理解交织在一起，教师需要充分理解什么是学习者自主性，以及应该扮演什么角色，这一点意义重大。如果语言教师缺乏发展学习者自主性的知识或意识，又如何能期望他们在促进学习者自主方面发挥各自应有的作用？因此，应设计一系列的课程和教师培训项目，以促进语言教师自主学习意识和知识的增长。

第三节 开展教学行动研究以促进学习者自主性发展

到目前为止，大量关于自主性的研究都是基于反思和推理。通常，研究人员通过反思自己和他人培养自主性的经验，得出自主性的性质以及与之相关的实践的结论。很少有研究是基于数据的系统分析。因此，Benson（2011）提出，任何有足够时间和精力的教师都可以在自己的教学实践中，开展基于数据的发展学习者自主性的行动研究。

行动研究是一种将理论与教学实践联系起来的方法。Wallace（2000：1）将行动研究定义为“系统地收集和分析与某些专业实践领域的改进相关的数据”。行动研究通常被认为是教师最容易开展的研究形式，因为它的目标是解决日常实践中遇到的问题。行动研究也特别适用于自主学习领域，因为它实际上是一种教师自主学习的形式，可以帮助教师实现自主发展。

教学行动研究被许多研究者（如 Wallace, 2000; Mills, 2007; Mertler, 2009; McNiff & Whitehead, 2010）认为是外语教师专业发展的有效途径或方法。外语教师可以在他们的教学环境（情景）中开展行动研究，以改进他们的教学实践，并通过教学行动研究实现他们的专业发展。例如 Dikilitas 与 Griffiths（2017）研究了教师可以通过开展行动研究，促进教师自主性的发展。

通过开展教学行动研究，外语教师可以发现并解决课堂上的问题，帮助他们更深入地了解自己的教学实践和职业生涯。在教学行动研究过程中，外语教师收集信息，识别问题或困难，实施行动研究计划，最终提高教学技能，并改进教学实践。

一、行动研究的定义和内涵

美国社会心理学家库尔特·勒温（Kurt Lewin）在 1934 年左右提出了“行动研究”一词。在 20 世纪 40 年代初的一系列实践经验之后，库尔特·勒温开始将行动研究视为一个过程，即相信普通人参与集体研究他们共同的“私人麻烦”时，进行反思性思维、讨论、决策和行动的能力的发展。

从库尔特·勒温提出行动研究的方法，到人们把这种方法运用到教育领域，大概相隔了 5 ~ 10 年的时间。为改革传统的课程及教学，美国学者麦克纳（McKernan，1991）提出了“课程行动研究”（Curriculum Action Research），其目的是提高实践者的研究意识及研究者的参与意识。麦克纳（McKernan，1991）在《课程行动研究手册》一书中给“行动研究”下了这样的定义：“行动研究是一种运用科学方法解决课程问题的系统的自我反省探究；参与者是这种批判性反省探究过程和反省探究结果的主人”。可以看出，作为一种方法，教育行动研究注重解决教师在教学过程中面临的实际问题。

关于“行动研究”，已经有了诸多定义。Mills（2007：5）将行动研究定义为由教师研究人员、校长、学校辅导员或教学 / 学习环境中的其他利益相关者进行的任何系统性调查，以收集有关特定学校如何运作、如何教学以及学生学习情况的信息。收集这些信息的目的是获得洞察力，发展反思性实践，对学校环境（以及一般的教育实践）产生积极的影响，并改善学生的成绩和相关人员的生活。Wallace（2000）则认为行动研究指的是为了促进教师的专业实践，在实践中探寻并实验新的教学理论和教学方法。

但大多数人接受的定义是由 Kemmis 和 McTaggart（1982：5）提出的。他们认为："行动研究是一种自我反思的方式（a form of self-reflective enquiry），社会工作者和教育工作者通过这种方式来提高他们：第一，对自身所从事的社会或教育事业的理性认识和正确评价（rationality and justice）；第二，对自己的工作过程的理性认识和正确评价；第三，对自己的工作环境的理性认识和正确评价。"行动研究的基本要点就是"行动"和"研究"二者的结合，"即在实践中不断反思和创新，提高和改进工作，提高对教学大纲、教学过程以及学习过程的理性认识，其结果是教学的不断改革和教师的可持续发展的动力和能力的形成"（王蔷，2002）。

Burns（1999）指出，行动研究是由既是研究者又是研究参与者的人进行的一种探究，是一种自我反思、系统和批判性的方法。其目的是确定参与者认为值得调查的有问题的情况或问题，以便在实践中带来批判性的知情变化。Nunan（1989）则认为，"行动"和"研究"这两个术语的联系，突显了该方法的基本特征：在实践中验证想法，以此作为增加课程、教学和学习知识的一种手段。其结果是改善了课堂和学校的情况，更好地阐明了所发生事情的教育理论基础。行动研究提供了一种将理论和实践联系起来的工作方式。

行动研究与其他研究不同，它的主要研究对象就是教师的教学活动。外语教师在自己的教学过程中通过反思自己的教学，发现问题，分析问题，寻求对策，并在教学实践中进行行动实验，从而不断改进教学，使教学效果达到最佳，同时提高对教学过程的理解和认识。行动研究，简而言之，即对教师的教学行动进行研究。就是以研究指导行动，行动促进研究，两者相辅相成，互为条件。

二、行动研究的模式和过程

教学行动研究是一个循环往复的过程，它包括计划、行动、观察、分析、反思等环节（McNiff & Whitehead，2010）。

国外研究者提出了不同的外语教学行动研究模式。库尔特·勒温（Lewin，1952）将行动研究描述为一个"螺旋式"的循环过程，包括计划、执行和调查（reconnaissance）三个阶段。

Creswell（2008）将行动研究描述为一个动态、灵活的过程，包括以下步骤：

（1）确定行动研究是否是最佳研究设计。

（2）确定要研究的问题。

（3）搜索帮助解决问题的文献资源。

（4）识别、确定必要的有用信息。

（5）实施数据收集。

（6）分析数据。

（7）制订行动计划并实施该计划。

（8）反思计划是否会产生影响。

McNiff（2013）用五个具体步骤描述行动研究的过程：

（1）教师在教学实践中发现存在的难题。

（2）通过初步调查近期课堂教学发生的情况，提出有针对性的解决办法。

（3）制订、实施教学方案和收集数据，并不断进行适当调整。

（4）反思、评价教学行动结果。

（5）在分析、评价的基础上重新确定教学问题，计划下一轮的研究。

Burns（2010）用一个行动研究过程模式图（图 6-1），来说明行动研究的主要环节和步骤，包括：确定工作环境中的关注领域；聚焦调查的问题 / 难题；规划“行动”计划以解决问题（即干预）；决定如何记录干预措施，分析数据；规划进一步的“行动”，记录行动，分析数据等（可重复多次的循环过程）；决定如何“报告”项目发现和结果。

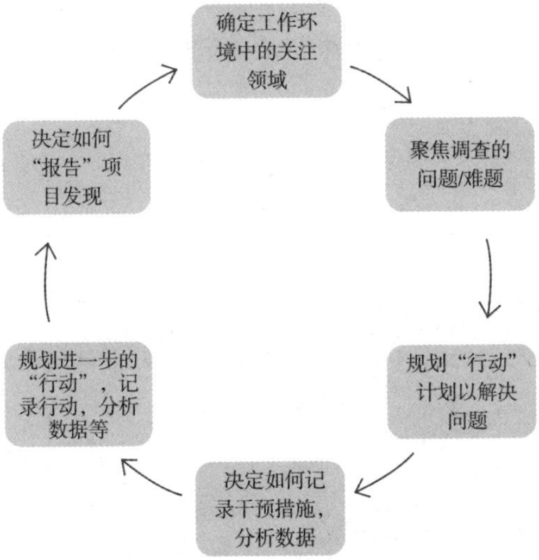

图6-1　Burns（2010）的行动研究过程模式图

我国的学者张正东（2001：52）先生把行动研究的步骤总结为六步：

（1）教师在日常教学中通过观察、鉴别、反思发现问题。

（2）调查问题产生的原因。

（3）分析原因，提出解决问题的办法（假说）。

（4）制订行动（实验）计划。

（5）行动并观察其结果。

（6）思考、描述行动结果。

王蔷（2002）教授把教学行动研究的过程概括为发现和确认研究问题、制定行动计划方案、实施行动并监控行动方案、评价与反思、撰写研究报告五个环节连续循环的过程（图 6–2）。

（1）发现和确认研究问题。首先，教师在日常教学中通过观察、鉴别、反思发现问题。其次，调查问题产生的原因，明确问题如何产生。最后，分析原因，提出解决问题的办法（假说）。

（2）制订行动计划方案。根据所找到的问题，设计一个研究方案以改进现状。

（3）实施行动并监控行动方案。把这个方案付诸实践，观察、监控并记录实施这一方案的效果。行动中强调师生合作，也可建立教师与专家之间的关系。

（4）评价与反思。在实施过程中进行反思，分析、评估效果。可采用研讨、分析、鉴定等形式，吸收全体教师参加分析讨论，并可邀请专家参加。如果发现实施后的行动方案还存在问题，则再次拟订行动计划、再次行动，直到满意为止。

（5）撰写行动研究报告。将整个行动研究的过程进行整理、汇总，撰写、完成行动研究报告。

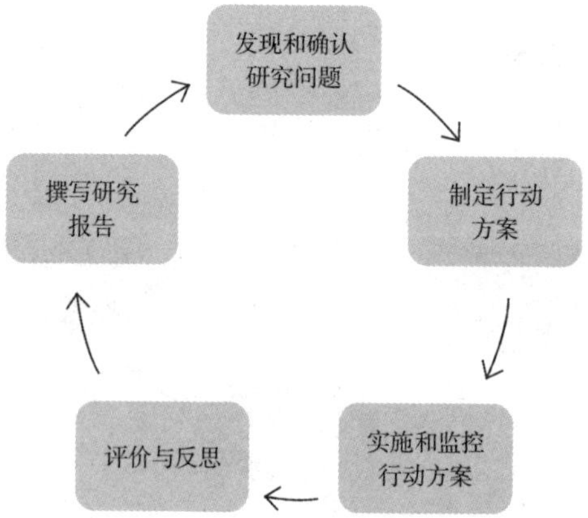

图6–2　王蔷（2002）的行动研究过程模式图

从行动研究的定义和模式可以看出，行动研究的基本特征就是把“行动”和

"研究"二者有机地结合在一起。归纳起来，教学行动研究具有以下几个主要的特征：

（1）自我反思式的（self-reflective）：教师自己不仅要反思、确认教学中的问题，而且要反思行动实践的结果。

（2）基于行动的（action-based）：教师自己既是研究者，又是行动方案的制订者和计划实施的教学实践者。

（3）情景化的（context specific）：以特定场域、情景或语境为基础的。

（4）实证/实验性的（empirical）：以教师自己的教学环境和学生作为研究对象。

（5）系统性的（systematic）：和其他教育研究一样，行动研究是一个科学、系统、完整的研究过程。这一过程包括发现、确定研究的问题，设计解决问题的方案（行动计划），实施计划，观察和收集数据，反思、评估结果。

（6）参与式的（participatory）：教师直接参与作为研究对象和内容的教学实践活动。

（7）合作式的（collaborative）：重视教师之间、教师与科研人员之间进行合作式的观察研究活动。

（8）自我评估式的（self-evaluative）：教师对教学实践活动的结果进行自我评估。

（9）立足变革和改进实践的（aiming for change and improvement）：这是教学行动研究的价值所在。

三、教学行动研究：促进学习者自主性发展的实践路径

行动研究是扎根于课堂或学校的校本研究、教师研究（由教师完成）、以解决问题为中心的行动中的研究，在预期结果中具有实用性（Wallace，2000）。行动研究是实践者的研究。教师在行动研究的过程中，既是研究的设计者、实施者，又是评价者和使用者（王蔷，2002）。行动研究最重要的意义，是把课程、教材、教法、学习过程、学生需求和评价有机地结合在一起，从人的需求和发展出发，分析问题和解决问题，促进教育的改进和学生的发展（王蔷，2011）。

Benson（2005：182）提出，行动研究具有五个鲜明的特点：

（1）它解决了研究人员及其所在社区的实际关切问题。

（2）它涉及系统地收集数据和对实践的反思。

（3）它通常是小规模和局部性的，通常涉及观察实践中变化带来的影响。

（4）它通常涉及对定性数据的分析以及对事件和过程的描述。

（5）其成果包括问题的解决方案、专业发展以及与实践相关的个人或地方理论的发展。

外语教师教学行动研究是对传统教育研究的一个补充。传统的外语教育研究注重客观性、大面积数据统计和实验性、对比性的研究，追求的是发现规律或验证某种理论，其研究往往是理论驱动的。具体而言，定量教育研究经常采用"自上而下"（top-down）、"演绎推理"（deductive reasoning）式的研究模式，而定性教育研究则采用"自下而上"（bottom-up）、"归纳推理"（inductive reasoning）式的研究模式。定量教育研究常遵循"根据理论—提出假设—收集数据—验证假设"的研究流程，定性教育研究则是按照"观察反思—模式分析—提出暂定性假设—理论建构"的流程开展研究（Mertler，2009）。因此，传统的定量和定性教育研究模式，缺乏对外语课堂教学的直接指导作用。

行动研究是外语教师对自身教学的研究，是发展教师的理论，强调对外语教育教学实际中出现的问题进行一定的干预或采取某一行动，然后观察其效果，以解决实际教学中亟待解决的问题。它事先并没有以什么理论为研究的出发点，但强调外语教师对自己教学实践的反思、分析、实践、研究和评价，提倡外语教师的共同参与，其目的和结果是对外语课堂教学现状不断地改进。

王蔷（2011）教授比较、总结了教学行动研究与一般教育研究的区别，如表 6-7 所示。

表6-7　行动研究与普通教育研究的区别

研究问题的确定	普通教育研究（量化或实验研究）	普通教育研究（质性研究）	行动研究
	研究者	研究者	教师
研究对象	抽样选取一定数量的学校、教师或学生	选取个案	自己的学生和教学
研究者角色	局外人、设计者与评价者	局外人、观察者，不干预	局内人，集设计、行动与评价于一身
研究特点	重结果、重客观分析、重数据统计	重解读、重意义、重影响因素	重过程、重变革、重反思
研究方法	以定量（大规模问卷和测试分析）和实验对比为主	以观察、访谈、田野日志方法为主	既有定量（小规模问卷），也有定性（访谈、观摩、日志等）数据
研究目的	注重发现规律、构建理论或模式	解释现象，得出结论	力求改进实践，提高教师专业水平和发展能力

从表 6–6 可以看出，教学行动研究与一般教育研究的主要区别在于教师本身是研究问题的发现者、确定者和研究者。教师自己通过制订行动方案、采取“行动”，对其原有的教学方式或学生的学习方式进行干预，目的是力求带来教学的变革和改进，以提高教师自己的教学效果和学生的学习水平。并且在这一过程中，教师重新审视自己对教育、教学、学生的认识，通过反思重构教育信念，发展教学能力（王蔷，2011）。

英国课程理论家劳伦斯·斯滕豪斯（Stenhouse，1975）在《课程研究与开发导论》（*An Introduction to Curriculum Research and Development*）中提出，外语教师应当成为“教师—研究者”。而行动研究可以把教师变为“教师—研究者”。没有外语教师主动的研究、反省，没有他们主动认识、理解发展学习者自主性的理论、知识、方法策略，并积极在教学中进行实践探索，就难以实现和取得培养和发展学习者自主性的成效。

外语教师可以对自己发展学习者自主性的教学行动，进行系统的观察和不断地反思、发现和提出问题、确定和采取措施去解决问题，在解决问题的过程中观察、收集和分析数据，分析和评估效果，从而达到促进和提高学习者自主性的目的。

外语教师在开展促进学习者自主性发展的教学行动研究过程中，不仅需要了解、协调影响学习者自主性发展的内部和外部因素，还要针对学生的个体差异和需求，进行相应的指导和帮助。而且需要根据学生自主性的发展阶段和教学任务活动的安排，适时调整教师的角色。

总之，教学行动研究以解决教学实践中的现实问题与改善现状为目的，具有行动性、参与性、探索性、反思性、循环渐进性等特征。进行教学行动研究不仅能够使外语教师提高和发展教育理论素养，而且是发展学习者自主性的有效实践路径，也是促进外语教师专业化发展的有效途径。

第七章　总结与启示

本章概括、总结了两点研究结论：体验学习是学习者自主性发展的物质基础；教师发展学习者自主性教学知识，是学习者自主性发展的脚手架。此外，分析了对实现大学生外语学习自主性发展、对外语教师发展学习者自主性的教学实践、对外语教师专业能力培训和发展的一些启示与建议。

第一节　回顾与总结

一、体验学习：学习者自主性发展的物质基础

学习者自主性发展过程，并非是一个从无到有的过程，而是学习者个体通过体验学习，经历、反思、内化、实践，逐渐建构、发展的过程。学习者体验内化的过程，是一个包括推理（reasoning）、感觉（feeling）、感知（sensing）、直觉（intuiting）、记忆（remembering）、想象（imagining）和意愿（willing）的交互、反应的过程（Mulligan，1993）。

我们可以用下面的图示，进行阐释、说明学习者通过体验学习，自主性发展的过程（图 7–1）。

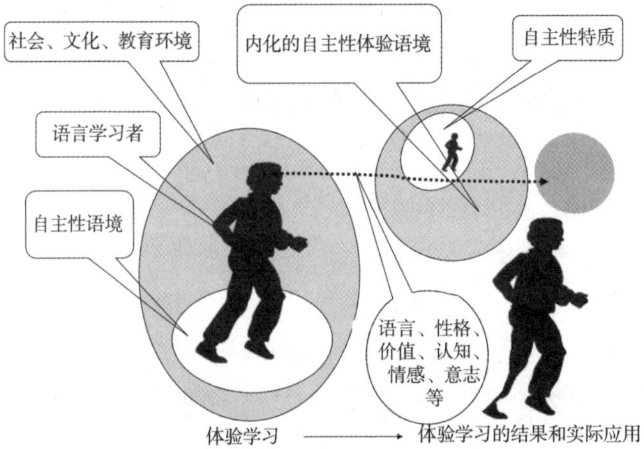

图7–1　体验学习作为学习者自主性发展的物质基础

首先，语言学习者在特定的、具体的社会、文化、教育环境中，在动机、兴趣的驱动下，进行自我调控、判断、选择学习材料和学习资源，应用认知策略和元认知策略，以及语言学习策略和具体的语言技能（听、说、读、写）学习方法开展语言学习。在此过程中，学习者进行语言学习自我管理、调控学习进度，并对其语言学习的内容、知识、技能进行反思、内化。

其次，语言学习者通过体验学习，将语言学习情景、自主性语境，以及语言学习发生的场域（社会、文化、教育环境），有机、整体式内化为其自主性特质和自主性体验语境。在此过程中，学习者在语言、性格、价值、认知、意志、情感等方面，都会产生变化。这些变化和学习者内化的自主性体验语境交织在一起，构成了学习者自主性特质。

最后，学习者在接下来的语言学习中，会不断应用、实践、调整、反思，在新的语言学习体验中不断优化与发展其自主性特质。学习者在频率效应（frequency effect）的作用下，通过体验学习形成自主性发展的联结机制，将影响学习者将来的自主性建构与发展。

二、教师发展学习者自主性教学知识：学习者自主性发展的脚手架

教师发展学习者自主性的角色和具有的发展学习者自主性的教学知识结构，是学习者自主性发展的脚手架。教师外在的教学角色受其内隐的教学知识和理念所影响。刘学惠（2007）认为，教师知识研究的内容被认为是教师认知世界中较为稳定和基础的部分，对于理解教师的课堂决策和行为十分重要。

基于理论建构和实证研究，韩立刚（2013）提出大学英语教师发展学习者自主性的教学知识，是一个复杂、动态、个性化的知识结构复合体，交织着教师在入职前的自主性发展体验、入职后发展学习者自主性的教学观念，以及在教学中协调影响其发展学习者自主性的因素，促进学习者自主性发展的教学实践尝试。通过理论研究和实证研究，韩立刚（2013）建构出大学英语教师发展学习者自主性教学知识结构图，如图 7–2 所示。

第一，教师发展学习者自主性的教学知识，在结构成分方面，包括以下几个部分：教师发展学习者自主性的观念；课堂内、外教师发展学习者自主性的行为（实践）；教师自身的自主学习经验（体验）；教师入职前接受的发展学习者自主

性的师资培训经历；教师入职后接受的相关培训经历。

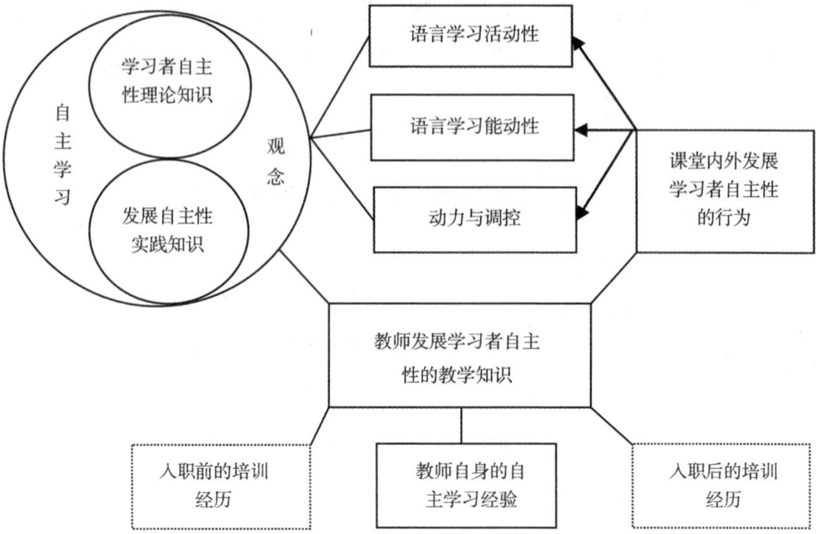

图7-2　大学英语教师发展学习者自主性教学知识结构图

第二，教师发展学习者自主性的教学观念，核心内容包括两个部分：

其一，学习者自主性理论知识，即教师需要了解什么是“学习者自主性”。教师要对学习者自主性概念的内涵、特征能够有清晰、准确、完整的认识和了解。

具体而言，学习者自主性是指外语学习者为了获得外语知识和语言技能，在外语教学课堂内、外的语言交际活动中，能够积极管理自己的语言学习行为，自觉能动地选择适合自己的学习方式、学习内容和学习途径，反思学习效果，并创造性地解决外语学习过程中所遇到的各种问题。语言学习者自主性具有三个特征，分别是：语言学习动力与调控、语言学习能动性、语言学习活动性。并且包括七个特质层面：语言学习自为性、自控性、自觉性、选择性、创造性、实践性、社会性。

其二，教师在教学观念上，应知晓和掌握发展学习者自主性的实践知识，即教师需要掌握促进学习者自主性发展的教学方法和策略，知道如何培养学生的语言学习自主性。教师在观念上，一方面，要知晓如何发展学习者语言学习动力与调控能力、语言学习能动性和语言学习活动性。另一方面，依据Zimmerman（1994）提出的自主学习研究框架（Zimmerman，1994：8；庞维国，2003：3），著者认为，教师需要掌握如何科学地解决以下六个方面问题的实践知识，即指导和帮助学生正确认识和解决如下几个问题：为什么学？如何学？何时学？学什么？在哪里学？与谁一起学？

（1）解决“为什么学”的问题，需要教师知晓如何指导和帮助学生，根据个体的内在价值需要，认识到大学英语学习的目的、意义和重要性，制定学习目标，并具有良好的大学英语学习动机、兴趣、态度、意愿，愿意为其学习好坏承担责任。

（2）解决“如何学”的问题，需要教师知晓如何针对学生的个体差异和学习特点，指导和帮助学生掌握适合其学习风格的学习方法和学习策略，以及向学生传授语言知识和语言学习知识，培养和提高学生的“语言意识”（language awareness）和“语言学习意识”（language learning awareness）（Dickinson，1992）。并且，教师还应知晓如何指导和帮助学生，克服影响其英语学习的消极情感因素，帮助学生树立英语学习的自尊、自信，培养和提高其英语学习的自我效能感。

（3）解决“何时学”的问题，需要教师知晓如何指导和帮助学生，进行英语学习自我管理、合理安排学习时间与进度，进行自我调控，积极主动学习。

（4）解决“学什么”的问题，需要教师知晓如何指导和帮助学生，根据其语言学习水平，选择适合的学习内容和学习材料，并且不断反思其学习效果。

（5）解决“在哪里学”的问题，需要教师知晓如何指导和帮助学生，培养和提高语言实践意识，寻找语言实践途径，利用和选择物质环境，主动进行语言实践。

（6）解决“与谁一起学”的问题，需要教师知晓如何指导和帮助学生，培养跨文化交际意识，具有乐于合作与交往的精神，积极利用课堂内、外的语言学习社会环境，在与教师、其他学习者的交际互动中提高语言交际能力。

第三，尤为重要的是，教师需具有实践能力，能够协调影响其发展学习者自主性的不利因素，在课堂内、课堂外实施对学生语言学习自主性的培养。即教师能够在课堂内、外的教学实践（行为）中促进学习者自主性（三个特征）的发展，指导和帮助学生科学地认识和解决前面论述的六个方面的问题。

第四，教师入职前和入职后，接受的发展学习者自主性的相关师资培训经历，既是影响教师发展学习者自主性教学知识的因素，也是教师发展学习者自主性教学知识的一部分。基于研究发现，教师入职前、入职后，发展学习者自主性的相关师资培训经历比较欠缺，故在图中用虚线框标示，加以区别（韩立刚，2013）。

第二节 启示与建议

进入21世纪后，对于学习者自主性的研究，仍方兴未艾、百花齐放。著者关于学习者自主性的理论和实践研究，有以下几点启示和思考。

一、对实现大学生外语学习自主性发展的启示与建议

首先，学习者自主性理论并非是一个舶来品，我国的传统教育哲学中也有关于自主学习教育思想和理念的诸多论述。国外的学习者自主性理论和方法，是建基、发展于其各自的教育、社会、文化传统之上的。例如，有的学者提出，学习者自主的概念与独立、自我实现、摆脱外部约束和控制概念化有关（Blidi，2017）。自主性的概念很难，几乎不太可能在它最初出现的个人主义西方背景之外的教育情景中开展应用（Littlewood，1999）。因此，在应用国外的学习者自主性研究理论和方法时，需要考虑并结合我国的国情、文化和具体的教育情景，切忌囫囵吞枣、简单照搬。

其次，外语自主学习与其他学科的自主学习关系密切，但也有所不同。Borg（2006b）在研究外语教师与其他学科教师具有的不同特征后指出，语言教师同数学、历史、科学和化学学科的教师，在学科属性、教学内容、教学方法以及师生关系等方面具有显著性差异特征。同样，学习者语言学习的自主性发展过程也有其特殊性。学习者在学习数学、物理、化学、历史、科学等学科过程中发展的学习自主性，会在自我管理策略等方面迁移和影响其语言学习。这些管理策略是指，学习者能够管理自己的学习行为，包括明确学习目标，制订学习计划，选择适当的学习内容、学习方式和学习途径，调控和管理学习认知过程并评估自己的学习结果。

最后，对于广大非英语专业的大学生而言，在大学期间，虽然有各自的专业课程需要学习，但是应当充分认识到外语学习自主性发展的重要意义。大学生应根据自身和社会的价值判断和需求，明确、树立和制定英语学习的目的和目标。并且能够管控自己的语言学习行为，发挥主观能动性，在大学英语教师脚手架般的帮助下，逐渐提高外语学习自主性。大学生外语学习自主性的发展，不仅能发展语言技能和交际能力，也将有益于专业课程的学习。这体现在大学生自控、自我管理能力的提升，有助于其更高效地进行专业学习。

总之，大学生外语学习自主性的发展，不仅对外语，而且对专业课的学习，

甚至今后的深造、发展，都具有十分重要的意义。

二、对外语教师发展学习者自主性的启示与建议

外语教师在课堂教学活动中，可以按照以下几点原则，培养和发展学习者自主性。

第一，以教师为主导、学生为主体，或者教师和学生双主体的形式，积极参与学生的外语学习。在传统课堂中，外语教师计划课程教学内容和教学设计，在课堂中组织语言交流或实践活动，并通过测试和其他形式的评估，来评估和评价学生的学习效果。换句话说，外语教师作为教学活动的主导，指导学生进行语言的学习。想要培养和发展学习者自主性，外语教师应尽量避免这种过多的指导，但也并不意味着让学生自己去学习。相反，外语教师应试图通过更积极地参与学生的学习，来帮助学生更好地协调、控制其学习。简而言之，培养和发展学习者自主性，需要在课堂教学活动中，以教师为主导、学生为主体，或者两者都为主体的形式，共同发挥主观能动性，积极参与课堂上发生的每一项任务或活动。

第二，外语教师要提供各种有利于学习者自主性发展的机会和资源。外语教师应在了解学习者个体差异和需求分析的基础上，根据课程和单元教学内容，精心组织多种形式的教学活动，如个人展示、阅读圈活动、合作学习等。学生在与其他学生的合作、沟通、互动、展示的过程中，不仅提高其合作、交流、语言表达的能力，也会提高和发展其自主性。此外，外语教师应向学生提供一些学习资源，指导和帮助学生在课外进行语言输入和语言输出的训练，有助于学生在课外进行学习和训练，以提高听、说、读、写等语言技能。另外，学习者自主性是一个学习者在与教师、其他学习者互动的过程中，反思、建构、发展的产物（Little，2007）。这就需要外语教师在此过程中，通过逐渐给予学习者更多的调控学习过程和学习内容的机会和训练，逐渐帮助学习者实现其自主性的提高和发展。

第三，外语教师要鼓励和指导学生对其学习过程和学习效果进行反思。反思不仅是学习者自主性发展机制中非常重要的一个环节和步骤，也是在语言学习过程中实现有效学习的方法和途径。外语教师要适时鼓励、帮助、指导学生，对学习计划的实施情况、学习过程的语言习得情况和学习效果的实现和完成情况进行反思。外语课程应促进学生对学习的反思（Cotterall，2000）。外语教师可以通过开展学习者训练（learner training），提高学生自主学习的意识和方法，指导学生通过记录学习日志（learning journal）等形式，提高对其学习反思的意识和能力。

三、对外语教师专业能力培训和发展的启示与建议

对大学英语教师专业能力培训和发展的启示与建议，主要有以下几个方面。

首先，大学英语教师应注重在职学习，了解和掌握发展学习者自主性的理论和实践知识，通过课堂内、外的教学实践尝试促进学习者自主性的发展。因为大学生英语学习自主性的提高，将会使大学英语教师的教学事半功倍。大学英语教师要不断反思其发展学习者自主性的教学实践，积极协调影响其发展学习者自主性的因素，经常和学生交流、沟通，了解学生语言学习自主性发展需求，注重个体差异，有针对性地给予指导和帮助。

其次，对于教师教育者和教育管理机构，应当重视大学英语教师在入职前、入职后接受发展学习者自主性方面的相关培训和训练。大学英语教师在入职前、入职后是否接受过发展学习者自主性方面的学习和培训，对教师入职后发展学习者自主性的教学观念和行为有着重要影响。正如 Little（1995）指出，若要在发展学习者自主性方面实现较大成效，我们必须将关注的焦点（从学生）移回至教师，尤其是我们如何组织和调整师资培训的内容以利于教师发展学习者自主性。同样，Jiménez Raya（2008）也指出，若要在学校语言教学中促进学生的语言学习自主性发展，我们应当给教师提供机会进行自主性相关理论的学习和培训。

然而，尽管自主性已成为语言教育领域的热门话题，但在教师教育中如何最好地在学校环境中促进教师自主性和学习者自主性的研究仍很少（Benson，2011；Jiménez Raya & Vieira，2008）。

因此，承担大学外语教师师资培养的高校，尤其是高等师范院校，要高度重视并加强入职前外语教师接受发展学习者自主性的学习和培训。可以依照教师发展学习者自主性教学知识结构模式，改革现有的课程设置结构，最大限度地优化资源配置，强调入职前教师学习相关理论和实践知识并能够有机会亲身体验。在职前（包括研究生阶段）教育中，教师教育者可以通过在英语教学法、外语教学心理学等课程的教学中，增加相关内容。职前教师在其教师的指导下，能够意识到自己的学习能力和学习方式，在教师的帮助下制订学习目标和学习计划，能够实施学习计划并且评估学习效果。入职前的自主学习体验，将有助于教师入职后更有效地发展学习者自主性。

此外，教育管理机构要意识到帮助在职教师更新、增长其发展学习者自主性教学知识的必要性和重要意义。教育管理机构应努力创设条件和机会，使广大一

线在职大学英语教师有机会参加相关培训和学习。例如，可以通过开设系列专题讲座、报告或工作坊等形式，向教师们介绍发展学习者自主性的理论和实践知识。

正如爱因斯坦所说："教育即是学生把学校所学的一切全都忘记后还剩下的。"（Education is what remains after one has forgotten what one has learned in school.）外语教育的成效，就在于帮助学生学会学习，有效促进和发展学习者自主性，实现学业成功、全人教育、终身学习的目标。总之，对我国外语学习者自主性研究、教师发展学习者自主性教学知识研究的深入，对于教师自主性发展和大学生的全人教育发展，都将大有裨益。

参考文献

（一）中文文献

[1]LITTLE D. 自主学习方法与途径 [M]. 邱永忠，林赟，江琴，译 . 福州：福建教育出版社，2010.

[2] 爱因斯坦 . 爱因斯坦文集 [M]. 范岱年，赵中立，许良英，编译 . 上海：商务印书馆，1979.

[3] 安琦 . 外语教学中的教师自主与学生自主——一项基于案例分析的研究 [M]. 北京：经济科学出版社，2011.

[4] 伯克・约翰逊，拉里・克里斯腾森 . 教育研究：定量、定性和混合方法 [M]. 马健生，等译 . 4 版 . 重庆：重庆大学出版社，2015.

[5] 陈辉 . 非英语专业的中国学生学习英语词汇的策略——一份分析词汇学习策略的调查报告 [J]. 外语教学，2001 (6): 32–34.

[6] 陈坚林 . 现代外语教学研究：理论与方法 [M]. 上海：上海外语教育出版社，2004.

[7] 陈琦，刘儒德 . 当代教育心理学 [M]. 2 版 . 北京：北京师范大学出版社，2007.

[8] 陈向明 . 质的研究方法与社会科学研究 [M]. 北京：教育科学出版社，2000.

[9] 陈向明 . 教师如何做质的研究 [M]. 北京：教育科学出版社，2001.

[10] 陈向明，等 . 搭建实践与理论之桥：教师实践性知识研究 [M]. 北京：教育科学出版社，2011.

[11] 程晓堂，郑敏 . 英语学习策略：从理论到实践 [M]. 北京：外语教学与研究出版社，2002.

[12] 程晓堂 . 论自主学习 [J]. 学科教育，1999 (9): 32–39.

[13] 戴忠信 . 外语言语交际能力形成过程：个体体验理论视角 [M]. 北京：线装书局，2007.

[14] 邓鹂鸣，刘红，陈艳，等．过程写作法在大学英语写作实验教学中的运用 [J]. 外语教学，2004, 25(6): 69–72.

[15] 邓巧玲．中国非英语专业大学生听力元认知意识、听力焦虑和听力水平的相关性研究 [J]. 外语教学，2015 (5): 59–64.

[16] 邓炎昌，刘润清．语言与文化 [M]. 北京：外语教学与研究出版社，1997.

[17] 董奇，周勇．论学生学习的自我监控 [J]. 北京师范大学学报（社会科学版），1994 (1): 8–14.

[18] 董亚芬．我国英语教学应始终以读写为本 [J]. 外语界，2003 (1): 2–6.

[19] 杜威．民主主义与教育 [M]. 王承绪，译．2 版．北京：人民教育出版社，2001.

[20] 杜威．我们怎样思维·经验与教育 [M]. 姜文闵，译 .2 版．北京：人民教育出版社，2005.

[21] 范捷平．研究型大学的外语自主学习与创造性人才培养 [C]// 庞继贤，范捷平．自主性语言学习：开放与管理．杭州：浙江大学出版社，2005: 1–5.

[22] 范烨．浅谈大学英语教学中的"学习者训练"[J]. 外语界，1999 (3): 32–38.

[23] 高吉利．国内学习者自主研究述评 [J]. 外语界，2005 (6): 55–60.

[24] 高霄，文秋芳．思辨能力及语言因素对二语写作影响的研究 [J]. 外语教学理论与实践，2017 (4): 44–50.

[25] 高一虹，赵媛，程英，等．中国大学本科生英语学习动机类型 [J]. 现代外语，2003 (1): 28–38.

[26] 高战荣．大学英语教师知识结构研究 [D]. 长春：东北师范大学，2008.

[27] 顾佩娅．优秀外语教师成长案例研究 [M]. 北京：外语教学与研究出版社，2009.

[28] 顾世民，赵玉峰．语言学习策略研究回顾与思考——国外研究视角 [J]. 外语电化教学，2015 (9): 41–49.

[29] 桂诗春，李崴．中国学生英语学习心理 [C]. 长沙：湖南教育出版社，1992.

[30] 桂诗春．我国英语专业学生社会心理分析 [J]. 现代外语，1986 (1): 1–13.

[31] 韩宝成，赵鹏．高校学生英语作文自我评估与教师评估对比研究 [J]. 外语界，2007 (5): 28–37.

[32] 韩宝成 . 外语教学科研中的统计方法 [M]. 北京 : 外语教学与研究出版社 , 2000.

[33] 韩立刚 . 大学英语教师发展学习者自主性的教学知识研究 [M]. 北京 : 现代教育出版社 , 2013.

[34] 韩玉书 . 大学外语写作教学再探讨 [J]. 外语界 , 1992 (3): 36–39.

[35] 何莲珍 , 傅莹 , 方富民 , 等 . 中国非英语专业大学生自主学习能力的培养路径之探索 [J]. 中国外语 , 2011, 8(5): 18–24.

[36] 何莲珍 . 自主学习及其能力的培养 [J]. 外语教学与研究 , 2003, 35(4): 287–289.

[37] 何其莘 . 英语专家如是说 [J]. 英语学习 , 2000 (4): 2.

[38] 胡春洞 . 英语教学法 [M]. 北京 : 高等教育出版社 , 1990.

[39]华惠芳 . 试论英语学习动机与策略的研究 [J]. 外语界 , 1998 (3): 45–48.

[40] 华立群 . 基于网络的大学英语教学与学生应用能力的相关性研究 [J]. 四川外语学院学报 , 2009, 25(1): 125–129.

[41] 华维芬 . 试论外语教师在自主学习模式中的定位 [J]. 外语研究 , 2001, 69(3): 76–79.

[42] 华维芬 . “学习者自主” 探析 [J]. 深圳大学学报（人文社会科学版）, 2002, 19(2): 107–112.

[43] 黄景 , BENSONP. 第二语言教育的教师自主性研究 [J]. 外语与外语教学 , 2007 (12): 33–37.

[44] 黄荣怀 , 周跃良 , 王迎 . 混合式学习的理论与实践 [M]. 北京 : 高等教育出版社 , 2006.

[45] 黄崴 . 主体性教育论 [M]. 贵阳 : 贵州人民出版社 , 1997.

[46] 贾冠杰 . 第二语言习得研究 [J]. 国外外语教学 , 2001 (2): 8–12.

[47] 姜美玲 . 教师实践性知识研究 [M]. 上海 : 华东师范大学出版社 , 2008.

[48] 姜勇 , 洪秀敏 , 庞丽娟 . 教师自主发展及其内在机制 [M]. 北京 : 北京师范大学出版社 , 2009.

[49] 教育部 . 国家中长期教育改革和发展规划纲要（2010—2020 年）[R/OL]. 2010. http://www.moe.gov.cn/srcsite/A01/s7048/201007/t20100729_171904.html.

[50] 教育部 . 教育部关于全面提高高等教育质量的若干意见 [R/OL]. 2012. http://www.moe.gov.cn/srcsite/A08/s7056/201203/t20120316_146673.html.

[51] 教育部高等教育司 . 大学英语课程教学要求 [M]. 上海 : 上海外语教育出版社 , 2007.

[52] 教育部高等学校大学外语教学指导委员会 . 大学英语教学指南（2020 版）[M]. 北京 : 高等教育出版社 , 2020.

[53] 金延风, 吴希红 . 自主与引导:基于自主学习的课堂教学引导策略研究[M]. 上海 : 华东师范大学出版社 , 2004.

[54] 克雷斯威尔 . 研究设计与写作指导：定性、定量与混合研究的路径 [M]. 崔延强 , 译 . 2 版 . 重庆 : 重庆大学出版社 , 2007.

[55] 李广凤 , 郭芳芳 . 课堂环境对大学生英语自主学习的影响研究 [J]. 外语与外语教学 , 2015 (1): 62–68.

[56] 李红 . 学习自主性与中国英语教学 [J]. 外语与外语教学 , 1998 (10): 24–26.

[57] 李佳 . 语流切分策略与听力水平差异关系的实证研究 [J]. 现代外语 , 2011(4): 397–404.

[58] 李育林 , 邓云华 . 论大学英语写作自主学习能力的培养 [J]. 湖南师范大学教育科学学报 , 2008, 7(5): 124–126.

[59] 林新明 . 英语自主学习的影响因素分析与对策 [C]// 庞继贤 , 范捷平 . 自主性语言学习：开放与管理 . 杭州 : 浙江大学出版社 , 2005: 49–56.

[60] 刘润清 , 戴曼纯 . 中国高校外语教学改革现状与发展策略研究 [M]. 北京 : 外语教学与研究出版社 , 2003.

[61] 刘润清 . 论大学英语教学 [M]. 北京 : 外语教学与研究出版社 , 1999a.

[62] 刘润清 . 外语教学中的科研方法 [M]. 北京 : 外语教学与研究出版社 , 1999b.

[63] 刘润清 . 剑桥英语教师丛书总序 [M]. 北京 : 外语教学与研究出版社 , 2000.

[64] 刘润清 . 英语教育研究 [M]. 北京 : 外语教学与研究出版社 , 2004.

[65] 刘学惠 , 申继亮 . 教师认知研究回溯与思考：对教师教育之意涵 [J]. 教育理论与实践 , 2006(11): 46–49.

[66] 刘学惠 . 外语教师教育研究综述 [J]. 外语教学与研究 , 2005, 37(3): 211–

217.
[67] 刘学惠 . 外语教师教育与发展的概念重构和研究进展 [C]// 吴一安 , 等 . 中国高校英语教师教育与发展研究 . 北京 : 外语教学与研究出版社 , 2007: 34–58.
[68] 罗少茜 , 张玉美 . 阅读圈任务在英语学科核心素养教学与评价中的应用 [J]. 外语教育研究前沿 , 2020, 3(3): 27–33.
[69] 吕建娜 . 对听力教学中预测训练的调查及思考 [J]. 外语电化教学 , 2001(1): 18–21.
[70] 马广惠 . 外国语言学及应用语言学统计方法 [M]. 杨凌 : 西北农林科技大学出版社 , 2003.
[71] 迈尔斯 , 休伯曼 . 质性资料的分析：方法与实践 [M]. 张芬芬 , 译 . 重庆 : 重庆大学出版社 , 2008.
[72] 美国心理协会 . 美国心理协会写作手册 [M]. 陈玉玲 , 王明杰 , 译 . 5 版 . 重庆 : 重庆大学出版社 , 2008.
[73] 纳迪 . 如何解读统计图表：研究报告阅读指南 [M]. 汪顺玉 , 席仲恩 , 译 . 重庆 : 重庆大学出版社 , 2009.
[74] 庞继贤 , 范捷平 . 自主性语言学习：开放与管理 [M]. 杭州 : 浙江大学出版社 , 2005.
[75] 庞维国 . 自主学习 : 学与教的原理和策略 [M]. 上海 : 华东师范大学出版社 , 2003.
[76] 裴娣娜 . 教学论 [M]. 北京 : 教育科学出版社 , 2007.
[77] 秦晓晴 . 外语教学研究中的定量数据分析 [M]. 武汉 : 华中科技大学出版社 , 2003.
[78] 秦晓晴 . 外语教学问卷调查法 [M]. 北京 : 外语教学与研究出版社 , 2009.
[79] 舍恩 . 反映的实践者：专业工作者如何在行动中思考 [M]. 夏林清 , 译 . 北京 : 教育科学出版社 , 2007.
[80] 舍恩 . 培养反映的实践者：专业领域中关于教与学的一项全新设计 [M]. 郝彩虹，等译 . 北京 : 教育科学出版社 , 2008.
[81] 申继亮 . 新世纪教师角色重塑：教师发展之本 [M]. 北京 : 北京师范大学出版社 , 2006.

[82] 束定芳，庄智象．现代外语教学：理论、实践与方法（修订版）[M]. 上海：上海外语教育出版社，2008.

[83] 束定芳．外语教学改革：问题与对策 [M]. 上海：上海外语教育出版社，2004.

[84] 塔沙克里，特德莱．混合方法论：定性方法和定量方法的结合 [M]. 唐海华，译．重庆：重庆大学出版社，2010.

[85] 谭红．浅谈大学生英语自主学习中教师的角色 [J]. 四川外语学院学报，2001, 17(3): 104–105.

[86] 滕春红．英语语法与写作——对美国堪萨斯大学中国留学生英文水平的调查 [J]. 外语教学与研究，1993 (4): 65–69.

[87] 田海龙．计算机辅助英语写作教学：活动与优势 [J]. 外语电化教学，2001(2): 11–14.

[88] 汪庆华．关于我国大学生英语词汇量的初步探讨 [J]. 外语界，1998 (2): 24–28.

[89] 王初明，牛瑞英，郑小湘．以写促学——一项英语写作教学改革的试验 [J]. 外语教学与研究，2000, 32(3): 207–212, 240.

[90] 王初明．应用心理语言学——外语学习心理研究 [M]. 长沙：湖南教育出版社，1990.

[91] 王初明．外语学习中的认知和情感需要 [J]. 外语界，1991 (4): 7–11.

[92] 王栋．大学外语教师认知研究及其对教师发展的启示 [D]. 上海：上海外国语大学，2004.

[93] 王笃勤．大学英语自主学习能力的培养 [J]. 外语界，2002 (5): 17–23.

[94] 王蔷，张虹．高校与中学英语教师合作行动研究的实践探索：在行动中研究　在研究中发展 [M]. 上海：上海教育出版社，2012.

[95] 王蔷．英语教师行动研究——从理论到实践 [M]. 北京：外语教学与研究出版社，2002.

[96] 王蔷．中国小学英语教学研究：教师对以学生为中心的课程理念的认知与实践 [M]. 北京：外语教学与研究出版社，2010.

[97] 王蔷．在行动中改善课堂教学，在研究中促进专业成长——高校与基础教育教师合作行动研究 [C]// 吴一安，张莲．外语教师文化建构与教师发

展：第三届全国外语教师教育与发展研讨会论文集 . 北京 : 外语教学与研究出版社 , 2011: 49–56.
[98] 王蔷 . 21 世纪英语教师教育 : 研究与发展 [C]. 北京 : 北京师范大学出版社 , 2006a.
[99] 王蔷 . 英语教学法教程 [M]. 2 版 . 北京 : 高等教育出版社 , 2006b.
[100] 王守仁 , 王海啸 . 我国高校大学英语教学现状调查及大学英语教学改革与发展方向 [J]. 中国外语 , 2011 (5): 4–11.
[101] 王腾 . 非英语专业本科生关于词汇学习影响因素观念调查 [J]. 湖南科技学院学报 , 2019 (12): 113–115.
[102] 王银泉 , 万玉书 . 外语学习焦虑及其对外语学习的影响——国外相关研究概述 [J]. 外语教学与研究 , 2001 (2): 122–126.
[103] 王志茹 , 周赟赟 , 吴红 . 学业过渡期大学生英语自主学习能力的动态研究 [J]. 外语界 , 2015 (2): 25–33.
[104] 维果茨基 . 思维与语言 [M]. 李维 , 译 . 杭州 : 浙江教育出版社 , 1997.
[105] 魏玉燕 . 促进学习者自主性 : 外语教学新概念 [J]. 外语界 , 2002 (3): 8–14.
[106] 文秋芳 , 王立非 . 中国英语学习策略实证研究 20 年 [J]. 外国语言文学 , 2004 (1): 39–45.
[107] 文秋芳 . 英语学习成功者与不成功者在方法上的差异 [J]. 外语教学与研究 , 1995 (3): 61–66.
[108] 文秋芳 . 大学生英语学习策略变化的趋势及其特点 [J]. 外语与外语教学 , 1996 (4): 43–46, 56.
[109] 文秋芳 . 英语学习策略论 [M]. 上海 : 上海外语教育出版社 , 1996.
[110] 文秋芳 .“输出驱动——输入促成假设”：构建大学外语课堂教学理论的尝试 [J]. 中国外语教育 , 2014 (2): 3–12, 98.
[111] 吴古华 . 英语专家如是说 [J]. 英语学习 , 2000 (10): 2.
[112] 吴晶 . 对大学生英语词汇学习策略使用的调查研究 [J]. 复旦外国语言文学论丛 , 2011 (1): 84–89.
[113] 吴明隆 . 问卷统计分析实务——SPSS 操作与应用 [M]. 重庆 : 重庆大学出版社 , 2010.
[114] 吴一安 . 走出英语教学的误区 [J]. 外语教学与研究 , 2002 (6): 407–408.

[115] 吴一安 . 优秀外语教师专业素质探究 [J]. 外语教学与研究 , 2005, 37(3): 199–205.

[116] 吴一安 , 等 . 中国高校英语教师教育与发展研究 [M]. 北京 : 外语教学与研究出版社 , 2007.

[117] 夏纪梅 , 吴潜龙 . 中西外语学习文化的差异与融合 [J]. 外语界 , 1999, (3): 16–18, 23.

[118] 项茂英 . 情感因素对大学英语教学的影响——理论与实证研究 [J]. 外语与外语教学 , 2003 (3): 23–26.

[119] 熊丽君 , 殷猛 . 论非英语专业学术英语写作课堂的构建——基于中美学术英语写作的研究 [J]. 外语教学 , 2009, 30(2): 50–56.

[120] 徐碧美 . 追求卓越——教师专业发展案例研究 [M]. 陈静 , 李忠如 , 译 . 北京 : 人民教育出版社 , 2003.

[121] 徐锦芬 , 徐丽 . 自主学习模式下大学英语教师角色的探析 [J]. 高等教育研究 , 2004 (3): 77–79.

[122] 徐锦芬 , 占小海 . 国内外"学习者自主"研究述评 [J]. 外语界 , 2004 (4): 2–9.

[123] 徐锦芬 , 朱茜 . 国外语言自主学习研究 30 年——回顾与展望 [J]. 外语电化教学 , 2013 (1): 15–20.

[124] 徐锦芬 . 现代外语教学的理论与实践 [M]. 武汉 : 华中科技大学出版社 , 2006.

[125] 徐锦芬 . 大学外语自主学习理论与实践 [M]. 北京 : 中国社会科学出版社 , 2007.

[126] 徐锦芬 . 中国大学生英语自主学习能力发展规律及影响因素研究 [M]. 北京 : 外语教学与研究出版社 , 2014.

[127] 许国璋 . 论语言 [M]. 北京 : 外语教学与研究出版社 , 1991.

[128] 许余龙 . 对比语言学 [M]. 上海 : 上海外语教育出版社 , 2002.

[129] 严明 . 大学英语自主学习能力培养模式研究：体验的视角 [M]. 哈尔滨 : 黑龙江大学出版社 , 2009.

[130] 严明 . 大学英语自主学习能力培养教程 [M]. 2 版 . 哈尔滨 : 黑龙江大学出版社 , 2008.

[131] 姚继海，钱美华 . 国外教师自主研究述评 [J], 外国教育研究 , 2004, 31(9): 44–47.

[132] 叶澜 , 白益民 , 等 . 教师角色与教师发展新探 [M]. 北京 : 教育科学出版社 , 2001.

[133] 尹华东 . 中国外语自主学习研究回顾与展望(1979—2012)[J]. 外语教学 , 2014, 35(1): 64,67,103.

[134] 余文森 , 王永 , 张文质 . 让学生发挥自学潜能，让课堂焕发生命活力福建省中小学指导——自主学习教改实验研究总结 [J]. 教育研究 , 1999(3): 58–63.

[135] 俞洪亮 . 落实《大学英语教学指南》，革新教学方法与手段 [J]. 外语界 , 2020 (5): 10–16.

[136] 张春兴 . 教育心理学 [M]. 杭州 : 浙江教育出版社 , 1998.

[137] 张慧惠 , 朱乐红 . 建构主义教学理论与大学生英语自主学习能力的培养 [J]. 湖南农业大学学报：社会科学版 , 2007, 8(1): 90–92.

[138] 张莲 , 吴一安 . 教师教育与发展的研究方法 [C]// 吴一安 , 等 . 中国高校英语教师教育与发展研究 . 北京 : 外语教学与研究出版社 , 2007: 2–33.

[139] 张莲 . 外语教师个人理论研究 [M]. 北京 : 外语教学与研究出版社 , 2011.

[140] 张省林 . 英语写作心理障碍及其调适——过程写作法教学中的积极情感因素培养 [J]. 外语与外语教学 , 2005 (5): 24–27.

[141] 张天宝 . 主体性教育 [M]. 北京 : 教育科学出版社 , 2001.

[142] 张学梅 . 大学英语写作教学现状之调查 [J]. 外语界 , 2006 (5): 28–32.

[143] 张艳红 , 程东元 . 网络环境下大学英语写作能力培养模式的设计与实践 [J]. 外语电化教育 , 2007 (4): 26–31.

[144] 张正东 . 外语教学科研的方法 [C]// 中国教育学会外语教学专业委员会 . 世纪之交的回顾与展望：中国教育学会外语专业委员会成立 20 周年纪念文集（1981—2001）. 北京 : 人民教育出版社 , 2001.

[145] 郑敏 . 自主性学习的缘起和发展 [J]. 西安外国语学院学报 , 2000, 8(3): 100–105.

[146] 郑仲华 . 学术听力教学中心理语言学的应用 [J]. 外语界 , 1989 (4): 7–11.

[147] 周文德 . 大学生自主学习英语词汇能力的培养途径探析 [J]. 黑龙江教育

学院学报 , 2013 (3): 167–169.
[148] 朱纯 . 外语教学心理学 [M]. 上海 : 上海外语教育出版社 , 1994.
[149] 朱红兵 . 应用统计与 SPSS 应用 [M]. 北京 : 电子工业出版社 , 2011.
[150] 朱晓燕 . 中学英语新教师学科教学知识的发展 [M]. 南京 : 南京师范大学出版社 , 2004.
[151] 朱晓燕 . 理解 PCK ：背景、要素、模式——对学科教学知识（PCK）近 20 年文献的综述 [J]. 中国英语教学 , 2007, 30(5): 84–93.

（二）英文文献

[1]ALLFORD D, PACHLER N. Language, Autonomy and the New Learning Environments[M]. Bern: Peter Lang, 2007.
[2]ANDERSON L W. The decline of teacher autonomy: tears or cheers?[J]. International Review of Education, 1987, 33(3): 357–373.
[3]ARNOLD J. Affect in Language Learning[M]. Beijing: Foreign Language Teaching and Research Press.Cambridge: Cambridge University Press, 2000: 142–154.
[4]BENSON P, TOOGOOD S. Learner Autonomy 7: Challenges to Research and Practice[M]. Dublin: Authentik, 2002: 110–124.
[5]ARNOLD J. Affect in Language Learning[M]. Beijing: Foreign Language Teaching and Research Press, 2000.
[6]BANDURA A. Self–efficacy: toward a unifying theory of behavior change[J]. Psychological Review, 1977, 84(2): 191–215.
[7]BANDURA A. Social Foundations of Thought and Action: a Social Cognitive Theory[M]. Englewood Cliffs, NJ: Prentice Hall, 1986.
[8]BANDURA A. Self–efficacy: the Exercise of Control[M]. New York: W.H.Freeman and Company, 1997.
[9]BARFIELD A, BROWN S. Reconstructing Autonomy in Language Education: Inquiry and Innovation[M]. New York: Palgrave Macmillan, 2007.
[10]BARFIELD A, NIX M. Learner and Teacher Autonomy in Japan 1: Autonomy You Ask![M]. Tokyo: The Japan Association for Language Teaching, 2003.
[11]JAMES, COWIE NEIL. Exploring and defining teacher autonomy: A

collaborative discussion[C]// MACKENZIE A S, MCCAFFERTY E. Developing autonomy: proceedings of the JALT CUE 2001 Conference, Shizuoka, Japan. Tokyo: The Japan Association for Language Teaching College and University Educators Special Interest Group (JALT CUE-SIG), 2002: 217-222.

[12]BENSON P, HUANG J. Autonomy in the transition from foreign language learning to foreign language teaching[M/OL]// BENSON P, COLLINS H, SPRENGER T M. Special Issue on 'From Autonomy in Language Learning to Autonomy in Language Teaching' . DELTA: Documentação de Estudos em Lingüística Teórica e Aplicada: vol. 24, 2008: 421-439 [2024-08-01]. http://www.scielo.br/pdf/delta/v24nspe/03.pdf.

[13]BENSON P. The philosophy and politics of learner autonomy[C]// BENSON P, VOLLER P. Autonomy and independence in language learning. London: Longman, 1997: 18-34.

[14]BENSON P. Learner autonomy in the classroom[C]// NUNAN D. Practical English language teaching. London: McGraw-Hill, 2003: 289-308.

[15]BENSON P. Teaching and researching autonomy in language learning[M]. Harlow: Longman, 2001.

[16]BENSON P. Autonomy in language teaching and learning[J]. Language Teaching, 2006, 40(1): 21-40.

[17]CUMMINS J, DAVISON C. International handbook of English language teaching (Vol. 11). New York: Springer, 2007.

[18]BENSON P. Learner Autonomy 8: Teacher and Learner Perspectives[M]. Dublin: Authentik, 2007b.

[19]BENSON P. Making sense of autonomy in language learning[C]// PEMBERTON R, TOOGOOD S, BARFIELD A. Maintaining control: autonomy and language learning. Hong Kong: Hong Kong University Press, 2009: 13-26.

[20]BENSON P. Teacher education and teacher autonomy: creating spaces for experimentation in secondary school English language teaching[J]. Language Teaching Research, 2010, 14(3): 259-275.

[21]BENSON P. Teaching and Researching Autonomy[M]. 2nd ed. London:

Routledge, 2011.

[22]BENSON P. Learner autonomy[J]. TESOL Quarterly, 2013, 47(4): 839–843.

[23]BENSON P, LAMB T. Autonomy in the age of multilingualism[C]// JIMÉNEZ RAYA M, VIEIRA F. Autonomy in language education: theory, research, and practice. London: Routledge, 2020: 74–88.

[24]BENSON P, VOLLER P. Autonomy and independence in language learning[M]. London: Routledge, 1997.

[25]BERGMAN M M. Advances in mixed methods research: theories and applications[M]. London: Sage, 2008.

[26]BLIDI S. Collaborative learner autonomy: a mode of learner autonomy development[M]. Singapore: Springer Science+ Business Media Singapore Pte Ltd, 2017.

[27]BODGAN R C, BIKLEN S K. Qualitative Research for Education: An Introduction to Theory and Methods[M]. 4th ed. Boston: Allyn & Bacon, 2003.

[28]BORG S. Teacher cognition in language teaching: a review of research on what language teachers think, know, believe, and do[J]. Language Teaching, 2003, 36(2): 81–109.

[29]BORG S. Teacher Cognition and Language Education: Research and Practice[M]. London: Continuum, 2006a.

[30]BORG S. The distinctive characteristics of foreign language teachers[J]. Language Teaching Research, 2006b, 10(1): 3–31.

[31]BORG S, BURNS A. Integrating grammar in adult TESOL classrooms[J]. Applied Linguistics, 2008, 29(3): 456–482.

[32]BOTINGER D. Aspects of Language[M]. 3rd ed. New York: Harcourt Brace Jovanovich, Inc, 1981.

[33]BOUD D. Developing Student Autonomy in Learning[M]. 2nd ed. London: Kogan Page Limited, 1988.

[34]BOUD D, COHEN R, WALKER D. Using Experience for Learning[M]. Buckingham: SRHE and Open University Press, 1993.

[35]BREEN M P. Learner Contributions to Language Learning[M]. London:

Routledge, 2001.

[36]BENSON P, VOLLER P. Autonomy and Independence in Language Learning[M]. London: Longman, 1997.

[37]BROADY E, MARIE-MADELEINE K. Promoting Learner Autonomy in University Language Teaching[M]. London: Middlesex University Printing Services, 1996: 9–21.

[38]BROADY E, MARIE-MADELEINE K. Promoting Learner Autonomy in University Language Teaching[M]. London: Middlesex University Printing Services, 1996.

[39]BROOKES A, GRUNDY P. ELT Documents 131[G]//BROOKESA, GRVNDY P.Individualization and Autonomy in Language Learning. Hong Kong: Modern English Publications in Association with the British Council,1988.

[40]ALATIS J, ALTMAN H, ALATIS P. The Second Language Classroom: Directions for the 1980s[M]. Oxford: Oxford University Press, 1981.

[41]BROWN H D. Breaking the Language Barrier: Creating Your Own Pathway to Success[M]. Yarmouth, ME: Intercultural Press, 1991.

[42]BROWN H D. Principles of Language Learning and Teaching[M]. 3rd ed. Beijing: Foreign Language Teaching and Research Press, 2002.

[43]BROWN J D. Understanding research in second language learning[M]. Cambridge: Cambridge University Press, 2001.

[44]BROWN J D, RODGERS T S. Doing Second Language Research[M]. Oxford: Oxford University Press, 2002.

[45]BURNS A. Collaborative Action Research for English Language Teachers[M]. Cambridge: Cambridge University Press, 1999.

[46]BURNS A. Doing Action Research in English Language Teaching: A Guide for Practitioners[M]. New York: Routledge, 2010.

[47]BURNS A, RICHARDS J. The Cambridge Guide to Second Language Teacher Education[M]. New York: Cambridge University Press, 2009.

[48]BYRAM M. Routledge Encyclopedia of Language Teaching and Learning[M]. London: Routledge, 2000.

[49]CARRELL P L. Facilitating ESL reading by teaching text structure[J]. TESOL Quarterly, 1985, 19(4): 727–752.

[50]CHAMOT A U. Learning strategy instruction in the foreign language classroom: listening[J]. Foreign Language Annals, 1990 (1): 944–972.

[51]CHARLES C M, MERTLER C A. Introduction to Educational Research[M]. 4th ed. Beijing: Foreign Language Teaching and Research Press, 2004.

[52]CHI A, AOKI N, RICHARD S. Autonomy in language learning and teaching: new research agendas[M]. London: Palgrave Macmillan, 2018.

[53]COHEN A. Strategies in Learning and Using a Second Language[M]. London: Longman, 2000.

[54]COHEN L, MANION L, MORRISON K. Research Methods in Education[M]. 6th ed. New York: Routledge, 2007.

[55]COTTERALL S. Readiness for autonomy: investigating learner beliefs[J]. System, 1995, 23(2): 195–205.

[56]COTTERALL S. Promoting learner autonomy through the curriculum: principles for designing language courses[J]. ELT Journal, 2000, 54(2): 109–117.

[57]COTTERALL S, CRABBE D. Learner Autonomy in Language Learning: Defining the Field and Effecting Change[M]. Frankfurt am Main: Peter Lang, 1999.

[58]CRANDALL J. Language teacher education[J]. Annual Review of Applied Linguistics, 2000, 20: 34–55.

[59]CRESWELL J W. Qualitative Inquiry & Research Design: Choosing Among Five Approaches[M]. 2nd ed. Thousand Oaks, CA: Sage, 2007.

[60]CRESWELL J W. Educational Research: Planning, Conducting, and Evaluating Quantitative and Qualitative Research[M]. 3rd ed. Upper Saddle River, Pearson Education, Inc, 2008.

[61]CRESWELL J W. Research Design: Qualitative, Quantitative, and Mixed Methods Approaches[M]. 3rd ed. Thousand Oaks: Sage, 2009.

[62]CRESWELL J W, PLANO CLARK V L. Designing and Conducting Mixed Methods Research[M]. Thousand Oaks: Sage, 2007.

[63]CRESWELL J W, PLANO CLARK V L. Designing and Conducting Mixed

Methods Research[M]. 2nd ed. Thousand Oaks: Sage, 2011.

[64]CUTLER A, BUTTERFIELD S. Rhythmic cues to speech segmentation: evidence from juncture misperception[J]. Journal of Memory and Language, 1992, 31(2): 218–236.

[65]DAM L. Learner autonomy 3: from theory to classroom practice[M]. Dublin: Authentik, 1995.

[66]DAM L. Commentary on SectionⅡ: A Kaleidoscope of Learner Autonomy in Schools[M]// JIMÉNEZ RAYA M, LAMB T. Pedagogy for autonomy in modern languages education: theory, practice, and teacher education. Dublin: Authentik, 2008: 188–195.

[67]DAM L. Learner autonomy: new insights[G]. AILA Review, 15. West Yorkshire: Catchline, 2001.

[68]DANIELS H. Literature Circles: Voice and Choice in Book Clubs and Reading Groups[M]. 2nd ed. Portsmouth: Stenhouse, 2002.

[69]SEGAL J, CHIPMAN S, GLASER R. Thinking and Learning Skills. Vol. I: Relating instruction to research[M]. Hillsdale, NJ: Lawrence Erlbaum, 1985.

[70]DAY C, CALDERHEAD J, DENICOLO P. Research on Teacher Thinking: Understanding Professional Development[M]. London: Routledge, 1993.

[71]DECI E L, RYAN R M. Intrinsic Motivation and Self–determination in Human Behavior[M]. New York: Plenum Press, 1985.

[72]DEWEY J. Experience and Education[M]. New York: Collier Books, 1938.

[73]DEWEY J. How We Think[M]. New York: Dover Publications, Inc, 1997.

[74]DICKINSON L. Self–instruction in Language Learning[M]. Cambridge: Cambridge University Press, 1987.

[75]DICKINSON L. Learner Autonomy 2: Learning Training for Language Learning[M]. Dublin: Authentik, 1992.

[76]DICKINSON L. Autonomy and motivation: a literature review[J]. System, 1995, 23(2): 165–174.

[77]DIKILITAS K, GRIFFITHS C. Developing Language Teacher Autonomy Through Action Research[M]. Cham: Springer International Publishing, 2017.

[78]DÖRNYEI Z. Motivation and motivating in the foreign language classroom[J]. Modern Language Journal, 1994, 78(3): 273–284.

[79]DÖRNYEI Z. Questionnaires in Second Language Research: Construction, Administration, and Processing[M]. Mahwah: Lawrence Erlbaum Associates, Inc, 2003.

[80]DÖRNYEI Z. Teaching and Researching Motivation[M]. Beijing: Foreign Language Teaching and Research Press, 2005.

[81]DÖRNYEI Z, USHIODA E. Teaching and Researching Motivation[M]. 2nd ed. Harlow: Pearson Education Limited, 2011.

[82]DWECK C S, LEGGETT E L. A social–cognitive approach to motivation and personality[J]. Psychological Review, 1988, 95(2): 256–273.

[83]EGGEN P, KAUCHAK D. Educational Psychology[M]. Upper Saddle River, NJ: Prentice Hall, 1999.

[84]ELBAZ, F. Teacher Thinking: a Study of Practical Knowledge[M]. New York: Nichols Publishing Company, 1983.

[85]ELLIOT A J, CHURCH M A. A hierarchical model of approach and avoidance achievement motivation[J]. Journal of Personality and Social Psychology, 1997, 72(1): 218–232.

[86]ELLIS R. Understanding Second Language Acquisition[M]. Shanghai: Shanghai Foreign Language Education Press, 1999.

[87]ELLIS R. The Study of Second Language Acquisition[M]. 2nd ed. Oxford: Oxford University Press, 2008.

[88]EVERHARD C J, MURPHY L. Assessment and Autonomy in Language Learning[M]. London: Palgrave Macmillan, 2015.

[89]FERYOK A. Teaching for learner autonomy: the teacher' s role and sociocultural theory[J]. Innovation in Language Learning and Teaching, 2013, 7(3): 213–225.

[90]FIRTH A, WAGNER J. Second/foreign language learning as a social accomplishment: elaborations on a conceptualized SLA[J]. The Modern Language Journal, 2007, 91: 800–819.

[91]FLAVELL J H. Metacognition and cognitive monitoring: a new area of cognitive–

developmental inquiry[J]. American Psychologist, 1979, 34(10): 906–911.

[92]FRAENKEL J R, WALLEN N E. How to Design and Evaluate Research in Education[M]. 7th ed. New York: The McGraw–Hill Companies, Inc, 2009.

[93]FREEMAN D. The hidden side of the work: teacher knowledge and learning to teach[J]. Language Teaching, 2002, 35(1): 1–13.

[94]FREEMAN D. Doing Teacher–research: from Inquiry to Understanding[M]. Beijing: Foreign Language Teaching and Research Press, 2005.

[95]FREEMAN D, JOHNSON K E. Reconceptualizing the knowledge–base of language teacher education[J]. TESOL Quarterly, 1998, 32(3): 397–417.

[96]FREEMAN D, RICHARDS J C. Teacher Learning in Language Teaching[M]. Shanghai: Shanghai Foreign Language Education Press, 2002.

[97]FURR M. Literature circles for the EFL classroom[C]// The 9th International TESOL Arabia Conference, Dubai, United Arab Emirates, March 2003.

[98]CHIK A, AOKI N, RICHARD S. Autonomy in Language Learning and Teaching: New Research Agendas[M]. London: Macmillan Publishers Ltd, 2018.

[99]GARDNER D. Fostering Autonomy in Language Learning[M]. Gaziantep: Faculty of Education, Zirve University, 2011.

[100]GARDNER D, MILLER L. Establishing Self–access: from Theory to Practice[M]. Shanghai: Shanghai Foreign Language Education Press, 2002.

[101]GARDNER R C. Social Psychology and Second Language Learning: the Role of Attitudes and Motivation[M]. London: Edward Arnold, 1985.

[102]GARDNER R C, LAMBERT W E. Attitudes and Motivation in Second Language Learning[M]. Rowley: Newbury House, 1972.

[103]GATBONTON E. Investigating experienced ESL teachers' pedagogical knowledge[J]. The Modern Language Journal, 1999, 83(1): 35–50.

[104]GATHERCOLE S E. Working memory and language development: how close is the link?[J]. The Psychologist, 1990 (2): 57–60.

[105]GIBBONS M. The Self–directed Learning Handbook: Challenging Adolescent Students to Excel[M]. San Francisco, CA: Jossey–Bass, 2002.

[106]GILLHAM B. Developing a Questionnaire[M]. 2nd ed. London: Continuum

International Publishing Group, 2008.

[107]GOLOMBEK P R. A study of language teachers' personal practical knowledge[J]. TESOL Quarterly, 1998, 32(3): 447–464.

[108]GREMMO M–J, RILEY P. Autonomy, self–direction and self–access in language teaching and learning: the history of an idea[J]. System, 1995, 23(2): 151–164.

[109]GU M Y. Challenges and solutions faced by China's teachers in the era of globalization[C]// NIEMI H, TOOM A, Kallioniemi A, et al. The teacher's role in the changing globalizing world: resources and challenges to the professional work of teaching. Leiden: Koninklijke Brill NV, 2018: 109–124.

[110]HADLEY A O. Teaching Language in Context[M]. Beijing: Foreign Language Teaching and Research Press, 2004.

[111]HAN L G. A study on developing learner autonomy through the reading circle method[J]. English Language Teaching, 2022, 15(7): 149–157.

[112]HARMER J. The Practice of English Language Teaching[M]. 4th ed. Harlow: Pearson Education Limited, 2007.

[113]HEDGE T. Teaching and Learning in the Language Classroom[M]. Shanghai: Shanghai Foreign Language Education Press, 2002.

[114]HEIDER F. The Psychology of Interpersonal Relations[M]. New York: Wiley, 1958.

[115]BOUD D. Developing Student Autonomy in Learning[M]. 2nd ed. London: Kogan Page Limited, 1988.

[116]HO J, CROOKALL D. Breaking with Chinese cultural traditions: learner autonomy in English language teaching[J]. System, 1995, 23(2): 235–243.

[117]HOLEC H. Autonomy and Foreign Language Learning[M]. Oxford: Pergamon Press, 1981.

[118]HOLLIDAY A. Doing and Writing Qualitative Research[M]. London: Sage, 2002.

[119]HORNBY A S, LI B D. Oxford Advanced Learner's English–Chinese Dictionary[M]. 4th ed. Beijing: The Commercial Press, 2002.

[120]HUANG J. Teacher autonomy in second language education[J]. Teaching English in China, 2007b, 30(1): 30–42.

[121]HUANG J. Autonomy, agency and identity in foreign language learning and teaching[D]. Hong Kong: Univ. of Hong Kong, 2009.

[122]AGRAN M. Student Directed Learning: Teaching Self–Determination Skills[M]. Detroit, MI: Brooks/Cole, 1997: 144–170.

[123]HUTCHINSON T, WATERS A. English for Specific Purposes[M]. Cambridge: Cambridge University Press, 1987.

[124]IRIE K, STEWART A. Realizing autonomy: practice and reflection in language education contexts[C]. London: Palgrave Macmillan, 2012.

[125]JIANG X L. Interpreting Learner Autonomy in Chinese Contexts: University students' Conceptions of Successful English Language Learning[M]. Saarbr ü cken: VDM Verlag Dr. Müller, 2010.

[126]JIMÉNEZ RAYA M, LAMB T. Pedagogy for Autonomy in Modern Languages Education: Theory, Practice, and Teacher Education[M]. Dublin: Authentik, 2008.

[127]JIMÉNEZ RAYA M. Teacher education for learner autonomy: an analysis of the EuroPAL contribution to a knowledge base[J]. Innovation in Language Learning and Teaching, 2009, 3(3): 221–238.

[128]JIMÉNEZ RAYA M, LAMB T. Differentiation in the Modern Languages Classroom[M]. Frankfurt am Main: Peter Lang, 2003.

[129]JIMÉNEZ RAYA M, LAMB T. Pedagogy for Autonomy in Modern Languages Education: Theory, Practice, and Teacher Education[M]. Dublin: Authentik, 2008.

[130]JIMÉNEZ RAYA M, SERCU L. Challenges in Teacher Development: Learner Autonomy and Intercultural Competence[M]. Frankfurt am Main: Peter Lang, 2007.

[131]JIMÉNEZ RAYA M, VIEIRA F. Enhancing Autonomy in Language Education: A Case–based Approach to Teacher and Learner Development[M]. Berlin: Walter de Gruyter, Inc, 2015.

[132]JIMÉNEZ RAYA M, VIEIRA F. Autonomy in Language Education: Theory, Research, and Practice[M]. New York: Routledge, 2020.

[133]JIMÉNEZ RAYA M, LAMB T, VIEIRA F. Mapping Autonomy in Language Education: A Framework for Learner and Teacher Development[M]. Frankfurt am Main: Peter Lang, 2017.

[134]JIMÉNEZ RAYA M, TERRY L, FLÁVIA V. Pedagogy for Autonomy in Language Education in Europe: Towards a Framework for Learner and Teacher Development[M]. Dublin: Authentik, 2007.

[135]JOHNSON B, CHRISTENSEN L. Educational Research: Quantitative, Qualitative, and Mixed Approaches[M]. 3rd ed. Thousand Oaks, CA: Sage, 2008.

[136]JOHNSON K. An Introduction to Foreign Language Learning and Teaching[M]. New York: Pearson Education, 2002.

[137]JOHNSON K. Expertise in Second Language Learning and Teaching[M]. New York: Palgrave Macmillan, 2005.

[138]JOHNSON K E. Second Language Teacher Education: a Sociocultural Perspective[M]. New York: Routledge, 2009.

[139]JOHNSON K, JOHNSON H. Encyclopedic Dictionary of Applied Linguistics: A Handbook for Language Teaching[M]. Oxford: Blackwell Publishers,1999.

[140]JOHNSON R B, ONWUEGBUZIE A J, TURNER L A. Toward a definition of mixed methods research[J]. Journal of Mixed Methods Research, 2007, 1(2): 112–133.

[141]KEMMIS S, MCTAGGART R. The Action Research Planner[M]. Victoria: Deakin University Press, 1982.

[142]KENNETH C. Developing Second Language Skills: Theory to Practice[M]. Houghton: Houghton Mifflin Company, 1976.

[143]KIM M. A personalised autonomous model to resolve a prolonged dilemma in international students’ English language needs in higher education[J]. Higher Education Research & Development, 2023, 42(3): 603–618.

[144]GARDNER D. Learner Autonomy 10: Integration and Support[M]. Dublin:

Authentik, 2007.

[145]JIMÉNEZ RAYA M, LAMB T. Pedagogy for Autonomy in Modern Languages Education: Theory, Practice, and Teacher Education[M]. Dublin: Authentik, 2008.

[146]KOHONEN V, JAATINEN R, KAIKKONEN P, et al. Experiential Learning in Foreign Language Education[M]. London: Pearson Education Limited, 2001.

[147]KOLB D A. Experiential Learning: Experience As the Source of Learning and Development[M]. Englewood Cliffs: Prentice Hall, 1984.

[148]KRAMSCH C. Context and Culture in Language Teaching[M]. Shanghai: Shanghai Foreign Language Education Press, 1999.

[149]KRASHEN S, TERRELL T. The Natural Approach: Language Acquisition in the Classroom[M]. New York: Prentice Hall, 1988.

[150]KRASHEN S D. Principles and Practice in Second Language Acquisition[M]. Oxford: Pergamon Press, 1982.

[151]KRASHEN S D. Writing: Research, Theory, and Application[M]. Oxford: Pergamon Press, 1984.

[152]KUMARAVADIVELU B. The postmethod condition: emerging strategies for second/foreign language teaching[J]. TESOL Quarterly, 1994, 28(1): 27–48.

[153]KUMARAVADIVELU B. Toward a postmethod pedagogy[J]. TESOL Quarterly, 2001, 35(4): 537–560.

[154]SINCLAIR B, et al. Learner autonomy, teacher autonomy: future directions[M]. London: Longman, 2000.

[155]LAMB T, REINDERS H. Supporting Independent Language Learning: Issues and Interventions[M]. Frankfurt am Main: Peter Lang, 2006.

[156]LAMB T, REINDERS H. Learner and Leacher Autonomy: Concepts, Realities, and Responses[M]. Philadelphia: John Benjamins, 2008.

[157]LARSEN–FREEMAN D, LONG M H. An Introduction to Second Language Acquisition Research[M]. London: Routledge, 1999.

[158]LARSON–HALL J. A Guide to Doing Statistics in Second Language Research Using SPSS[M]. New York: Routledge, 2010.

[159]LEGUTKE M L, THOMAS H. Process and Experience in the Language Classroom[M]. New York: Longman, 1988.

[160]LIGHTBOWN P M, SPADA N. How Languages are Learned[M]. Oxford: Oxford University Press, 2002.

[161]LITTLE D. Learner Autonomy 1: Definitions, Issues and Problems[M]. Dublin: Authentik, 1991.

[162]LITTLE D. Learning as dialogue: the dependence of learner autonomy on teacher autonomy[J]. System, 1995, 23(2): 175–181.

[163]PEMBERTON R, LI E S L, OR W W F, et al. Taking Control: Autonomy in Language Learning[M]. Hong Kong: Hong Kong University Press, 1996.

[164]SINCLAIR B, MCGRATH I, LAMB T. Learner Autonomy, Teacher Autonomy: Future Directions[M]. Harlow, London: Pearson Education, 2000.

[165]BARFIELD A, BROWN S. Reconstructing Autonomy in Language Education: Inquiry and Innovation[M]. London: Palgrave Macmillan, 2007.

[166]LITTLE D. Language learner autonomy: some fundamental considerations revisited[J]. Innovation in Language Learning and Teaching, 2007b, 1(1): 14–29.

[167]CENOZ J, HORNBERGER N H. Encyclopedia of language and education Vol. 6[M]. 2nd ed. New York: Springer Science+ Business Media, LLC, 2008: 247–258.

[168]LITTLE D, DAM L, LEGENHAUSEN L. Language Learner Autonomy: Theory, Practice and Research[M]. Bristol: Multilingual Matters, 2017.

[169]LITTLEWOOD W. "Autonomy" : an anatomy and a framework[J]. System, 1996, 24(4): 427–435.

[170]LITTLEWOOD W. Defining and developing autonomy in East Asian contexts[J]. Applied Linguistics, 1999, 20(1): 71–94.

[171]LIU J. Learner autonomy and Chinese university students' English proficiency: a quantitative and qualitative study[D]. Virginia: Regent University, 2007.

[172]MACARO E. Target Language, Collaborative Learning and Autonomy[M]. Bristol: Mulitilingual Matters Ltd., 1997.

[173]MANN S. The language teacher's development[J]. Language Teaching, 2005, 38(3): 103-118.

[174]MCGARRY D. Learner Autonomy 4: The Role of Authentic Texts[M]. Dublin: Authentik, 1995.

[175]MCKEACHIE W J, PINTRICH P R, LIN Y G, et al. Teaching and Learning in the College Classroom: A Review of the Research Literature[M]. 2nd ed. Ann Arbor, MI: University of Michigan, 1986.

[176]MCKERNAN J. Curriculum Action Research: A Handbook of Methods and Resources for the Reflective Practitioner[M]. London: Kogan Page Limited, 1996.

[177]MCNIFF J. Action Research: Principles and Practice[M]. 3rd ed. London: Routledge, 2013.

[178]MCNIFF J, WHITEHEAD J. Doing and Writing Action Research[M]. London: Sage, 2009.

[179]MCNIFF J, WHITEHEAD J. You and Your Action Research Project[M]. 3rd ed. London: Routledge, 2010.

[180]MERTLER C A. Action Research: Teachers as Researchers in the Classroom[M]. 2nd ed. Thousand Oaks: Sage, 2009.

[181]MILES M B, HUBERMAN A M. Qualitative Data Analysis: An Expanded Sourcebook[M]. 2nd ed. Thousand Oaks: Sage, 1994.

[182]JIMÉNEZ RAYA M, LAMB T. Pedagogy for Autonomy in Modern Languages Education: Theory, Practice, and Teacher Education[M]. Dublin: Authentik, 2008.

[183]MILLER L. Learner Autonomy 9: Autonomy in the Classroom[M]. Dublin: Authentik, 2007.

[184]MILLS G E. Action Research: A Guide for the Teacher Researcher[M]. 3rd ed. Upper Saddle River: Pearson Education, 2007.

[185]MOOMAW W E. Teacher-perceived autonomy: a construct of validation of the teacher autonomy scale[D]. Florida: Univ. of West Florida, 2005.

[186]MUIJS D. Doing Quantitative Research in Education with SPSS[M]. London:

Sage, 2004.
[187]BOUD D, COHEN R, WALKER D. Using Experience for Learning[M]. Buckingham: SRHE and Open University Press, 1993.
[188]RICHARDSON V. Handbook of research on teaching[M]. 4th ed. Washington D C: American Educational Research association, 2001.
[189]MURRAY G. Social Dimensions of Autonomy in Language Learning[M]. London: Palgrave Macmillan, 2014.
[190]MURRAY G, LAMB T. Space, Place and Autonomy in Language Learning[M]. New York: Routledge, 2018.
[191]MURRAY G, GAO X S, LAMB, T. Identity, Motivation and Autonomy in Language Learning[M]. Bristol: Multilingual Matters, 2011.
[192]NIEMI H, TOOM A, KALLIONIEMI A, et al. The Teacher's Role in the Changing Globalizing World: Resources and Challenges to the Professional Work of Teaching[M]. Leiden: Koninklijke Brill NV, 2018.
[193]NUNAN D. Understanding Language Classrooms: A Guide for Teacher-initiated Action[M]. London: Prentice-Hall International,1989.
[194]NUNAN D. Language Teaching Methodology[M]. New York: Prentice Hall, 1991.
[195]PEMBERTON R, LI E S L, OR W W F, et al. Taking Control: Autonomy in Language Learning[M]. Hong Kong: Hong Kong University Press, 1996.
[196]BENSON P, VOLLER P. Autonomy and Independence in Language Learning[M]. London: Longman, 1997.
[197]NUNAN D. Second Language Teaching and Learning[M]. Beijing: Foreign Language Teaching and Research Press, 2001a.
[198]NUNAN D. The Learner-centered Curriculum: A Study in Second Language Teaching[M]. Shanghai: Shanghai Foreign Language Education Press, 2001b.
[199]NUNAN D, BAILEY K M. Exploring Second Language Classroom Research: A Comprehensive Guide[M]. Beijing: Foreign Language Teaching and Research Press, 2010.
[200]O'MALLEY J M, CHAMOT A U. Learning Strategies in Second Language

Acquisition[M]. New York: Cambridge University Press, 1990.

[201]ORMROD J E. Educational Psychology[M]. Upper Saddle River, NJ: Prentice Hall, 1995.

[202]ORNSTEIN A C, BEHAR-HORENSTEIN L S, PAJAK E F. Contemporary Issues in Curriculum[M]. 3rd ed. Beijing: China Light Industry Press, 2004.

[203]OXFORD R L. Language Learning Strategies: What Every Teacher Should Know[M]. New York: Newbury House Publishers, 1990.

[204]PALFREYMAN D, SMITH R. Learner Autonomy Across Cultures: Language Education Perspectives[M]. London: Palgrave Macmillan, 2003.

[205]OXFORD R L. Teaching and Researching Language Learning Strategies[M]. London: Pearson Education, 2011.

[206]OXFORD R L. Teaching and Researching Language Learning Strategies: Self-regulation in Context[M]. 2nd ed. New York: Routledge, 2017.

[207]PALFREYMAN D, SMITH R. Learner Autonomy Across Cultures: Language Education Perspectives[M]. London: Palgrave Macmillan, 2003.

[208]PANADERO E. A review of self-regulated learning: six models and four directions for research[J]. Frontiers in Psychology, 2017, 8: 422.

[209]PATTON M Q. Qualitative Research and Evaluation Methods[M]. 3rd ed. Thousand Oaks, CA: Sage, 2002.

[210]PAWLAK M, MYSTKOWSKA-WIERTELAK A, BIELAK J. Autonomy in Second Language Learning: Managing the Resources[M]. Cham: Springer International Publishing, 2017.

[211]PEMBERTON R, TOOGOOD S, BARFIELD A. Maintaining Control: Autonomy and Language Learning[M]. Hong Kong: Hong Kong University Press, 2009.

[212]BENSON P. Learner Autonomy 8: Teacher and Learner Perspectives[M]. Dublin: Authentik, 2007.

[213]BOEKAERTS M, PINTRICH P R, ZEIDNER M. Handbook of Self-regulation: Theory, Research and Applications[M]. San Diego: Academic Press, 2000.

[214]QU C Y. A review on language learner autonomy research in China (2006–2016): based on 12 key domestic journals[J]. English Language Teaching, 2017, 11:

76–86.
[215]REID J M. Learning Styles in the ESL/EFL Classroom[M]. Beijing: Foreign Language Teaching and Research Press, 2002.
[216]RICHARDS J C. Beyond Training[M]. Cambridge: Cambridge University Press, 2001a.
[217]RICHARDS J C. The Context of Language Teaching[M]. Cambridge: Cambridge University Press, 2001b.
[218]RICHARDS J C. Competence and performance in language teaching[C]// WU Y A, ZHANG L. The 3rd national symposium on foreign language teacher education and development. Beijing: Foreign Language Teaching and Research Press, 2011: 16–45.
[219]RICHARDS J C, FARRELL T S. Professional Development for Language Teachers: Strategies for Teacher Training[M]. New York: Cambridge University Press, 2005.
[220]RICHARDS J C, LOCKHART C. Reflective Teaching in Second Language Classrooms[M]. Cambridge: Cambridge University Press, 2000.
[221]RICHARDS J C, NUNAN D. Second Language Teacher Education[M]. Beijing: Foreign Language Teaching and Research Press, 2001.
[222]RICHARDS J C, RENANDYA W A. Methodology in Language Teaching: An Anthology of Current Practice[M]. New York: Cambridge University Press, 2002.
[223]RICHARDS J C, RODGERS T. Approaches and Methods in Language Teaching[M]. 2nd ed. Beijing: Foreign Language Teaching and Research Press, 2008.
[224]RICHARDS J C, SCHMIDT R, KENDRICK H, et al. Longman Dictionary of Language Teaching and Applied Linguistics[M]. 3rd ed. Beijing: Foreign Language Teaching and Research Press, 2005.
[225]RIDLEY J. Learner Autonomy 6: Developing Learners' Thinking Skills[M]. Dublin: Authentik, 1997.
[226]RIVERS W M. A Practical Guide to the Teaching of English as Second or

Foreign Language[M]. Oxford: Oxford University Press, 1978.

[227]ROGERS C. Freedom to Learn: A View of What Education Might Become[M]. Columbus: Charles E. Merrill, 1969.

[228]ROST M. Teaching and Researching Listening[M]. Beijing: Foreign Language Teaching and Research Press, 2005.

[229]RUBIN J. What the "good language learner" can teach us[J]. TESOL Quarterly, 1975,9: 41-51.

[230]RUBIN J. Study of cognitive processes in second language learning[J]. Applied Linguistics, 1981, 11(2): 117-131.

[231]WENDEN A, RUBIN J. Learner Strategies in Language Learning[M]. Englewood Cliffs: Prentice Hall, 1987.

[232]RUBIN J, THOMPSON I. How to Be a More Successful Language Learner[M]. Beijing: Foreign Language Teaching and Research Press, 2004.

[233]JIMÉNEZ RAYA M, LAMB T. Pedagogy for Autonomy in Modern Languages Education: Theory, Practice, and Teacher Education[M]. Dublin: Authentik, 2008.

[234]SAVILLE-TROIKE M. Introducing Second Language Acquisition[M]. Beijing: Foreign Language Teaching and Research Press, 2008.

[235]SCHARLE A, SZABO A. Learner Autonomy: A Guide to Developing Learner Responsibility[M]. Cambridge: Cambridge University Press, 2000.

[236]SCHÖN D A. Educating the Reflective Practitioner: Toward A New Design for Teaching and Learning in the Professions[M]. San Francisco, CA: Jossey-Bass Publishers, 1987.

[237]BOEKAERTS M, PINTRICH P R, ZEIDNER M. Handbook of Self-regulation[M]. New York: Academic Press, 2000.

[238]SCHUNK D H, ZIMMERMAN B J. Motivation and Self-regulated Learning: Theory, Research, and Applications[M]. New York: Lawrence Erlbaum Associates, 2008.

[239]LAMB T, REINDERS H. Learner and Teacher Autonomy: Concepts, Realities, and Responses[M]. Philadelphia: John Benjamins, 2008.

[240]SHELTON-STRONG S J. Literature circles in ELT[J]. ELT Journal, 2012, 66(2): 214–223.

[241]SHI W X, HAN L G. Promoting learner autonomy through cooperative learning[J]. English Language Teaching, 2019, 12(8): 30–36.

[242]SHORT K, PIERCE K M. Talking about Books: Creating Literate Communities[M]. Portsmouth: Heinemann, 1990.

[243]SHULMAN L S. Those who understand: knowledge growth in teaching[J]. Educational Researcher, 1986, 15(2): 4–14.

[244]SHULMAN L S. Knowledge and teaching: foundations of the new reform[J]. Harvard Educational Review, 1987, 57(1): 1–22.

[245]SHULMAN L S. The Wisdom of Practice: Essays on Teaching, Learning and Learning to Teach [M]. San Francisco, CA: Jossey–Bass, 2004.

[246]SINCLAIR B, MCGRATH I, LAMB T. Learner Autonomy, Teacher Autonomy: Future Directions[M]. Harlow, England: Pearson Education, 2000.

[247]SLADE C, PERRIN R. Handbook for Writing Research Papers, Reports, and Theses[M]. 13th ed. Beijing: Foreign Language Teaching and Research Press, 2011.

[248]PALFREYMAN D, SMITH R. Learner Autonomy Across Cultures: Language Education Perspectives[M]. New York: Palgrave Macmillan, 2003a.

[249]SMITH R C. Teacher education for teacher–learner autonomy[C]// GOLLIN J, FERGUSON G, TRAPPES–LOMAX H. Symposium for Language Teacher Educators: papers from three IALS Symposia. Edinburgh: University of Edinburgh, 2003b.

[250]JIMÉNEZ RAYA M, LAMB T. Pedagogy for Autonomy in Modern Languages Education: Theory, Practice, and Teacher Education[M]. Dublin: Authentik, 2008a.

[251]SMITH R C. Learner autonomy[J]. ELT Journal, 2008b, 62(4): 395–397.

[252]SMITH R, VIEIRA F. Teacher education for learner autonomy: building a knowledge base[J]. Innovation in Language Learning and Teaching, 2009, 3(3): 215–220.

[253]SPOLSKY B. Conditions for Second Language Learning[M]. Shanghai: Shanghai Foreign Language Education Press, 2000.

[254]STENHOUSE L. An Introduction to Curriculum Research and Development[M]. London: Heinemann Educational Book Ltd, 1975.

[255]STERN H H. Fundamental Concepts of Language Teaching[M]. Oxford: Oxford University Press, 1983.

[256]STERN H H. Fundamental Concepts of Language Teaching[M]. Shanghai: Shanghai Foreign Language Education Press, 1999.

[257]STORCH N. Collaborative writing: product, process, and students' reflections-science direct[J]. Journal of Second Language Writing, 2005, 14(3): 153–173.

[258]STRAUSS A, CORBIN J. Basics of Qualitative Research[M]. 2nd ed. Thousand Oaks, CA: Sage, 1998.

[259]SVALBERG A. Language awareness and language learning[J]. Language Teaching, 2007, 40(4): 287–308.

[260]GASS S, MADDEN C. Input in Second Language Aquisition[M]. Rowley, MA: Newbury House, 1985.

[261]TARONE E, YULE G. Focus on the Language Learner[M]. Shanghai: Shanghai Foreign Language Education Press, 2000.

[262]TASHAKKORI A, TEDDLIE C. Mixed Methodology: Combing Qualitative and Quantitative Approaches[M]. Thousand Oaks: Sage, 1998.

[263]JIMÉNEZ RAYA M, VIEIRA F. Autonomy in Language Education: Theory, Research, and Practice[M]. New York: Routledge, 2020.

[264]TEDICK D J. Second Language Teacher Education: International Perspectives[M]. Mahwah.: Lawrence Erlbaum Associates, Inc, 2005.

[265]TENG F. Autonomy, Agency, and Identity in Teaching and Learning English As a Foreign Language[M]. Singapore: Springer Nature Singapore Pte Ltd, 2019.

[266]COTTERALL S, CRABBE D. Learner Autonomy in Language Learning: Defining the Field and Effecting Change[M]. Frankfurt am Main: Peter Lang, 1999: 149–163.

[267]JIMÉNEZ RAYA M, VIEIRA F. Autonomy in Language Education: Theory,

Research, and Practice[M]. New York: Routledge, 2020.
[268]TOMASELLO M. Constructing a Language: A usage-based Theory of Language Acquisition[M]. Cambridge, Mass.: Harvard University Press, 2003.
[269]TSUI B M. Understanding Expertise in Teaching: Case Studies of Second Language Teachers[M]. Cambridge: Cambridge University Press, 2003.
[270]TUDOR I. Learner-centredness as Language Education[M]. Cambridge: Cambridge University Press, 1996.
[271]TURNER-BISSET R. The knowledge bases of the expert teacher[J]. British Educational Research Journal, 1999, 25(1): 39-55.
[272]UR P. Teaching Listening Comprehension[M]. Cambridge: Cambridge University Press, 1984.
[273]USHIODA E. Learner Autonomy 5: The Role of Motivation[M]. Dublin: Authentik, 1996.
[274]VAN ELS T, BONGAERTS T, EXTRA G, et al. Applied Linguistics and the Learning and Teaching of Foreign Languages[M]. 2nd ed. London: Edward Arnold, 1984.
[275]VANDERGRIFT L. Facilitating second language listening comprehension: acquiring successful strategies[J]. ELT Journal, 1999, 53(3): 168-176.
[276]JIMÉNEZ RAYA M, LAMB T. Pedagogy for Autonomy in Modern Languages Education: Theory, Practice, and Teacher Education[M]. Dublin: Authentik, 2008.
[277]VIEIRA F. Struggling for Autonomy in Language Education: Reflecting, Acting and Being[M]. Frankfurt am Main: Peter Lang, 2009.
[278]BENSON P, VOLLER P. Autonomy and Independence in Language Learning[M]. London: Longman, 1997: 98-113.
[279]VYGOTSKY L S. Thought and Language[M]. Cambridge: The M. I. T. Press, 1962.
[280]WALLACE M J. Training Foreign Language Teachers: A Reflective Approach[M]. Cambridge: Cambridge University Press, 1991.
[281]WALLACE M J. Action Research for Language Teachers[M]. Beijing:

People' s Education Press, 2000.

[282]WANG Q, MA X. Educating for learner-centeredness in Chinese pre-service teacher education[J]. Innovation in Language Learning and Teaching, 2009, 3(3): 239-253.

[283]WANG Y. When teacher autonomy meets management autonomy to enhance learner autonomy[J]. Chinese Journal of Applied Linguistics, 2017, 40(4): 392-409.

[284]WEINER B. Theories of Motivation[M]. Chicago: Rand McNally, 1972.

[285]WEINER B. A theory of motivation for some classroom experiences[J]. Journal of Educational Psychology, 1979, 71(1): 3-25.

[286]CLARK M S, FISKE S T. Affect and Cognition[M]. Hillsdale: Lawrence Erlbaum, 1982.

[287]WEISSBERG B. Speaking of writing: some functions of talk in the ESL composition class[J]. Journal of Second Language Writing, 1994, 3(2): 121-139.

[288]WENDEN A L. Learner Strategies for Learner Autonomy[M]. London: Prentice Hall, 1991.

[289]WENDEN A L. Learner training in context: a knowledge-based approach[J]. System, 1995, 23(2): 183-194.

[290]WENDEN A L. Metacognitive knowledge and language learning[J]. Applied Linguistics, 1998, 19(4): 515-537.

[291]HURD S, LEWIS T. Language Learning Strategies in Independent Settings[M]. Bristol, UK: Multilingual Matters, 2008: 3-24.

[292]WIDDOWSON H G. Aspects of Language Teaching[M]. Shanghai: Shanghai Foreign Language Education Press, 1999.

[293]WIERSMA W, JURS S G. Research Methods in Education: An Introduction[M]. 8th ed. Boston: Allyn and Bacon, 2004.

[294]WILKINS D A. Linguistics in Language Teaching[M]. Cambridge: MIT Press, 1972.

[295]WILLIAMS M, BURDEN R L. Psychology for Language Teachers: A Social

Constructivist Approach[M]. Cambridge: Cambridge University Press, 1997.

[296]WOODS D. Teacher Cognition in Language Teaching: Beliefs, Decision-Making and Classroom Practice[M]. Cambridge: Cambridge University Press, 1996.

[297]WRIGHT T. Roles of Teachers and Learners[M]. Oxford: Oxford University Press, 1987.

[298]YANG N. Exploring a new role for teachers: promoting learner autonomy[J]. System, 1998, 26: 127–135.

[299]ZIMMERMAN B J. Self-regulated learning and academic achievement: an overview[J]. Educational Psychologist, 1990, 25(1): 3–17.

[300]SCHUNK D H, ZIMMERMAN B J. Self-regulation of Learning and Performance: Issues and Educational Applications[M]. Hillsdale: Lawrence Erlbaum Associates Publishers, 1994.

[301]ZIMMERMAN B J, SCHUNK D H. Self-regulated Learning and Academic Achievement: Theoretical Perspectives[M]. 2nd ed. Mahwah, N.J.: Lawrence Erlbaum Associates Publishers, 2001.

[302]ZIMMERMAN B J. A social cognitive view of self-regulated academic learning[J]. Journal of Educational Psychology, 1989, 81(3): 329–339.

[303]ZIMMERMAN B J. Becoming a self-regulated learner: an overview[J]. Theory into Practice, 2002, 41(2): 64–70.

[304]WRIGHT J D. International Encyclopedia of the Social & Behavioral Sciences[M]. 2nd ed. Oxford: Elsevier, 2015: 541–546.

[305]Penny, U. (1984). Teaching Listening Comprehension. Cambridge: Cambridge University Press.

[306]SWANSON G E., NEWCOMB T M, HRTLEY E L. Readings in Social Psychology[M]. New York: Holt,1952.

附录1　大学生英语自主学习情况调查问卷

亲爱的同学，你好！

本问卷旨在了解大学生英语自主学习的情况。你提供的信息具有重要价值，答案无好坏之分，请根据你的真实情况选择即可。

第一部分：学生个人信息

1. 性别：○ 男；○ 女

2. 专业：________

3. 学习英语时间（年）：_________

4. 当前每周英语学习时长（小时）：______________

第二部分：大学生英语自主学习情况

请根据你的情况，在右边相应空格处打“√”。

项目	完全不符合	基本不符合	不确定	基本符合	完全符合
1. 我喜欢学习英语（态度）					
2. 我相信自己能够学好英语（态度）					
3. 我努力学习英语是为了考试取得好成绩（动机）					
4. 我会制定每一阶段的英语学习目标（策略）					
5. 我会选择适合自己水平的英语学习材料进行学习（策略）					
6. 我会经常反思自己的学习效果，进行自我评估（策略）					
7. 我积极参加老师组织的各种课堂讨论活动（教学法）					
8. 我学习英语是为了更好地了解英语国家的文化和风土人情（动机）					
9. 我会利用学校良好的课外学习资源进行学习（策略）					
10. 我不知道怎么提高英语听、说、读、写能力（策略）					
11. 我每天听英语30分钟以上（策略）					
12. 我会在课外寻找一切机会使用英语交流（策略）					
13. 我用英语交流时会紧张、焦虑（策略）					

续表

项目	完全不符合	基本不符合	不确定	基本符合	完全符合
14. 我喜欢用英语与班级其他同学交流（合作）					
15. 我每天用英语阅读30分钟以上（策略）					
16. 老师会帮助我培养自主学习的意识（教学法）					
17. 老师经常鼓励我，帮助树立学习英语的信心（教学法）					
18. 我努力学习英语是为了毕业找到一份好工作（动机）					
19. 我努力学习英语是为了打好基础，为将来（考研、留学）做准备（动机）					
20. 我很少主动学习英语（态度）					
21. 我不满意自己的英语水平（态度）					
22. 老师会指导我怎样进行自主学习（教学法）					
23. 自主学习就是课下自己学习英语（教学法）					
24. 老师在课上会讲一些英语学习方法（教学法）					
25. 我课外尽量和其他同学一起练习英语（合作）					
26. 我会订立作息表，以使自己有足够的时间学习英语（策略）					
27. 我会定期检测自己的单词学习情况（策略）					
28. 我会制订每周和每天的英语听、说、读、写学习计划（策略）					
29. 老师经常在课堂上组织小组讨论（合作）					
30. 小组讨论时，有的同学用汉语交流（合作）					
31. 小组合作学习时，每个人有明确的任务分工（合作）					
32. 我在小组讨论时，经常用英语表达自己的观点（合作）					
33. 英语课上，我会主动表达自己的观点（态度）					
34. 如果我英语学得不好，会让父母失望的（因素）					
35. 学校有很好的英语学习资源（因素）					

第三部分：开放式问题

请写下你对这三个问题的认识和看法。

（1）你认为什么是英语自主学习？

（2）你觉得影响你英语自主学习的因素有哪些？这些因素如何影响你进行自主学习？

（3）为了培养你的英语自主学习能力，你希望英语老师在哪些方面帮助你？

附录2　阅读圈对学习者自主性发展的影响调查问卷

亲爱的同学，你好！

本问卷旨在了解阅读圈（reading circle）小组活动的相关情况。你提供的信息具有重要价值，答案无好坏之分，请根据你的真实情况选择即可。本问卷不记姓名，谢谢你的真诚合作。

第一部分：学生个人信息

请你在与自己的情况一致处打"√"或填写内容。

1. 性别：○ 男；○ 女

2. 专业：__________

第二部分：阅读圈（Reading Circle）小组活动的情况

请根据你的小组活动情况，在相应圆圈处打"√"。

1. 我之前参加过阅读圈（reading circle）小组活动（以下简称小组活动）。

○完全不符合　○基本不符合　○不确定　○基本符合　○完全符合

2. 我们小组能够分角色完成小组活动。

○完全不符合　○基本不符合　○不确定　○基本符合　○完全符合

3. 通过参加小组活动，我增强了与他人沟通的能力。

○完全不符合　○基本不符合　○不确定　○基本符合　○完全符合

4. 我积极同小组其他成员合作完成任务。

○完全不符合　○基本不符合　○不确定　○基本符合　○完全符合

5. 我课下用英语与小组成员交流、沟通完成任务。

○完全不符合　○基本不符合　○不确定　○基本符合　○完全符合

6. 通过参加小组活动，我提高了做 PPT 的水平。

○完全不符合　○基本不符合　○不确定　○基本符合　○完全符合

7. 小组汇报展示，使我提高了在教室前面做课堂陈述的能力。

○完全不符合　○基本不符合　○不确定　○基本符合　○完全符合

8. 通过参加小组活动，提高了学术词语的使用能力。

○完全不符合　○基本不符合　○不确定　○基本符合　○完全符合

9. 通过参加小组活动，对一篇新文章的结构知道了如何去分析。

○完全不符合　○基本不符合　○不确定　○基本符合　○完全符合

10. 通过参加小组活动，提高了绘制思维导图的能力。

○完全不符合　○基本不符合　○不确定　○基本符合　○完全符合

11. 通过参加小组活动，提高了略读（skimming）与寻读（scanning）的能力。

○完全不符合　○基本不符合　○不确定　○基本符合　○完全符合

12. 通过参加小组活动，提高了写文章总结（summary）的能力。

○完全不符合　○基本不符合　○不确定　○基本符合　○完全符合

13. 有的小组成员不积极参加讨论，准备汇报的材料。

○完全不符合　○基本不符合　○不确定　○基本符合　○完全符合

14. 通过参加小组活动，提高了我的批判性思维（critical thinking）能力。

○完全不符合　○基本不符合　○不确定　○基本符合　○完全符合

15. 今后自己能像小组活动那样，对一篇新文章进行批判性阅读了。

○完全不符合　○基本不符合　○不确定　○基本符合　○完全符合

16. 通过参加小组活动，提高了英语学习的兴趣。

○完全不符合　○基本不符合　○不确定　○基本符合　○完全符合

17. 做完小组课堂分享之后，我会反思一下做的效果。

○完全不符合　○基本不符合　○不确定　○基本符合　○完全符合

18. 我喜欢做小组活动。

○完全不符合　○基本不符合　○不确定　○基本符合　○完全符合

19. 我从其他同学的小组展示中，学到了很多。

○完全不符合　○基本不符合　○不确定　○基本符合　○完全符合

20. 做小组活动，有助于提高我的自主学习能力。

○完全不符合　○基本不符合　○不确定　○基本符合　○完全符合

第三部分：开放式问题

（1）通过参加小组活动，你还有其他什么收获？

（2）你对小组活动有什么意见或建议？

附录3　合作学习对学习者自主性发展的影响调查问卷

亲爱的同学，你好！

本问卷旨在了解新闻分享与英语学习的相关情况。你提供的信息具有重要价值，答案无好坏之分，请根据你的真实情况选择即可。本问卷不记姓名，谢谢你的真诚合作。

第一部分：学生个人信息

请你在与自己的情况一致处打“√”或填写内容。

1. 性别：○ 男；○ 女

2. 年龄：__________

3. 专业：__________

第二部分：做新闻分享与英语学习的情况

请根据你的情况，在右边相应空格处打“√”。

项目	完全不符合	基本不符合	不确定	基本符合	完全符合
1. 我喜欢做英语新闻分享					
2. 我认真挑选和准备课堂上要分享的英语新闻					
3. 做新闻分享时，我充满了信心					
4. 通过做新闻分享，我学到了许多词汇和表达方式					
5. 做完新闻分享之后，我会反思一下自己做的效果					
6. 做完新闻分享之后，我还经常收听或观看英语新闻					
7. 除了老师推荐的新闻网址外，我还主动寻找其他新闻资源					
8. 我从其他同学的新闻分享中，学到了很多					

续表

项目	完全不符合	基本不符合	不确定	基本符合	完全符合
9. 通过做新闻分享，激发了我学习英语的兴趣					
10. 新闻分享有助于提高我的英语听力水平					
11. 新闻分享有助于提高我的口语表达能力					
12. 新闻分享有助于提高我的阅读能力					
13. 通过做新闻分享，促使我更积极主动地学习英语					
14. 做新闻分享，使我学会批判性地看问题					
15. 做新闻分享时，我很紧张					
16. 做新闻分享，有助于提高我的自主学习能力					
17. 我的手机上安装有英语新闻客户端					
18. 我经常用手机看（听）英语新闻					
19. 我希望老师推荐更多的英语新闻的资源					
20. 老师的点评，使我更深入地反思所分享的新闻					

第三部分：开放式问题

请写下你对这两个问题的认识和看法。

（1）你喜欢分享哪一类的英语新闻？ 为什么？

（2）你对做新闻分享有什么建议和意见？

再次感谢你的合作与支持！

附录4　“综合英语”课程教学日历

2020–2021–1 学期“综合英语”课程教学日历

课程编号	70710001		课程名称	综合英语	上课班级				
教师姓名					参考教材	新标准大学英语（第二版）综合教程3 新世纪大学英语视听说教程（第二版）3			
上课地点			总学时	64					
周次	日期	上课节次	开课类型	讲课节章及内容摘要			学时	教学方式	授课教师
6	2020-10-05	10506	讲课学时	介绍教学计划、教学要求、学习方法、四级考试技巧			2	面授讲课	
6	2020-10-07	30304	讲课学时	讲解综合教程Unit 1的Active reading 1			2	面授讲课	
7	2020-10-12	10506	讲课学时	讲解综合教程Unit 1的Active reading 1			2	面授讲课	
7	2020-10-14	30304	讲课学时	讲解综合教程Unit 1的Active reading 1			2	面授讲课	
8	2020-10-19	10506	讲课学时	讲解综合教程Unit 1的Active reading2			2	面授讲课	
8	2020-10-21	30304	讲课学时	机房上听力Unit1			2	其他	
9	2020-10-26	10506	讲课学时	讲解综合教程Unit 1的Active reading 2			2	面授讲课	
9	2020-10-28	30304	讲课学时	讲解综合教程Unit 1的Active reading 2			2	面授讲课	
10	2020-11-02	10506	讲课学时	讲解综合教程Unit 2 的Active reading 1			2	面授讲课	
10	2020-11-04	30304	讲课学时	机房上听力Unit2			2	其他	
11	2020-11-09	10506	讲课学时	讲解综合教程Unit 2 的Active reading 1			2	面授讲课	
11	2020-11-11	30304	讲课学时	讲解综合教程Unit 2 的Active reading 1			2	面授讲课	
12	2020-11-16	10506	讲课学时	讲解综合教程Unit 2 的Active reading 2			2	面授讲课	

续表

周次	日期	上课节次	开课类型	讲课节章及内容摘要	学时	教学方式	授课教师
12	2020-11-18	30304		机房上听力Unit3	2	其他	
13	2020-11-23	10506	讲课学时	讲解综合教程Unit 2 的Active reading 2	2	面授讲课	
13	2020-11-25	30304	讲课学时	讲解综合教程Unit 2 的Active reading 2	2	面授讲课	
14	2020-11-30	10506	讲课学时	讲解综合教程Unit 3 的Active reading 1	2	面授讲课	
14	2020-12-02	30304	讲课学时	机房上听力Unit4	2	其他	
15	2020-12-07	10506	讲课学时	讲解综合教程Unit 3 的Active reading 1	2	面授讲课	
15	2020-12-09	30304	讲课学时	讲解综合教程Unit 3 的Active reading 1	2	面授讲课	
16	2020-12-14	10506	讲课学时	讲解综合教程Unit 3 的Active reading 2	2	面授讲课	
16	2020-12-16	30304	讲课学时	机房上听力Unit5	2	其他	
17	2020-12-21	10506	讲课学时	讲解综合教程Unit 3 的Active reading 2	2	面授讲课	
17	2020-12-23	30304	讲课学时	讲解综合教程Unit 3 的Active reading 2	2	面授讲课	
18	2020-12-28	10506	讲课学时	讲解综合教程Unit 6 的Active reading 2	2	面授讲课	
18	2020-12-30	30304	讲课学时	机房上听力Unit6	2	其他	
19	2021-01-04	10506	讲课学时	讲解综合教程Unit 6 的Active reading 2	2	面授讲课	
19	2021-01-06	30304	讲课学时	讲解综合教程Unit 6 的Active reading 2	2	面授讲课	
20	2021-01-11	10506	讲课学时	总复习	2	面授讲课	
20	2021-01-13	30304	讲课学时	机房上听力Unit7	2	其他	

附录5　“综合英语”课程培养方案

“综合英语”课程是高等教育大学英语教学的一个有机组成部分，是非英语专业大学生的一门必修课程。

一、课程性质

教育部最新版《大学英语教学指南》指出，大学英语课程是高等学校人文教育的一部分，兼有工具性和人文性双重性质，应充分挖掘大学英语课程的丰富内涵，实现工具性和人文性的有机统一。就工具性而言，大学英语课程是基础教育阶段英语教学的提升和拓展，主要目的是在高中英语教学的基础上进一步提高学生英语听、说、读、写、译的能力。大学英语的工具性也体现在专门用途英语上，学生可以通过学习与专业或未来工作有关的学术英语或职业英语，获得在学术或职业领域进行交流的相关能力。就人文性而言，大学英语课程重要任务之一是进行跨文化教育，增进学生对不同文化异同的理解和意识，培养跨文化交际能力。此外《大学英语教学指南》还强调发展学生的自主学习能力。

二、教学目标

大学英语教学目标为培养学生的英语应用能力，增强其跨文化交际意识和交际能力，树立文化自信，发展其自主学习能力，使他们在学习、生活、社会交往和未来工作中能够熟练地使用英语，满足国家、社会、学校和个人发展的需要。同时不仅要“教书”，还要“育人”，把对学生的品格培养融入语言知识技能的传授中，在大学英语教学中促进学生心智和情感的全面发展。

三、课程教学目的与要求

在大学第一学年的第一学期，开设 4 学分的“综合英语”必修课程。其教学目的是培养学生英语听、说、读、写、译的综合语言技能，拓宽国际视野，提升综合文化素养。“综合英语”课程强调个性化教学与自主学习的教学理念，充分发挥计算机和网络的巨大优势，为学生提供进行听、说、读、写的训练场景。学生可以根据自己的特点、水平、时间，选择合适的学习内容，借助计算机，迅速提高自己的英语综合使用能力，达到最佳学习效果。本课程以课堂教学为主，线上自学为辅，以学生为中心，老师根据学生的需求及其个体差异性设计各种教学活动有针对性地满足各个水平段的学生，完成教学任务，达到教学要求。

四、课程实施

“综合英语”课程针对非英语专业一年级学生在第一学期开设，4 学分，每周 4 课时。单周以课堂教学为主，双周的第一次课以机房线上听力自主学习为主，教师辅助答疑的形式进行。课堂教学采用《新标准大学英语（第二版）综合教程 3》为教材。机房线上听力自主学习选用教材《新世纪大学英语系列教材视听说教程（第二版）3》，利用“新理念大学英语听力”平台完成七个单元的听力自主学习，每单元学习时长不少于 80 分钟。此外还辅助以 U 校园、课堂派、ismart 等网络学习平台为学生布置作业、开展测试、提供学习资料和进行互动反馈。

五、课程特色

本课程主要在课堂教学与网络自主学习相结合、课程思政与英语教学相结合两方面进行了尝试。课前，教师要求学生利用 U 校园平台和课堂派平台上教师预先上传的学习资料对课堂上即将学习的课文进行自主预习。课上，教师讲授教材各单元的学习要点、听说读写译技巧、将西方文化特点和思维方式与中国文化传统特色及思维逻辑进行对比，有意识地培养学生的思辨能力和逻辑思维能力。同时，进行了“课程思政”与英语教学相结合的尝试，将立德树人教育理念融入到英语教学中，结合课本文章内容联系时事，针对学生个体差异性设计出难易程度交错的各种互动环节，既能提高学生国际视野和家国情怀，又能激发学生对英语的学习热情和兴趣，从而增强综合运用英语的能力。课后，学生需要完成教师在 U 校园平台上布置的词汇、语法、翻译、写作和听力作业。

在课堂教学中，基于教材内容教师提炼出三大主题，即“self-discovery”“childhood culture”“for the sake of art”，围绕这三大主题设计出适合不同层次的学生特点的活动，如课堂即兴问答、小组讨论、课下观影写观后感、课下准备课上做个人展示活动，展示完毕后将自己拍摄个人展示的视频上传到 ismart 平台，以供学生们互相评价和互相学习。教师在课上或网络平台上进行有针对性的评价，提出指导性建议和改进措施，学生按照教师的建议进行修改后再次提交平台留档参考。每学完一个单元利用课堂派平台和 ismart 平台对学生分别进行词汇测试和听力测试。之后对学生进行单元学习效果的评价和分析。

六、课程评价

加大形成性评估的比重，为各种教学活动的有效开展和学生自主学习能力的发展提供有力保障。“综合英语”期末总成绩的构成比例为：

（1）期末闭卷笔试占期末总成绩的 63%。

（2）学生在 U 校园平台的在线学习情况和测试成绩，及课堂表现（各种互动活动的参与度）占期末总成绩的 15%。

（3）过程考核为 2 次，包括一个写作任务和一次个人口语展示，占期末总成绩的 10%。

（4）课堂派词汇测试，占期末总成绩的 5%。

（5）机房听力自主学习任务，占期末总成绩的 7%。

七、师生沟通方式

课堂派教学班群、QQ 教学班群、微信教学班群。